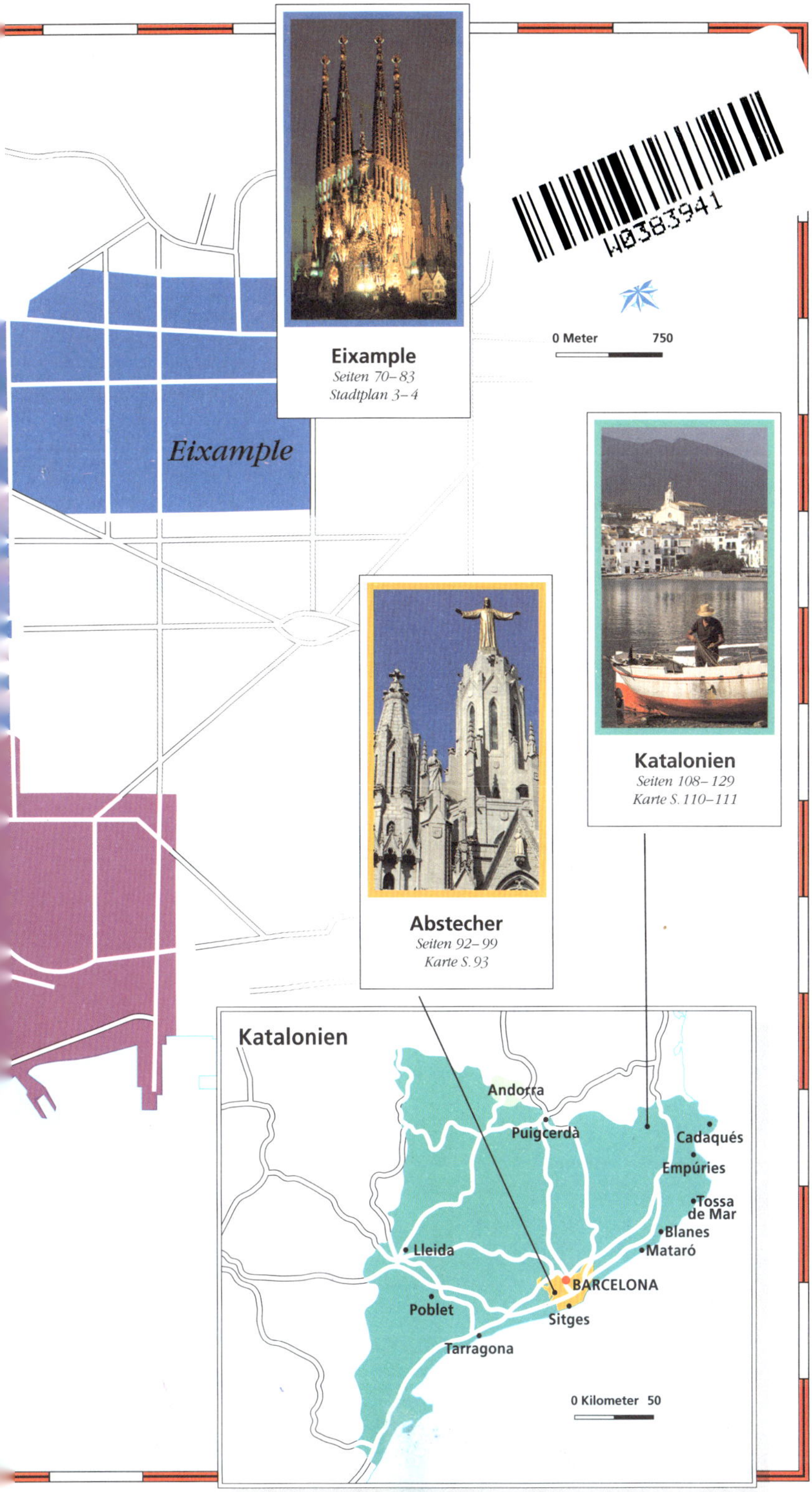
Eixample
Seiten 70–83
Stadtplan 3–4
0 Meter
750
Eixample
Katalonien
Seiten 108–129
Karte S. 110–111
Abstecher
Seiten 92–99
Karte S. 93
Katalonien
Andorra
Puigcerdà
Cadaqués
Empúries
Tossa de Mar
Blanes
Mataró
Lleida
BARCELONA
Poblet
Sitges
Tarragona
0 Kilometer 50

Vis-à-Vis

BARCELONA
& KATALONIEN

Vis-à-Vis

BARCELONA
& KATALONIEN

Hauptautor: Roger Williams

DK

DORLING KINDERSLEY
LONDON • NEW YORK • MÜNCHEN
MELBOURNE • DELHI
www.dk.com

Ein Dorling Kindersley Buch

www.traveldk.com

Text
Roger Williams

Fotografien
Max Alexander, Mike Dunning, Heidi Grassley, Alan Keohane

Illustrationen
Stephen Conlin, Isidoro González-Adalid Cabezas (Acanto Arquitectura y Urbanismo S.L.), Claire Littlejohn, Maltings Partnership, John Woodcock

Kartografie
Jane Hanson, Phil Rose, Jennifer Skelley (Lovell Jones Ltd.), Gary Bowes, Richard Toomey (ERA-Maptec Ltd.), David Pugh

Redaktion und Gestaltung
Dorling Kindersley London: Douglas Amrine, Catherine Day, Carolyn Hewitson, Marisa Renzullo, Elizabeth Atherton, Felicity Crowe, Suzanne Metcalfe-Megginson, Samantha Borland, Lee Redmond, Pamela Shiels

•

Titel der englischen Originalausgabe:
Eyewitness Travel Guide *Barcelona & Catalonia*
Zuerst erschienen 1999 in Großbritannien
bei Dorling Kindersley Ltd., London
A Penguin Company

•

Für die deutsche Ausgabe:

Aktualisierte Neuauflage 2011/2012

Programmleitung Dr. Jörg Theilacker, Dorling Kindersley Verlag
Projektleitung Stefanie Franz, Dorling Kindersley Verlag
Übersetzung Pesch & Partner, Bremen
Redaktion Gerhard Bruschke, München
Schlussredaktion Philip Anton, Köln
Satz und Produktion Dorling Kindersley Verlag
Lithografie Colourscan, Singapur
Druck South China Printing Co., Ltd., China

ISBN 978-3-8310-1856-7
13 14 15 13 12 11

Dieser Reiseführer wird regelmäßig aktualisiert. Angaben wie Telefonnummern, Öffnungszeiten, Adressen, Preise und Fahrpläne können sich jedoch ändern. Der Verlag kann für fehlerhafte oder veraltete Angaben nicht haftbar gemacht werden. Für Hinweise, Verbesserungsvorschläge und Korrekturen ist der Verlag dankbar. Bitte richten Sie Ihr Schreiben an:

Dorling Kindersley Verlag GmbH
Redaktion Reiseführer
Arnulfstraße 124 • 80636 München
travel@dk-germany.de

Inhalt

Barcelona und Katalonien stellen sich vor

Jaume I »der Eroberer«, Herrscher von Katalonien 1213–76

Eines der beliebten Straßencafés an Barcelonas altem Hafen

Die Stadtteile Barcelonas

◁ **Seite 1: Von Gaudí gestaltete Bank im Parc Güell, Barcelona; Seite 2f: Miravet am Riu Ebre (Ebro), Südkatalonien**
◁◁ **Umschlag: Türme der Sagrada Família *(siehe S. 80–83)* von Gaudí**

Cadaqués *(siehe S. 120)* mit seinen weißen Häusern an der Costa Brava

Berühmtes Buntglasdach im Palau de la Música Catalana *(siehe S. 63)*

Katalonien

Zu Gast in Barcelona

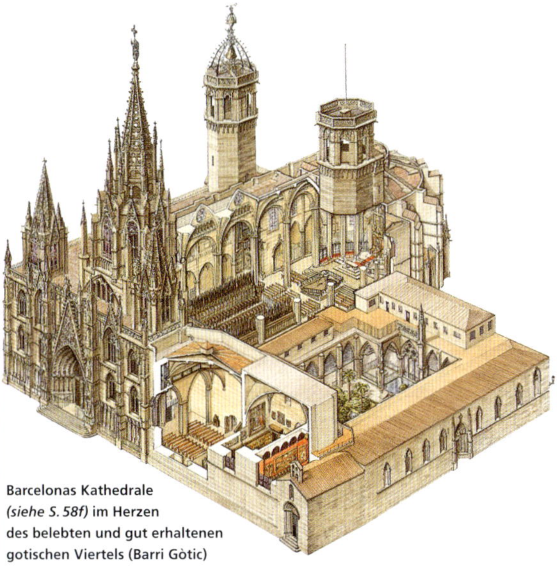

Barcelonas Kathedrale *(siehe S. 58f)* im Herzen des belebten und gut erhaltenen gotischen Viertels (Barri Gòtic)

Grundinformationen

Pa amb tomàquet – mit Tomate und Olivenöl bestrichenes Brot

Benutzerhinweise

Dieser Reiseführer soll Ihren Besuch in Barcelona und Katalonien zu einem ganz besonderen Erlebnis machen. *Barcelona und Katalonien stellen sich vor* beschreibt geografische, historische und kulturelle Zusammenhänge. Der Abschnitt *Barcelona im Überblick* stellt die Hauptattraktionen der Stadt vor. Die Kapitel *Altstadt*, *Eixample* und *Montjuïc* behandeln Barcelonas schönste Stadtteile. Unter *Abstecher* finden Sie Sehenswertes außerhalb des Stadtzentrums. *Katalonien* informiert über die vier Provinzen, *Zu Gast in Barcelona* über Restaurants, Hotels und Unterhaltung. Die *Grundinformationen* enthalten viele praktische Tipps.

Barcelona und Katalonien

Die fünf Kapitel in diesem Buch beschreiben drei zentrale Stadtteile Barcelonas, Sehenswertes im Großraum Barcelona *(Abstecher)* und die Provinzen Kataloniens.

Nach der Einleitung finden Sie in jedem Kapitel einen Überblick der Sehenswürdigkeiten. Zu den Attraktionen Kataloniens gibt es eine *Regionalkarte (siehe S. 110f).*

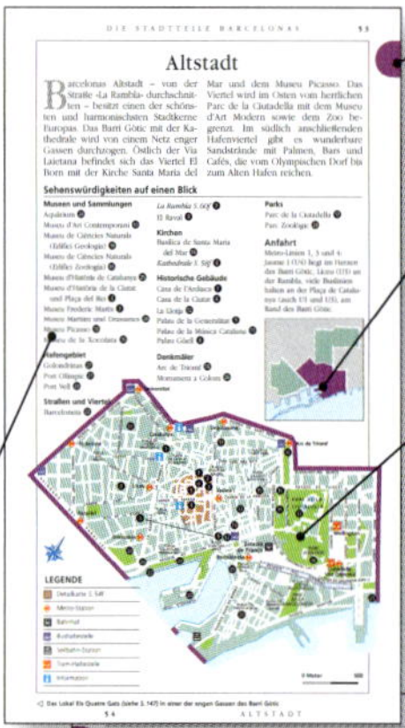

Jedes Kapitel hat eine Farbcodierung, damit Sie sich schnell zurechtfinden.

Orientierungskarten zeigen die Lage des beschriebenen Stadtteils oder der Region.

1 Stadtteilkarte
Alle Sehenswürdigkeiten sind auf der Stadtteilkarte eingezeichnet und nummeriert. Man findet sie zusätzlich auch im Stadtplan *(S. 188–197) und jetzt auch auf der* Extrakarte.

Sehenswürdigkeiten auf einen Blick listet die Attraktionen (Gebäude, Museen, Plätze, Parks, Viertel etc.) auf.

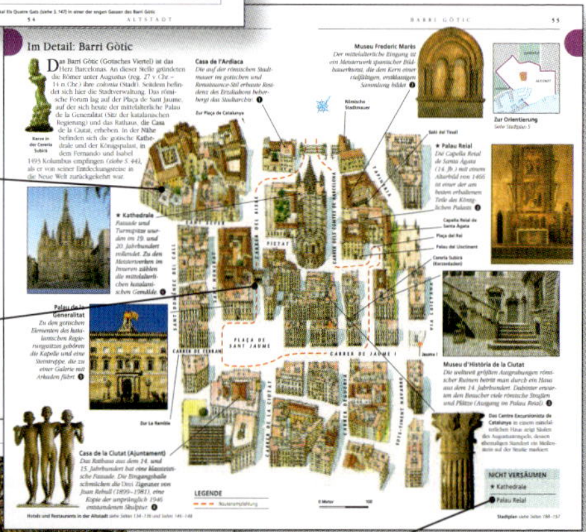

2 Detailkarte
Die interessantesten Stadtteile werden detailgetreu aus der Vogelperspektive gezeigt.

Routenempfehlungen führen durch die spannendsten Straßen des Viertels.

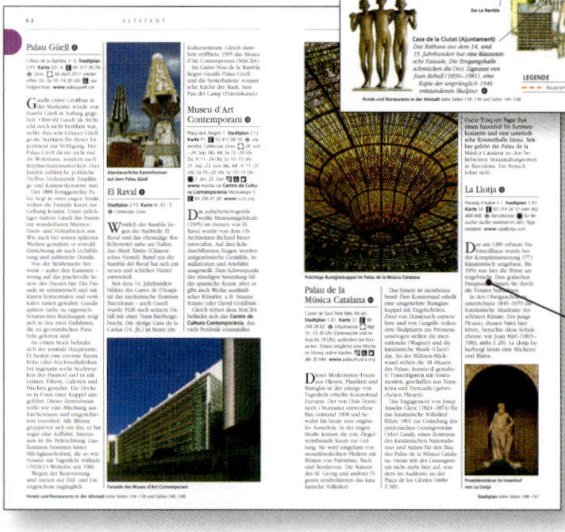

Sterne markieren die Top-Attraktionen, die Sie nicht versäumen sollten.

3 Detaillierte Informationen
Hier werden die Sehenswürdigkeiten einzeln beschrieben. Die Reihenfolge entspricht der Nummerierung auf der Stadtteilkarte. Alle Symbole werden auf der hinteren Umschlagklappe erklärt.

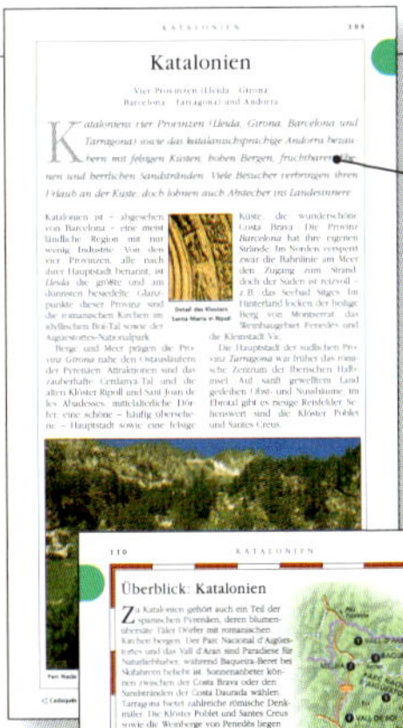

4 Einführung

Die Einführung zum Katalonien-*Kapitel bietet einen Überblick zur Geschichte und zum Charakter der Region. Das Kapitel erforscht Kataloniens Kulturerbe und Natur – von den Klöstern Montserrat und Poblet über Tarragonas Casteller-Feste bis zu den Sandstränden der Costa Daurada und den schneebedeckten Gipfeln der Pyrenäen.*

Stadtplan *siehe Seiten 188–197.*
Karte *Extrakarte zum Herausnehmen.*

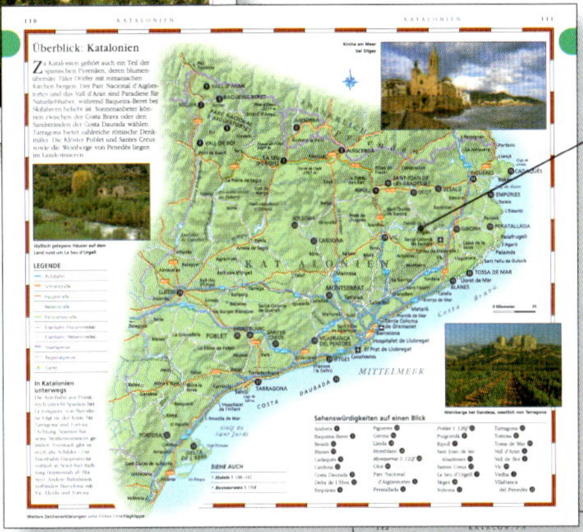

5 Regionalkarte

Diese Karte gibt einen Überblick der gesamten Region. Alle in diesem Kapitel behandelten Sehenswürdigkeiten sind hier eingetragen und nummeriert. Die Regionalkarte *zeigt die Topografie und das Straßennetz der Region sowie landschaftliche Besonderheiten, z. B. Strände. Außerdem finden Sie hier nützliche Tipps zu Fahrten in dieser Region.*

6 Detaillierte Informationen

Alle wichtigen Orte und Sehenswürdigkeiten werden einzeln beschrieben. Die Reihenfolge entspricht der Nummerierung auf der Regionalkarte. *Jeder Eintrag bietet zudem detaillierte Infos zu Öffnungszeiten, Eintritt, Telefon etc.*

Sterne markieren herausragende Höhepunkte, die Sie nicht versäumen sollten.

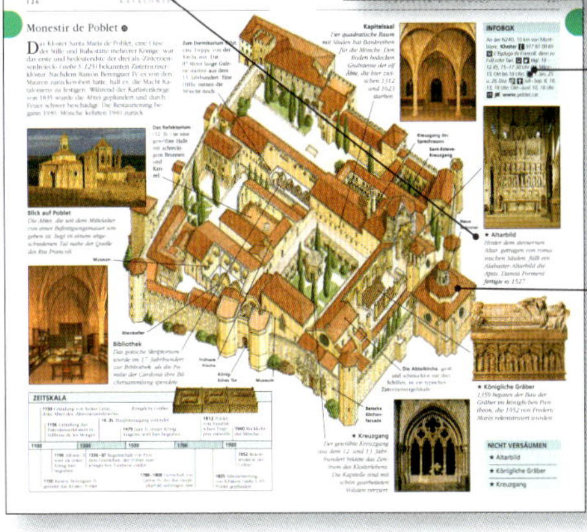

Die Infobox bietet praktische Informationen, wie z. B. Telefonnummer, Öffnungszeiten, Eintritt und Anfahrt.

7 Hauptsehenswürdigkeiten

Die Highlights Barcelonas und Kataloniens werden auf Doppelseiten erläutert. Historische Gebäude sind perspektivisch dargestellt. Besonderheiten werden mit einem Foto herausgehoben.

Barcelona und Katalonien stellen sich vor

Vier Tage in Barcelona

Die Tage sind lang in Barcelona: Vormittag gilt bis 14 Uhr, dann isst man zu Mittag. Wegen der langen Öffnungszeiten gehen Nachmittag und Abend nahtlos ineinander über. Planen Sie Ihre Touren gut: Die vier Routenvorschläge haben alle ein Thema. Jede der Sehenswürdigkeiten ist gut mit öffentlichen Verkehrsmitteln erreichbar. Die Preisangaben enthalten Fahrtkosten, Eintritt und Essen. Der Familienpreis gilt für zwei Erwachsene und zwei Kinder.

Detail der Sagrada Família

La Rambla – hier gibt es zu jeder Tageszeit etwas zu sehen *(siehe S. 60f)*

Historische Schätze

- **Spaziergang durch das Barri Gòtic und die Museen**
- **Modernisme-Konzertsaal**
- **Leben rund um die Uhr auf Spaniens berühmtester Straße**

Zwei Erwachsene mind. 40 €

Vormittags

Barcelonas mittelalterliches Zentrum ist das **Barri Gòtic** *(siehe S. 54f)*, ein Straßengewirr, in dem man sich leicht verläuft. Hier kann man gut den Vormittag verbringen, ohne weite Strecken zurückzulegen. Mittelpunkt ist die **Kathedrale** *(siehe S. 58f)*. Daneben steht der **Palau Reial**, zum Teil Heimat des **Museu d'Història de al Ciutat** *(siehe S. 56f)*, das Ausgrabungen aus der Römerzeit zeigt. Der Königspalast beherbergt auch eines der faszinierendsten Museen Barcelonas, das **Museu Frederic Marès** *(siehe S. 56)*. In diesem Viertel kann man in zahlreichen Lokalen preiswert essen – versuchen Sie eines am Carrer de Call.

Nachmittags

Nehmen Sie an einer Führung durch den **Palau de la Música Catalana** *(siehe S. 63)* teil (man muss vorher buchen). Danach können Sie durch das lebhafte Viertel **El Born** *(siehe S. 102f)* mit seinen trendigen Läden schlendern. Das **Museu Picasso** *(siehe S. 64)* lohnt einen Besuch, anschließend lockt **La Rambla**, auf der zu jeder Tageszeit etwas los ist.

Reich geschmückter Palau de la Música Catalana *(siehe S. 63)*

Gaudís Schöpfungen

- **Casa Batlló mit ihren organischen Formen**
- **Sagrada Família, Gaudís außergewöhnliche Kirche**
- **Abends shoppen am Passeig de Gràcia**

Zwei Erwachsene mind. 60 €

Vormittags

Viele Besucher denken bei Barcelona als Erstes an die einzigartige Architektur von Antoni Gaudí. Er schuf hier großartige Gebäude – alle sind einen Besuch wert. Beginnen Sie mit zweien: Besonders farbenprächtig und exzentrisch ist Gaudís **Casa Batlló** *(siehe S. 76f)*, die voller fantastischer organischer Formen steckt. Die Extragebühr für das Dach lohnt sich, um die ungewöhnlichen Kamine und den »Drachenschwanz« zu sehen. Ein wenig weiter die Straße stadtauswärts steht die ebenso berühmte **Casa Milà** oder **»La Pedrera«** *(siehe S. 79)*. Das Haus kann zwar besichtigt werden, aber Sie können auch nur einen Blick von außen darauf werfen. Zum Mittagessen finden Sie nette Restaurants in den Straßen um den **Passeig de Gràcia.**

Nachmittags

Gaudís größtes, unvollendetes Werk ist die **Sagrada Família** *(siehe S. 80–83)*. Nehmen Sie sich Zeit für die vielen Details an der Passionsfassade und der Weihnachtsfassade. Die Türme können Sie mit dem Lift oder über Wendeltreppen zu Fuß erklimmen – in jedem Fall werden Sie mit einer beein-

◁ ***Paral·lel any 1930***, Gemälde (1930) einer der großen Alleen Barcelonas von Emili Bosch Roger (1894–1980)

Casa Batlló – Einblicke in eine andere architektonische Welt *(siehe S. 76f)*

druckenden Aussicht belohnt. Wenn Sie wieder festen Boden unter den Füßen haben, kehren Sie zum **Passeig de Gràcia** mit seinen schicken Läden zurück. Der Designladen **Vinçon** *(siehe S. 155)* ist in einem Modernisme-Gebäude zu finden.

Museu d'Art Contemporani *(S. 62)*

L'Art pour l'Art

- Romanische Juwele am Montjuïc
- Zeitgenössische Kunst
- Sammlung Alter Meister

Zwei Erwachsene mind. 50 €

Vormittags

Die Zahl der Kunstmuseen, die Sie an einem Tag verdauen können, ist natürlich Ihnen überlassen. Wir schlagen Ihnen vier Museen vor. Am besten beginnen Sie gleich um 10 Uhr mit dem **Museu Nacional d'Art de Catalunya** *(siehe S. 88)* am Montjuïc (lassen Sie sich Zeit für die Aussicht). Hier ist die nach Expertenmeinung beste Sammlung romanischer Kunst zu sehen. Nicht weit davon ist die neueste Galerie für zeitgenössische Kunst, das **CaixaForum** *(siehe S. 98f)*, in einer Modernisme-Fabrik. Mittagessen können Sie in einem Café.

Nachmittags

Religiöse Objekte und Kunstwerke erwarten Sie im **Monestir de Pedralbes** *(siehe S. 95)*, dem hübschen Kloster aus dem 14. Jahrhundert. Zurück im Zentrum entdecken Sie im **Museu d'Art Contemporani** *(siehe S. 62)* bestimmt etwas Überraschendes.

Spaß für Kinder

- Ausflug zum Rummelplatz
- Hafenrundfahrt
- Haie im Aquàrium
- IMAX-Kino-Erlebnis

Familie (4 Pers.) mind. 100 €

Vormittags

Der Freizeitpark **Tibidabo** *(siehe S. 98)* auf dem höchsten Hügel hinter Barcelona kann Kinder einen ganzen Tag lang in Atem halten, die Anfahrt mit Tram und Zahnradbahn ist Teil des Vergnügens. Wenn Sie nicht so weit fahren wollen, gehen Sie La Rambla hinunter, nehmen den Lift im **Monument a Colom** *(siehe S. 69)* und genießen die Aussicht. Am nahen Pier besteigen Sie eine **Golondrina** *(siehe S. 69)* zu einer Hafenrundfahrt. Danach gehen Sie über die Fußgängerbrücke zum Maremàgnum-Einkaufszentrum, wo Sie auch essen können.

Nachmittags und abends

Im Port Vell gibt es genug Attraktionen, die den Tag bis zum Abend ausfüllen. Das **Aquàrium** *(siehe S. 68)* bietet viel Spannendes, der Haitunnel ist ebenso eine Sensation wie das Streichelbecken. Im **IMAX-Kino** *(siehe S. 164)* können Sie spektakuläre Filme im 3-D-Stil erleben. Nicht weit ist es dann zum kinderfreundlichen **Museu d'Història de Catalunya** *(siehe S. 68f)*, das einen interessanten Einblick in die Geschichte Kataloniens bietet.

Barcelonas Aquàrium ist ein spannendes Erlebnis für Kinder *(siehe S. 68)*

Barcelona und Katalonien auf der Karte

Katalonien (Spanisch: Cataluña; Katalanisch: Catalunya) im äußersten Nordosten der Iberischen Halbinsel umfasst sechs Prozent (32 000 km²) der Fläche Spaniens. Seine Hauptstadt Barcelona liegt fast genau in der Mitte des katalanischen Küstenstreifens, der ein Viertel der Mittelmeerküste Spaniens einnimmt. Barcelona hat 1,6 Millionen Einwohner und ist der wichtigste Fährhafen zu den katalanischsprachigen Balearen.

Satellitenaufnahme von Katalonien

Kanarische Inseln

Diese Kette von sieben Atlantikinseln liegt 1150 Kilometer südwestlich von Cádiz und 150 Kilometer von der marokkanischen Küste entfernt.

Kataloniens Grenzen

Kataloniens nördliche Grenze zu Frankreich verläuft entlang den Pyrenäen, unterbrochen vom katalanischsprachigen Andorra. Im Westen und Süden grenzt Katalonien an die autonomen Regionen Aragón und Valencia.

Barcelonas Zentrum

Barcelona, diese wunderbare Stadt zwischen den Bergen und dem Meer, besitzt eine Vielzahl von Stadtteilen, die die Geschichte ihres Wachstums vom mittelalterlichen Kern über die Erweiterung im 19. Jahrhundert bis zu den Attraktionen der Gegenwart dokumentieren.

Die drei im Folgenden beschriebenen Stadtteile verdeutlichen diese Vielfalt: Der an das Meer grenzende Montjuïc mit seinen monumentalen Bauten bildet die Südwestspitze eines Bergrückens, der die Stadt fast vollständig einschließt. Die Altstadt hat einen mittelalterlichen Kern, in dem sich enge Gassen zwischen alten Häusern hindurchwinden. Im Gegensatz dazu verfügt der Stadtteil Eixample (»Erweiterung«) über ein schachbrettartiges Straßennetz und eine meisterhafte Architektur des Modernisme.

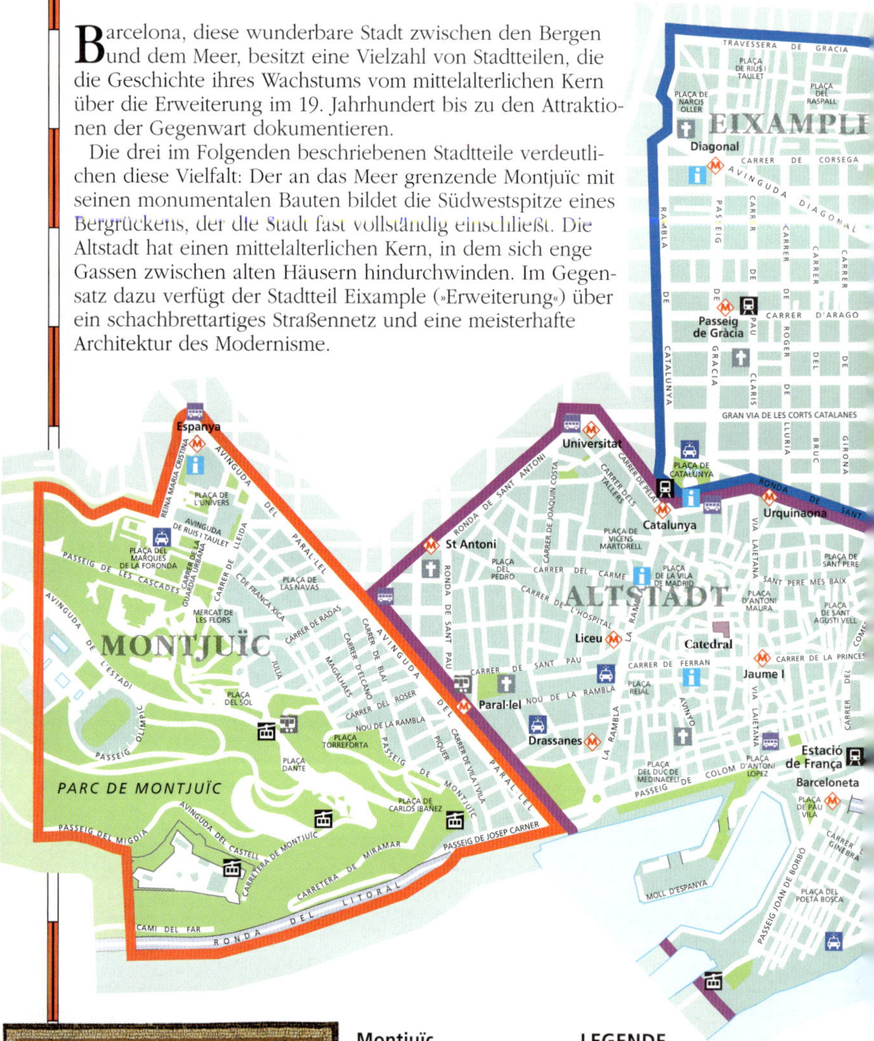

Montjuïc
Der Berg bietet eine herrliche Sicht auf die Umgebung. Hier befinden sich faszinierende Museen wie das Museu Arqueològic (siehe S. 88) *mit diesem in Barcelona ausgegrabenen römischen Mosaik.*

0 Kilometer 1

LEGENDE

- Sehenswürdigkeit
- Metro-Station
- Bahnhof
- Bus
- Seilbahn
- Zahnradbahn
- Tram
- Polizei
- Information
- Kirche

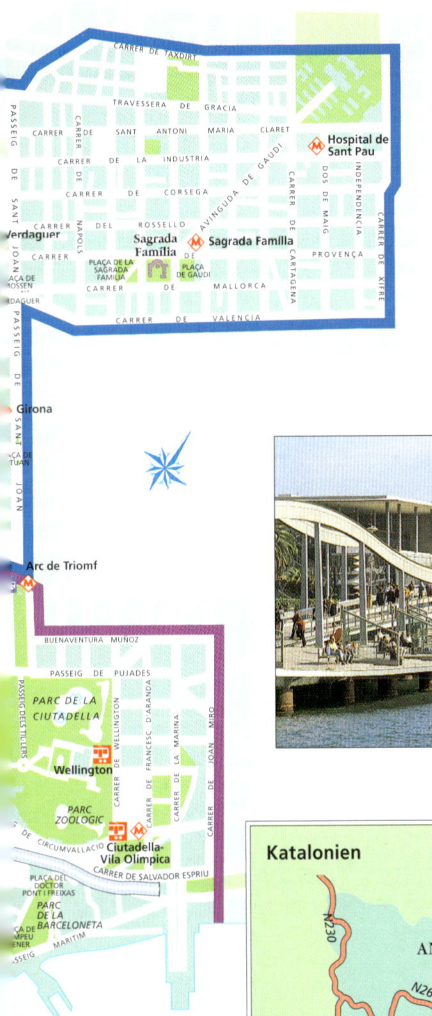

Eixample
Dies ist der interessanteste Teil der Stadterweiterung des 19. Jahrhunderts. Ein Bummel durch die Straßen enthüllt die vielen Details des Modernisme wie diese prunkvolle Tür der Casa Comalat (siehe S. 27) *in der Avinguda Diagonal.*

Altstadt
Die Altstadt umfasst die ältesten Straßen Barcelonas, den Hafen, das Fischer-»Dorf« Barceloneta (18. Jh.) und neue, ufernahe Wohnviertel. Die Brücke führt zum alten Hafen Port Vell (siehe S. 68).

Katalonien
Kataloniens Hauptstadt Barcelona liegt, von Bergen umgeben, an der Küste des Mittelmeeres. Sant Pere de Galligants (siehe S. 23) *ist eine der vielen romanischen Kirchen.*

Ein Porträt Kataloniens

Barcelona gehört zu den großartigsten Städten des Mittelmeerraums. Nur wenige Orte sind so geschichtsträchtig und zugleich so modern. Ob am Tag oder in der Nacht – Barcelona ist eine lebendige Stadt, berühmt für ihre Flaniermeile, La Rambla, ihre Bars, ihre Museen und ihre Lebensfreude.

Barcelona ist die Hauptstadt der Autonomen Region Katalonien im äußersten Nordosten Spaniens, die in vier nach ihren Hauptstädten benannte Provinzen aufgeteilt ist: Barcelona, Girona, Lleida und Tarragona *(siehe S. 109)*. Die Stadt Barcelona liegt zwischen den beiden Flüssen Llobregat und Besòs am Fuße des Collserola-Höhenzugs. Sein Gipfel erreicht beim Tibidabo-Vergnügungspark 512 Meter. Barcelona entwickelte sich als Industriezentrum, doch die alten Industriebauten sind heute weitgehend verschwunden. Im Großraum Barcelona leben rund vier Millionen Menschen – fast die Hälfte der Bevölkerung Kataloniens. Nach Madrid ist Barcelona die zweitgrößte Stadt Spaniens.

Dame mit Schirm ***(siehe S. 67)***

Politik und Gesellschaft

Kataloniens Regionalregierung hat ihren Sitz im Palau de la Generalitat im Herzen der Altstadt, auf dem Gelände des römischen Forums. Das Parlament ist im gleichen Gebäude wie das Museu d'Art Modern im Parc de la Ciutadella untergebracht. Barcelona hat eine eigene Verwaltung: Das Rathaus, die Casa de la Ciutat, steht gegenüber dem Palau de la Generalitat an der Plaça de Sant Jaume. Die Übergabe der Exekutivgewalt in Katalonien von der spanischen Nationalpolizei zur katalanischen Mossos d'Esquadra ist seit 2008 abgeschlossen.

Nach dem Tod Francos 1975 regierte 23 Jahre lang die konservative Convergència i Unió (CiU) unter

Auf Barcelonas Rambla ist immer viel Leben: Kioske, Blumenstände und Artisten bevölkern diese prächtige Allee – und auch der Sonntagsspaziergang findet meist hier statt

◁ **Prächtige Mosaiksäulen am Palau de la Música Catalana *(siehe S. 63)* in Barcelona**

Tag des heiligen Georg (Sant Jordi) am 23. April: Man schenkt sich Bücher und Rosen ***(siehe S. 34)***

ihrem Vorsitzenden Jordi Pujol. 1979 erhielt Katalonien das Autonomiestatut. 2003 übernahm der Sozialist Pascual Maragall die Regierung und wurde 2006 vom Sozialisten José Montilla abgelöst. Seit 2010 regiert erneut die CiU mit Artur Mas.

Im Gegensatz zum übrigen Spanien ist der Stierkampf in Katalonien abgeschafft. Der katalanische Nationaltanz, die *Sardana*, trägt wenig Emotionen zur Schau. Manche Katalanen werden lieber mit Nordeuropäern als mit anderen Spaniern in Verbindung gebracht. Der Regierung in Madrid werfen sie vor, dass Katalonien als eine der reichsten Regionen Spaniens mehr zum Staatshaushalt beiträgt, als es profitiert.

Charakteristisch für die Katalanen sind *seny*, der gesunde Menschenverstand, und *rauxa*, das kreative Chaos. Das konservative Element der Gesellschaft Barcelonas ist bei vielen klassischen Konzerten und Opernaufführungen sowie in den wunderbaren traditionellen Konditoreien spürbar. Gleichzeitig entdeckt man viele surreale Elemente, oft z. B. auf der Rambla, auf der die gegensätzlichsten Schichten der Bevölkerung aufeinandertreffen. Selbst der gesetzteste Einwohner von Barcelona ist nicht vor dem *cop de rauxa*, der chaotischen Ekstase, gefeit, womit gerne die zum Teil aufwieglerischen und revolutionären Momente in der katalanischen Geschichte erklärt werden.

Katalanen sind sehr selbstbewusst: Davon zeugt auch die Energie, mit der sie seit Anfang der 1980er Jahre ihre Hauptstadt umgebaut und modernisiert haben. Die Olympischen Sommerspiele von 1992 waren hier ein willkommener Anlass. Mitten in der Altstadt entstanden fantastische neue Gebäude wie das Museu d'Art Contemporani. Zahlreiche alte Gebäude des Modernisme wurden und werden renoviert, das berühmte Café Zürich an der Placa de Catalunya wurde neu errichtet.

Straßenkünstler auf der Rambla

Sprache und Kultur

Das Katalanische *(català)*, eine romanische Sprache, ähnlich der in Frankreich gesprochenen Langue d'Oc, ist

Filmplakat *Fessle mich!* (1990) von Pedro Almodóvar

Strand von Tossa de Mar an der Costa Brava

Kataloniens offizielle Sprache. Sie wird von acht Millionen Menschen gesprochen. Daneben steht gleichberechtigt (!) das Castellana (Spanisch). Alle Schilder und Dokumente sind auf Katalanisch und Spanisch.

Wenn *rauxa* tatsächlich für die Kreativität verantwortlich ist, dann ist Katalonien reich damit gesegnet. Der Modernisme, z. B. von Antoni Gaudí, stellt Kataloniens Beitrag zum Jugendstil und zur Architektur dar. Maler wie Joan Miró, Salvador Dalí und Antoni Tàpies wurden hier geboren. Pablo Picasso verbrachte seine prägenden Jahre in Barcelona. Entwürfe von Javier Mariscal (Olympia-Design 1992 und Maskottchen »Cobi«), Möbel von Oscar Tusquets und Mode von Toni Miró verleihen der Stadt ein besonderes Flair. Regisseure wie Pedro Almodóvar (*Alles über meine Mutter*, 1999) und Woody Allen (*Vicky Cristina Barcelona*, 2008) drehten ihre Filme in Barcelona, der Regisseur Bigas Luna (*Jamón Jamón*, 1992) stammt aus dieser Stadt.

Montserrat Caballé

In den letzten 150 Jahren hat Katalonien viele ausgezeichnete Musiker hervorgebracht. Die Komponisten Isaac Albéniz (1860–1909), Enrique Granados (1867–1916) und Federico Mompou (1893–1987) bereicherten die klassische Musik um katalanische Elemente. Pablo Casals (1876–1973) gilt als größter Cellist, Montserrat Caballé sowie José Carreras garantieren volle Opernhäuser. Seit den 1970er Jahren erblüht auch die katalanische Literatur: Die Autoren Carlos Ruiz Zafón und Eduardo Mendoza stammen aus Barcelona – viele ihrer Romane spielen in dieser Stadt.

Arbeit und Freizeit

Katalanen sind traditions- und familienbewusst: Sonntags trifft sich die ganze Familie zum Essen, wochentags kommt man zum Mittagessen nach Hause. Dadurch herrscht in Barcelona viermal täglich Stau. Die Läden schließen in der Regel um 20.30 Uhr. Gegen 21 Uhr isst man zu Abend oder geht aus. Bis sehr weit nach Mitternacht ist die Rambla belebt, oft mit Partystimmung.

Dem Fußballclub FC Barcelona *(siehe S. 94f)* die Treue zu halten ist eine Frage des Nationalstolzes: Fußball ist die Leidenschaft der Stadt.

Demonstration für Kataloniens Unabhängigkeit

Blumen des Matorral

Gelbe Bienen-Ragwurz

Der Matorral ist die charakteristische Landschaft an Spaniens östlicher Mittelmeerküste. Das Macchia-Gebiet voller Wildblumen entstand infolge jahrhundertelanger Rodungen. Die Steineichen wurden als Bauholz verwendet, Weide- und Ackerland kultiviert. Viele Pflanzen haben sich an die extremen klimatischen Bedingungen angepasst. Im Frühjahr überziehen gelbe Ginsterbüsche sowie rosafarbene und weiße Zistrosen die Hügel. Der Duft von Rosmarin, Lavendel und Thymian sowie das Summen der Insekten, die sich an Nektar und Pollen laben, erfüllen die Luft.

Der Besenginster *trägt gelbe Blüten. Die schwarzen Samenkapseln platzen bei Trockenheit auf, die Samen fallen dann auf den Boden.*

Mescal-Agaven können bis zu zehn Meter hoch werden.

Aleppo-Kiefer

Rosmarin

Das Brandkraut *(Phlomis fruticosa), ein beliebter Gartenstrauch, besitzt lange, von Büscheln leuchtend gelber Blüten umgebene Äste. Seine Blätter sind grauweiß.*

Beim Rosenlauch *(Allium roseum) krönen violette bis rosafarbene Blütendolden einen Stängel. Rosenlauch bildet ganz normale Zwiebeln.*

Gartenthymian, *ein niedriges, aromatisches Kraut, wird vor allem für die Küche angebaut.*

Exotische Einwanderer

Blühender Feigenkaktus

Einigen Pflanzen aus der Neuen Welt ist es gelungen, sich auf dem kargen Boden des Matorral anzusiedeln. Der Echte Feigenkaktus, den Christoph Kolumbus eingeführt haben soll, trägt köstliche Früchte, die man aber nur mit dicken Handschuhen pflücken kann. Die schnell wachsende Mescal-Agave aus Mexiko mit stacheligen Blättern entwickelt ihren kräftigen Blütenstand erst nach zehn bis 15 Jahren und stirbt dann.

Blütenstand der Mescal-Agaven

Spiegel-Ragwurz, *eine kleine Orchidee, die auf Grasflächen wächst, unterscheidet sich von anderen Orchideen durch den glänzenden blauen Fleck auf ihrer Lippe.*

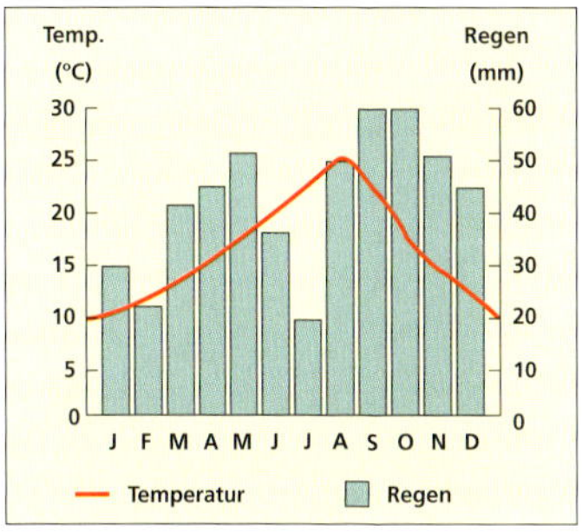

Klima

Die meisten Pflanzen des Matorral blühen im warmen, feuchten Frühjahr. Im trockenen, heißen Sommer schützen sie sich durch dicke Blätter mit einer wachsartigen Schicht vor Feuchtigkeitsverlust oder speichern Wasser in ihren Knollen.

Steineichen *sind in Ostspanien weitverbreitet. Ihre gummiartigen Blätter speichern Feuchtigkeit.*

Der Erdbeerbaum *ist ein immergrüner Strauch mit glänzenden, gezackten Blättern. Seine ungenießbaren Früchte werden rot, wenn sie reif sind.*

Graubehaarte Zistrosen *mit faltigen Blüten und gelben Staubbeuteln lieben sonnige Plätze.*

Französische Zistrosen *sondern ein aromatisches Harz ab, das für Parfüm verwendet wird.*

Sternklee *ist eine niedrig wachsende Pflanze, deren Frucht eine sternförmige Samenkapsel bildet.*

Tierwelt des Matorral

Die Tiere des Matorral sieht man am ehesten frühmorgens, bevor es hier zu heiß wird. Die zahlreichen Insekten stellen eine gute Futterquelle für die Vögel dar. Kleine Säugetiere wie Wühlmäuse sind nur bei Nacht aktiv, wenn es kühler ist und wenige Raubtiere in der Nähe sind.

Treppennattern *fressen kleine Säugetiere, Vögel und Insekten. Junge Nattern erkennt man an der schwarzen, leiterartigen Musterung, ältere Schlangen an zwei einfachen Streifen.*

Skorpione *verstecken sich am Tag. Werden sie erschreckt, heben sie den Schwanz zu einer Drohgebärde über den Körper. Ihr Stich kann bei Menschen Reizungen hervorrufen.*

Die Provence-Grasmücke, *ein scheuer Vogel mit dunklem Gefieder und hohem Schwanz, singt während der Balz Melodien. Die Männchen sind bunter als die Weibchen.*

Der Schwalbenschwanz *ist einer der auffälligsten Schmetterlinge des Matorral. Weitverbreitet sind außerdem Bienen, Ameisen und Heuschrecken.*

Highlights: Romanische Kunst und Architektur

Katalonien verfügt über mehr als 2000 mittelalterliche Gebäude im regionalen romanischen Stil aus dem 11. bis 13. Jahrhundert. Besonders gut erhalten sind die Kirchen in den Pyrenäen, die weitgehend von Angriffen und Modernisierung verschont blieben. Die Kirchen haben hohe Glockentürme, Mittelschiffe mit Tonnengewölbe, Rundbogen, fantasievolle Skulpturen und bemerkenswerte Wandgemälde. Einige Fresken und Möbel sind nun im Museu Nacional d'Art de Catalunya *(siehe S. 88)* in Barcelona zu sehen, das über die weltweit größte Sammlung romanischer Kunst verfügt.

Sant Jaume de Frontanyà (siehe S. 114) *ist eine ehemalige Augustinerkirche mit typischen lombardischen Bandrippen (11. Jh.) unterhalb der Dächer der drei Apsiden. Ungewöhnlich ist der achteckige Dachaufsatz.*

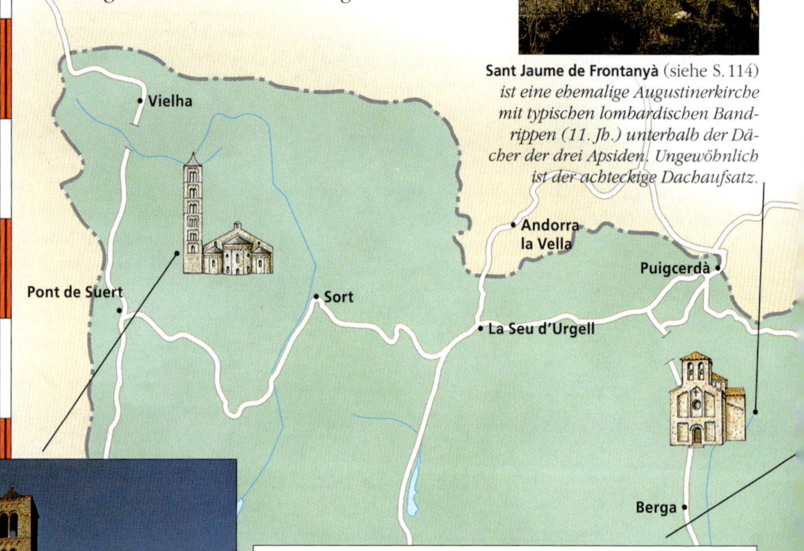

Sant Climent de Taüll, *eine großartige Kirche im Vall de Boí* (siehe S. 113), *wurde 1123 geweiht. Die Fresken, darunter ein Christus als Pantokrator* (siehe S. 88), *sind Repliken. Die Originale, die heute in Barcelona gezeigt werden, gehören zu den schönsten Kataloniens.*

Monestir de Santa Maria de Ripoll

Das Portal der Kirche des früheren Benediktinerklosters in Ripoll ist wegen seiner allegorischen Schnitzereien als »Ripoll-Bibel« bekannt. Die Kirche wurde 879 gegründet, 1032 unter Abt Oliva umgebaut, das Portal aber erst im späten 12. Jahrhundert hinzugefügt. Christus sitzt über dem Eingang inmitten der Tiere, die die Apostel symbolisieren. Die landwirtschaftlichen Tätigkeiten aller Monate sind auf den Eingangssäulen dargestellt. Entlang der Wand gibt es sieben biblische Friese. Der oberste Fries *(siehe S. 114)* über dem Tympanon stellt die alten Männer in der Apokalypse dar.

Sant Pere de Camprodon (siehe S. 115), *1169 geweiht, ist eine Klosterkirche im spätromanischen Stil. Das leicht zugespitzte Tonnengewölbe über dem Mittelschiff kündigt bereits den kommenden Stil der Gotik an.*

Gebiet mit romanischen Sehenswürdigkeiten

Sant Cristòfol de Beget (siehe S. 115) *ist eine wunderschöne Kirche in einem malerischen Weiler. Zur einzigartig erhaltenen Innenausstattung gehören ein romanischer Taufstein und dieses berühmte Kruzifix (12. Jh.).*

Sant Pere de Rodes, *600 Meter über dem Meeresspiegel gelegen, war ein Benediktinerkloster. Im Mittelschiff der Kirche sind die Pfeiler eines ehemaligen römischen Tempels zu sehen.*

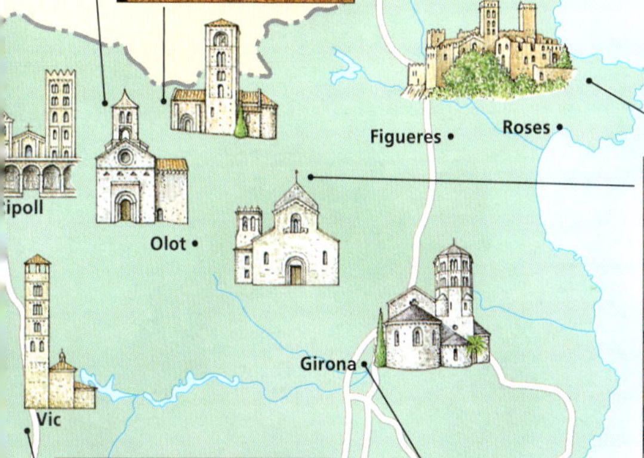

Sant Pere de Besalú (siehe S. 115) *ist die Kirche (12. Jh.) eines früheren Benediktinerklosters. Steinlöwen bewachen das Fenster über dem Portal. Der Chorumgang hat feine Kapitelle.*

Das Museu Episcopal de Vic (siehe S. 124) *neben der Kathedrale besitzt eine erstklassige Sammlung romanischer Kunst. Diese farbenprächtige und anrührende Darstellung von Mariä Heimsuchung schmückte früher den Altar im Kloster Lluçà.*

Sant Pere de Galligants (siehe S. 116), *eine ehemalige Benediktinerabtei und Paradebeispiel für den romanischen Stil, hat ein Portal (11. Jh.) mit Fensterrosette und einen achteckigen Glockenturm. Biblische Szenen schmücken die Kapitelle des Klosters. Heute ist hier Gironas Archäologisches Museum untergebracht.*

Gaudí und der Modernisme

Kamin der Casa Vicens

Gegen Ende des 19. Jahrhunderts entstand in Barcelona der Modernisme, ein neuer Stil in Kunst und Architektur, eng verwandt mit dem Jugendstil. In ihm drückte sich das katalanische Nationalbewusstsein aus. Die wichtigsten Künstler waren Josep Puig i Cadafalch, Lluís Domènech i Montaner und vor allem Antoni Gaudí i Cornet *(siehe S. 78)*. In Eixample *(siehe S. 70–83)* entstanden – für reiche Kunden – viele der originellen Modernisme-Bauten.

Jeder Aspekt *eines Modernisme-Baus, auch die Inneneinrichtung, wurde vom Architekten entworfen. Hier Tür und Kachelrahmen von Gaudís Casa Batlló von 1906* (siehe S. 76f).

Eine spektakuläre Kuppel *schließt den drei Stockwerke hohen Salon ab. Die kleinen runden Löcher, ein arabisches Element, wirken wie die Sterne am Himmel.*

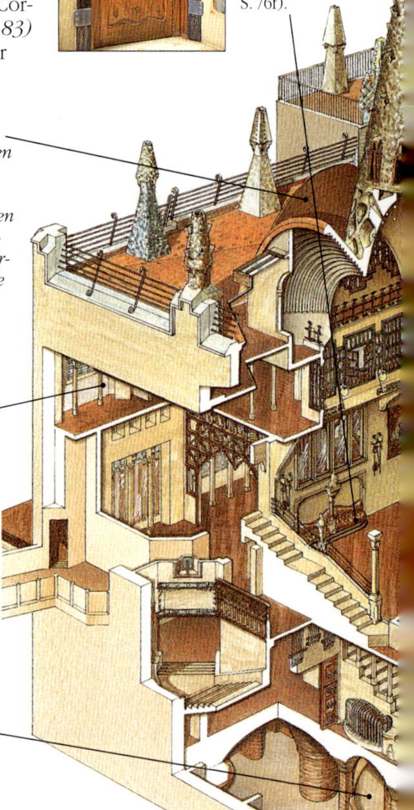

Die Obergalerien sind mit Täfelung und Kassetten reich geschmückt.

Die spiralförmige Auffahrt *zeugt früh von Gaudís Vorliebe für Kurven. In der gewellten Fassade der Casa Milà wird dieses Charakteristikum später besonders deutlich* (siehe S. 79).

ENTWICKLUNG DES MODERNISME

1859 Bauingenieur Ildefons Cerdà i Sunyer macht Vorschläge zur Erweiterung der Stadt

1878 Gaudí beendet sein Studium

1900 Josep Puig i Cadafalch baut die Casa Amatller *(siehe S. 78)*

1903 Lluís Domènech i Montaner baut das Hospital de la Santa Creu i de Sant Pau *(siehe S. 79)*

Detail des Hospitals

1850	1865	1880	1895	1910	1925

Detail der Sagrada Família

1883 Gaudí übernimmt die Konstruktion der Sagrada Família *(siehe S. 80–83)*

1888 Die Weltausstellung gibt dem Modernisme enormen Auftrieb

1905 Domènech i Montaner baut die Casa Lleó Morera *(siehe S. 78)*, Puig i Cadafalch die Casa Terrades *(siehe S. 79)*

1910 Casa Milà vollendet

1926 Gaudí stirbt

Bizarr geformte Kamine, *wie hier auf dem schimmernden Satteldach der Casa Batlló zu sehen, wurden ein Markenzeichen Gaudís.*

Schmiedeeiserne Lampen erhellen den Hauptsaal.

Keramikfliesen zieren die Kamine.

Spitzbogen, *die Gaudí schon im Palau Güell ausgiebig verwendet hat, zeigen sein Interesse an gotischer Architektur. Hier ein Gang im Col·legi de les Teresianes von 1890, einer Klosterschule im Westen Barcelonas.*

Der Zierschmuck spielt auf das katalanische Wappen an.

Gaudís Materialien

Gaudí arbeitete mit vielen Materialien: Er verband reine, unbearbeitete Stoffe wie Holz, roh behauenen Stein, Bruchstein und Ziegel mit Meisterwerken aus Schmiedeeisen und Buntglas. Zahlreiche Keramikfliesen bedecken seine fließenden, oft unebenen Formen.

Buntglasfenster in der Sagrada Família

Fliesenmosaik, Parc Güell ***(siehe S. 96f)***

Detail eines Eisentors, Casa Vicens ***(s. S. 26f)***

Keramikfliesen an El Capricho

Palau Güell

Gaudís erster Großbau in der Stadtmitte nahe der Rambla *(siehe S. 60)* begründete seinen Ruf als herausragender Architekt. Das für seinen Gönner Eusebi Güell im Jahr 1889 erbaute Wohnhaus liegt eingezwängt in einer engen Straße, wodurch die Fassade kaum zur Geltung kommt. Im Inneren strukturierte Gaudí den Raum mit Lettnern, Galerien und Nischen. Zu sehen ist auch sein einzigartiges Mobiliar.

Organische Formen *inspirierten die schmiedeeiserne Arbeit an den Toren des Palastes. Gaudí bezieht sich oft auf Tiere, wie bei diesem bunt gefliesten Drachen, der die Stufen im Parc Güell bewacht.*

La Ruta del Modernisme

Diese 50 ausgewählten Beispiele modernistischer Architektur in Barcelona liegen an einem vom Fremdenverkehrsamt der Stadt entworfenen Rundgang. Ein Modernisme-Führer *(guia)* (erhältlich u. a. im Fremdenverkehrsbüro Turisme de Catalunya, *siehe S. 175*) beinhaltet einen Rabatt auf den Eintritt in diese Bauwerke und erlaubt Ihnen die Planung Ihrer eigenen Route. Die Casa Batlló, der Palau Güell und der Palau de la Música Catalana bieten eigene Führungen an. Viele der Modernisme-Gebäude sind in Privatbesitz. Leider sind daher deren attraktive Innenräume der Öffentlichkeit nicht zugänglich.

Casa Vicens
Das helle Gebäude von Antoni Gaudí mit Ecktürmen, Keramikmosaiken und gemusterten Backsteinen zeigt maurischen Einfluss. Eisentor und Metallzaun sind typisch für Gaudís Schaffen. ㊽

Palau Baró de Quadras
Das schöne Haus wurde 1906 von Josep Puig i Cadafalch gebaut. Der kunstvolle Fries über den Fenstern der ersten Etage erinnert stark an den Plateresk-Stil der spanischen Frührenaissance. ㊶

Casa Lleó Morera
Der Speisesaal im ersten Stock dieses Hauses ist ein innenarchitektonisches Glanzstück. Die Buntglasfenster stammen von Lluís Rigalt, die acht Keramikwandtafeln mit idyllischen Szenen von Gaspar Homar. ⑲

Antiga Casa Figueres
1902 schuf Antoni Ros i Güell die Dekoration – Mosaiken, Buntglas- und Kunstschmiede-Arbeiten – des berühmtesten modernistischen Ladens der Stadt, der heutigen Pastisseria Escribà. ⑦

LEGENDE

- - - Routenempfehlung
– – Buslinie
– – Metro-Linie
Ⓜ Metro-Station

ROUTENINFOS

Start: *Palau Güell ①. Planen Sie selbst die Reihenfolge und Route je nach verfügbarer Zeit. Achten Sie auf die ⊛-Zeichen, die im Gehweg eingelassen sind.*
Länge: *Vier Kilometer für den Abschnitt ① bis ㊶. Nicht eingeschlossen sind die Sehenswürdigkeiten, die sich abseits der Hauptroute befinden.*
www.rutadelmodernisme.com

Palau Macaya
Die elegante Villa (1901) mit herrlichem Hof, nun ein Ausstellungszentrum, wurde von Josep Puig i Cadafalch entworfen. Für die Dekoration waren mehrere Künstler verantwortlich. ㊸

Sehenswürdigkeiten auf einen Blick

① Palau Güell *S. 24f*
② Straßenlampen, Plaça Reial *S. 61*
③ Hotel España
④ Hotel Peninsular
⑤ Cafè de l'Òpera
⑥ Casa Doctor Genové
⑦ Antiga Casa Figueres
⑧ Mercat de la Boqueria *S. 155*
⑨ Reial Acadèmia de Ciències i Arts
⑩ Farmàcia Nadal
⑪ Palau Sabassona (Ateneu Barcelonès)
⑫ Ehemals Catalana de Gas HQ
⑬ Casa Martí, Els Quatre Gats *S. 52*
⑭ Palau de la Música Catalana *S. 63*
⑮ Casa Pascual i Pons
⑯ Casa Calvet
⑰ Forns Sarret i de la Concepció
⑱ Cases Rocamora
⑲ Casa Lleó Morera *S. 78*
⑳ Casa Amatller *S. 78*
㉑ Casa Batlló *S. 76f*
㉒ Editorial Montaner i Simón (Fundació Antoni Tàpies) *S. 78*
㉓ Casa Dolors Calm
㉔ Casa Fargas
㉕ Farmàcia Bolós
㉖ Casa Juncosa
㉗ Casa Josep i Ramon Queraltó
㉘ Straßenlampen von Pere Falqués
㉙ Casa Josefa Villaneuva
㉚ Casa Jaume Forn
㉛ Conservatori Municipal de Música
㉜ Casa Llopis Bofill
㉝ Casa Thomas *S. 73*
㉞ Palau Montaner *S. 73*
㉟ Casa Milà *S. 79*
㊱ Can Serra
㊲ Casa Sayrach / Casa Pérez Samanillo
㊳ Casa Bonaventura Ferrer
㊴ Casa Fuster
㊵ Casa Comalat
㊶ Palau Baró de Quadras *S. 73*
㊷ Casa Terrades *S. 79*
㊸ Palau Macaya
㊹ Casa Planells
㊺ Temple de la Sagrada Família *S. 80f*
㊻ Hospital de la Santa Creu i de Sant Pau *S. 79*
㊼ Parc Güell / Casa-Museu Gaudí *S. 96f*
㊽ Casa Vicens *S. 78*
㊾ Museu de Zoologia *S. 66*
㊿ Parlament de Catalunya

Katalanische Malerei

Kataloniens Malerei hat eine lange Tradition: Der Ausgangspunkt liegt in den Pyrenäen, wo fantasievolle Fresken romanische Kirchen schmücken *(siehe S. 22f)*. Dem Zeitalter der Gotik, in dem Katalonien die Höhe seiner politischen Macht erreichte, folgte eine künstlerisch schwächere Periode. Doch der Wohlstand des 19. Jahrhunderts förderte erneut die Kreativität. Im 20. Jahrhundert brachte die Region einige der großartigsten Maler Europas hervor, die sich stark zu Kataloniens unvergleichlicher romanischer Kunst hingezogen fühlten.

***Der hl. Georg und die Prinzessin* (15. Jh.) von Jaume Huguet**

Gotik

Einer der ersten namentlich bekannten Künstler Kataloniens war Ferrer Bassa (1285–1348), Hofmaler von Jaume II. Bassas Werke in der Kapelle des Klosters von Pedralbes *(siehe S. 95)* sind die ersten bekannten Beispiele der Öl-Wandmalerei, zweifellos beeinflusst von der italienischen Kunst.

Die frühesten Skulpturen der katalanischen Gotik stammen vom Meister Bartomeu (1250–1300), dessen orientalisch wirkender *Kalvarienberg* im Museu d'Art von Girona *(siehe S. 117)* zu sehen ist. Auch in Vic und Solsona gibt es gotische Sammlungen *(siehe S. 124)*, doch Barcelonas Museu Nacional d'Art de Catalunya *(siehe S. 88)* hat die beeindruckendste. Erwähnenswert sind die Werke von Lluís Borrassà (1365–1425), der das Altarbild in Tarragonas Kathedrale schuf, sowie von Lluís Dalmau (gest. 1463), der in Brügge bei Jan van Eyck studierte. Ein Merkmal der katalanischen Gotik ist *esgrafiat*, das Vergolden von Heiligenscheinen, Stoffen und anderem. Ein Beispiel ist *Der heilige Georg und die Prinzessin* von Jaume Huguet (1415–1492), einem der größten Künstler der katalanischen Gotik.

Renaissance und Klassizismus

Zwischen dem 16. und 18. Jahrhundert verblasste Kataloniens Kunst. Im Vordergrund standen nun die großen spanischen Meister: El Greco in Toledo, Murillo und Zurbarán in Sevilla, Ribera in Valencia sowie Velázquez und später Goya in Madrid. Einige ihrer Werke zeigt das Museu Nacional d'Art de Catalunya neben Kataloniens Künstlern dieser Epoche – Francesc Pla und Antoni Viladomat.

***Prozession vor Santa Maria del Mar* (1898) von Ramon Casas**

19. Jahrhundert

Barcelonas Kunstschule eröffnete 1849 über der Börse *(siehe S. 63)*, gefördert von neuen Kunstmäzenen, die ihren Reichtum der industriellen Revolution verdankten. Die Industriebetriebe bildeten auch selbst Künstler aus. 1783 hatte man in Olot *(siehe S. 115)* eine Schule für Textildesign gegründet, deren Kreative, Josep Berga i Boix (1837–1914) und Joaquim Vayreda i Vila (1843–1894), die Werkstätten der Art Cristià ins Leben riefen, die bis heute Kirchenstatuen anfertigen.

Den Grün- und Brauntönen der Olot-Landschaftsmaler stand das blasse Blau und Rosa der Sitges-Luministen –

***Die Gärten von Aranjuez* (1907) von Santiago Rusiñol**

***Warten auf die Suppe* (1899) von Isidre Nonell**

Arcadi Mas i Fontdevila (1852–1943) und Joan Roig i Soler (1852–1909) – gegenüber. Sie waren beeinflusst von Marià Fortuny, der 1838 in Reus geboren wurde und sowohl in Rom als auch in Paris lebte. Barcelonas Stadtrat beauftragte ihn mit einem Gemälde vom Sieg der Spanier bei Tetuán in Spanisch-Marokko, an dem 500 katalanische Freiwillige beteiligt waren. Das Gemälde hängt nun im Museu d'Art Modern.

1892, 18 Jahre nach der ersten Impressionisten-Ausstellung in Paris, brachte Mas i Fontdevila in Sitges die Schule von Olot und die Luministen zusammen.

Die Ausstellung galt als das erste bedeutende Modernisme-Ereignis, das auch Werke von Santiago Rusiñol (1861–1931) und dem herausragenden Ramon Casas (1866–1932) zeigte. Rusiñol, Sohn eines Textilmagnaten, kaufte ein Haus in Sitges, Cau Ferrat *(siehe S. 128)*, das zum Treffpunkt der Modernisten wurde.

Bei Casas, dem ersten Einwohner Barcelonas, der ein eigenes Auto hatte, trafen sich alle damaligen Berühmtheiten. Rusiñol und Casas gründeten auch das Café Els Quatre Gats nach dem Vorbild des Cafés Le Chat Noir in Paris.

***Die Kathedrale der Armen* (1897) von Joaquim Mir**

20. Jahrhundert

Pablo Ruiz Picasso (1881–1973) lebte zwar nur acht Jahre in Barcelona *(siehe S. 64)*, doch prägte ihn diese Zeit sehr. Sein Frühwerk war, wie im Museu Picasso *(siehe S. 64)* zu sehen ist, von der Stadt und ihrer Umgebung beeinflusst sowie von katalanischen Künstlern wie dem Landschaftsmaler Isidre Nonell (1873–1911), von Joaquim Mir (1873–1940), Rusiñol und Casas. Schon bald übersiedelte Picasso jedoch nach Paris. Während der Franco-Zeit ging Picasso freiwillig ins Exil, verlor aber nie den Kontakt zu Katalonien und seinen Künstlern.

Auch Joan Miró (1893–1983) besuchte die Kunstschule Barcelonas. Wegen »mangelnden Könnens« hinausgeworfen, wurde er trotzdem mit seinen verspielten Gemälden zu einem der originellsten Maler des 20. Jahrhunderts.

Spielerisches war auch Salvador Dalí *(siehe S. 117)* eigen, den Miró förderte, wie Picasso ihn gefördert hatte. Dalí folgte ihnen nach Paris, wo Miró ihn mit den Surrealisten bekannt machte. Nach dem Bürgerkrieg blieb Dalí in Katalonien: Sein Haus in Port Lligat *(siehe S. 120)* ist sein schönstes Werk.

Auch Josep Maria Sert (1876–1945) blieb in Katalonien. Er ist für seine Wandgemälde in Barcelonas Casa de la Ciutat *(siehe S. 57)*, im Rockefeller Center und im Speisesaal des Waldorf-Astoria in New York bekannt. Sein Werk in der Kathedrale von Vic *(siehe S. 124)* wurde im Bürgerkrieg zerstört, doch er schuf es ein zweites Mal.

Der bekannteste katalanische Maler der Gegenwart ist Antoni Tàpies (*1923) aus Barcelona, der tief in der Kultur Kataloniens verwurzelt ist. Tàpies malt abstrakt und verwendet oft die Farben der katalanischen Flagge. Wie Picasso und Miró hat auch Tàpies sein eigenes Museum *(siehe S. 78)*.

Werke anderer zeitgenössischer katalanischer Künstler sind in Barcelonas Museu d'Art Contemporani *(siehe S. 62)* zu sehen.

***Lithografie* (1948) in den Farben Kataloniens von Antoni Tàpies**

Katalanische Küche

Katalanen sind meist Gourmets. Daher ist es kein Zufall, dass Barcelonas berühmteste literarische Figur, der Detektiv Pepe Carvalho, Feinschmecker ist. Barcelona gibt die Trends am Mittelmeer vor – auch in der kulinarischen Szene. Innovative Küchenchefs wie Ferran Adrià im legendären Restaurant El Bulli *(siehe S. 151)* greifen die alten katalanischen Rezepte auf und verwandeln sie in überraschende Geschmackssensationen. Aber auch die kulinarischen Traditionen überleben – in kleinen Familienbetrieben, in authentischen Tapas-Bars mit Sägespänen auf dem Boden und besonders auf den wunderbaren lokalen Märkten.

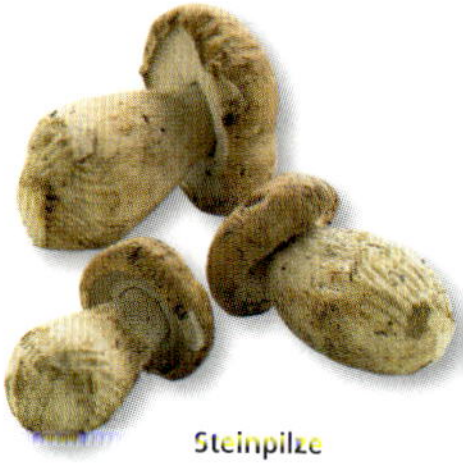

Steinpilze

Leckeres Gebäck und Desserts in einem Café

Märkte

Ganz gleich, welchen Markt Sie in Barcelona besuchen, immer fällt die spektakuläre Vielfalt frischer Produkte auf, die es in Katalonien gibt. An den Ständen häufen sich glitzernde Fische aus dem Mittelmeer, erstklassiges Fleisch liefern die Bauern aus den Bergen, buntes Obst und Gemüse kommen aus den Ebenen. Die katalanische Küche ist im Grunde schlicht: Sie verlässt sich auf die Qualität frischer Zutaten. Damit ist sie auch saisonal geprägt: Zu jeder Jahreszeit gibt es andere Spezialitäten, von den zwiebelähnlichen *calçots* im Frühling über die Fülle der Sommerfrüchte bis zu den Pilzen und herzhaften Fleischgerichten im Herbst und Winter.

Fleisch und Wild

Katalanische geräucherte Fleischwaren sind in ganz Spanien bekannt, besonders die würzige Wurst *fuet*. Schweinefleisch ist beliebt, eine Spezialität sind *peus de porc* (Schweinsfüße). Wildschwein *(porc sanglar)* aus den Bergen kommt im Spätherbst auf den Tisch, auch Wild – besonders Rebhuhn *(perdiu)*. Kaninchen

Eine Auswahl katalanischer geräucherter Fleischwaren, *embotits* genannt

Katalanische Spezialitäten

Pa amb tomàquet

Einige Dinge sind heilig in der katalanischen Küche – und nichts mehr als die klassischen Saucen. Favorit ist *sofregit*, das schon im ersten katalanischen Kochbuch von 1324 erwähnt wird. Es handelt sich dabei um eine eingedickte Mischung aus karamellisierten Zwiebeln, frischen Tomaten und Kräutern. Bei *samfaina* kommen noch Auberginen, Zucchini und Paprika hinzu. *Picada* ist schärfer, meist aus Knoblauch, Safran, Mandeln, Pinienkernen und Brotbröseln. *All i oli* ist eine knoblauchhaltige Mayonnaise (ohne Eier), die oft gegrilltes Fleisch und Gemüse begleitet. Eine klassische katalanische Vorspeise ist *pa amb tomàquet* – getoastetes Weißbrot mit frischen Tomaten, Knoblauch und Olivenöl. Einfach, aber köstlich.

Escalivada *ist ein Salat aus marinierten Zwiebeln, Paprikaschoten und gebratenen Auberginen.*

Obst und Gemüse in Hülle und Fülle am Markt La Boqueria

(conill) und Schnecken *(cargols)* verarbeitet man zu herzhaften Wintergerichten. Fleisch und Fisch werden kombiniert in Gerichten, die *mar i muntanya* heißen.

Fisch

Barcelonas Seafood ist unübertroffen. In fast jeder Tapas-Bar gibt es leckere Sardinen und Garnelen, oft mit viel Knoblauch. Restaurants und Märkte bieten eine Vielfalt frischer Fische an, darunter Seeteufel, Seehecht Seebarsch, Seezunge, Tintenfisch und Calamares sowie alle erdenklichen Arten von Schalen- und Krustentieren. Fisch wird oft gegrillt *(a la brasa)* oder mit einer einfachen Sauce serviert, er taucht in der paellaähnlichen *fideuà* auf oder im Fischtopf *suquet de peix*. Aber vor allem als Stockfisch *(bacallà)* findet er Eingang in die katalanische Küche, z.B. mit Tomaten, Knoblauch und Wein gekocht *(a la llauna)*.

Frische Sardinen werden über Holzkohle gegrillt

Obst und Gemüse

Im Frühling beherrschen *calçots* den Markt, junge breite (Fava-)Bohnen und delikater Spargel. Im Sommer kann man sich angesichts der vielen Kirschen, Beeren, Feigen, Pfirsiche und Melonen kaum entscheiden, außerdem gibt es Auberginen und Zucchini, aromatische Tomaten und Artischocken. Im Herbst werden Wildpilze *(bolets)* gesammelt und lecker gekocht, im Winter herrschen klassische katalanische Bohnengerichte vor.

GOURMET-LÄDEN

La Boqueria *(siehe S. 155)*.

Bombones Blasi Carrer Alfons XII 26 (934 155 279). Exquisite Schokolade.

Olis Oliva Mercat de Santa Caterina (93 268 1472). Hunderte Sorten von Olivenöl.

La Pineda Carrer del Pi (93 302 4393). Alter Lebensmittelladen mit vielen Schinken.

Tot Formatge Passeig del Born 13 (93 319 5375). Köstliche Käse aus Katalonien, Spanien und anderswo.

Botifarrería de Santa María, Carrer Santa María 4 (93 319 9123). Geräuchertes aller Art.

Origens 99.9% Carrer Vidreria 6–8 (93 310 7581). Katalanische Produkte, viel Biologisches, darunter Käse, Schinken, Öle und Eingemachtes.

Conill amb cargols, *Eintopf mit Kaninchen und Weinbergschnecken, wird mit Tomaten in Wein geschmort.*

Suquet de peix, *einen Fischeintopf, bereitet man mit Tomaten, Knoblauch und gerösteten Mandeln zu.*

Crema Catalana, *die katalanische Version der* crème brûlée, *ist eine Eiercreme mit karamellisiertem Zucker.*

Cava-Region

Codorníus berühmtes *Cava*-Etikett

Cava ist Kataloniens berühmtester Exportartikel. Der Sekt wird wie französischer Champagner hergestellt – mit einer zweiten Fermentierung in der Flasche. Seit Mitte des 19. Jahrhunderts wird *cava* vermarktet: 1872 begann Josep Raventós, der Chef der berühmten Weinkellerei Codorníu, mit der Produktion in großem, industriellem Stil. Codorníu wird noch immer von seinen Nachfahren in Sant Sadurní d'Anoia, der *Cava*-Hauptstadt des Weinbaugebiets Penedès, geleitet. Bis heute werden für *cava* ausschließlich regionale Traubensorten verwendet – Macabeo, Xarel·lo und Parellada. Die wörtliche Übersetzung von *cava* ist »Keller«.

Codorníu, *der erste nach der* méthode champenoise *hergestellte Sekt, verhalf* cava *zu internationalem Ansehen.*

Freixenet *wurde 1914 von der Familie Sala gegründet und gehört zu den führenden* Cava-Sorten. *Das Anwesen liegt in Sant Sadurní d'Anoia, dem Herzen der* Cava-*Region. Die unverkennbare schwarze Freixenet-Flasche ist weltweit bekannt.*

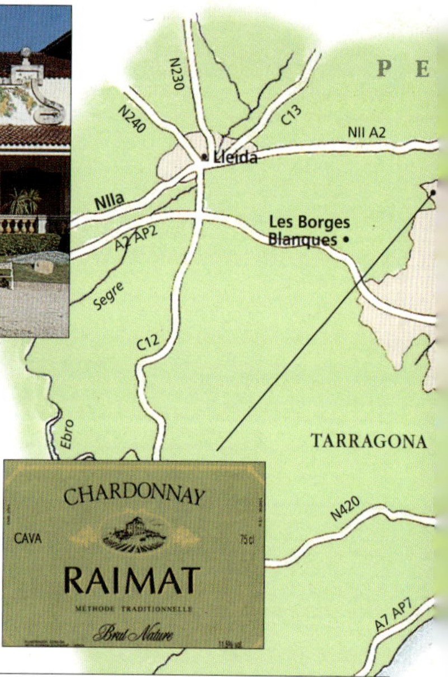

Raïmat, *von der Familie Raventós aus der Chardonnay-Traube hergestellt, halten viele Weinkenner für den besten* cava. *Das 3000 Hektar große Raïmat-Anwesen, ein ehemaliges Ödland westlich von Lleida mit eigenem Bahnhof und Arbeiterdorf, wurde von der spanischen Regierung zum »landwirtschaftlichen Modellbetrieb« erklärt.*

Kataloniens Weine

Ein *porró* für Tafelweine

Die katalanischen Weinsorten sind *negre* (rot), *rosat* (rosé) und *blanc* (weiß). *Garnatxa* ist ein Dessertwein, *ranci* ein ausgereifter Weißwein. Eine Tradition bei lokalen Festen oder in Bars alten Stils ist die, Wein aus einem *porró* (Krug mit langem Schnabel) in den Mund zu gießen. Es gibt neun offizielle Denominació-de-Origen-Regionen, darunter:

Empordà-Costa Brava: Leichte Weine aus dem Nordosten wie *vi de l'any*, im ersten Jahr getrunken, und *cava*, hergestellt in Peralada.

Alella: Winzige Region nördlich von Barcelona mit guten Weißweinen.

Penedès: Gute Rot- und Weißweine wie Torres und Codorníu. Besuchen Sie das Weinmuseum in Vilafranca del Penedès *(siehe S. 125)*.

Conca de Barberà: Kleine Mengen Rot- und Weißwein.

Costers del Segre: Köstliche Rotweine des Raïmat-Anwesens.

Priorat: Schwere Rot- und Weißweine (Falset) aus einer hübschen Region mit kleinen Dörfern westlich von Tarragona.

Tarragona und Terra Alta: Traditionell schwere Weine.

Die Jugendstil-Kellerei *in Sant Sadurní d'Anoia ist Codorníus modernistisches Paradestück, 1906 von Josep Puig i Cadafalch entworfen. Die Keller erstrecken sich über 26 Kilometer. Besucher werden mit einem kleinen Zug umhergefahren.*

LEGENDE

☐ Wichtige Cava-Gebiete

0 Kilometer 20

Codorníu wurde bereits 1888 für seine *cava* mit Goldmedaillen ausgezeichnet. Ab 1897 wurde *cava* statt Champagner bei Staatsanlässen serviert.

Gute Cava-Marken

1. Codorníu
   Sant Sadurní d'Anoia
2. Freixenet
   Sant Sadurní d'Anoia
3. Gramona
   Sant Sadurní d'Anoia
4. Mascaró
   Vilafranca del Penedès
5. Raïmat
   Costers del Segre
6. Raventós Rosell
   Masquefa

Cava-Tipps

Je trockener der *cava*, desto teurer ist er. Die trockensten *cavas* sind *brut de brut* und *brut nature*. *Brut* und *sec* sind weniger trocken. Halbtrockene *Semiseco*- und süße *Dulce*-Weine schmecken zum Dessert. Spanische Weine sind günstiger als französische, kleine Hersteller müssen aber hohe Preise verlangen.

Besichtigung einer Kellerei
Viele *Cava*-Kellereien können besichtigt werden (im August geschlossen). Sant Sadurní d'Anoia mit den Kellereien Freixenet und Codorníu liegt 45 Zugminuten von Barcelonas Bahnhof Sants entfernt. Das Fremdenverkehrsbüro in Vilafranca del Penedès *(siehe S. 125)* informiert über alle *Cava*-Kellereien.

Lohnend *ist der Besuch der Freixenet-Keller. Freixenet setzt jährlich mehr Cava-Flaschen ab als alle französischen Champagner-Kellereien.*

Das Jahr in Katalonien

Überall in Barcelona sowie in den Städten und Dörfern Kataloniens begeht man mit einer *festa major* den Namenstag des Schutzpatrons. Man tanzt die Sardana *(siehe S. 129)*, und an der berühmten Costa Brava singt man *havaneres* (span. *habaneras*). Bei allen Feiern spielt das Essen – besonders Gebäck und Kuchen – eine zentrale Rolle. In vielen Städten gibt es Umzüge der Riesen *(gegants)*, »Großköpfe« *(capgrosses)* und Zwerge *(nans)* – bunte Pappmachékarikaturen alter Handelsgilden. Die Katalanen lieben Pyrotechnik: Zur Sommersonnenwende wird überall die Revetlla de Sant Joan mit Feuerwerken gefeiert. Viele Feiern beginnen bereits am Vorabend des Festtags.

Am Tag des hl. Georg schenkt man »ihr« Rosen

Bücherstände in Barcelona am Tag des hl. Georg *(23. Apr), dia del llibre*

Frühling

Wenn die Erde sich erwärmt, weicht die Mandelblüte der Kirsch- und Apfelblüte. Ende März startet die Anglersaison für Forellen und Süßwasserfische. Ostern ist ein Familienfest. Man verlässt die Stadt, besucht Verwandte, macht ein Picknick oder sucht nach wildem Spargel. Der Mai ist die beste Zeit, um Wildblumen zu sehen, die besonders prächtig in den Pyrenäen wachsen.

März

Sant Medir *(3. März)*. In Barcelona werden bei Umzügen im Stadtteil Gràcia Bonbons verteilt, in Sants findet dasselbe eine Woche später statt.
Sant Josep *(19. März)*. Viele Katalanen heißen Josep. In Spanien wird der Namenstag des heiligen Joseph groß gefeiert. Sant Josep ist in ganz Spanien sogar ein Feiertag – nur in Katalonien nicht.
Terrassa-Jazzfestival *(März)*. Konzerte aus aller Welt, an Wochenenden im Freien (freier Eintritt).

April

Setmana Santa *(Karwoche)*. Die Woche vor Ostern, mit vielen Veranstaltungen.
Diumenge de Rams *(Palmsonntag)*. In den Kirchen, vor allem in der Sagrada Família in Barcelona, werden Palmzweige gesegnet. In Girona gibt es Prozessionen »römischer Soldaten«, an mehreren Orten, wie dem Kurort Sant Hilari Sacalm in der Provinz Girona, Passionsspiele.
Dijous Sant *(Gründonnerstag)*, Verges, Provinz Girona. Als Skelette verkleidete Männer führen einen Totentanz *(dansa de la mort)* auf, der auf das 14. Jahrhundert zurückgehen soll.
Pasqua (Ostern). Am Karfreitag *(Divendres Sant)* werden Kreuze, dem Kreuzweg Jesu folgend, durch die Straßen getragen. Am Ostermontag *(Dilluns de Pasqua)* kaufen Paten ihren Patenkindern *mona* (Eierkuchen), die Bäcker wetteifern um die ausgefallenste Form.
Sant Jordi *(23. Apr)*. Fest des hl. Georg, Schutzpatron Kataloniens, und Todestag von Cervantes (1547–1616). Männer und Jungen schenken ihrer Mutter, Frau oder Freundin eine Rose und bekommen ein Buch geschenkt – daher auch *dia del llibre* (Tag des Buches).

Mai

Fira de Sant Ponç *(11. Mai)*. Traditionelles Fest rund um die Carrer de l'Hospital in Barcelona, wo einst das Krankenhaus stand. Verkauf von Kräutern und Honig.
L'ou com balla *(Corpus Christi, Fronleichnam, Mai/Juni)*. Blumenteppiche auf den Straßen von Sitges. In Berga tanzt ein prächtiger Drache *(la Patum)* durch die Stadt.

Blumenteppiche an Fronleichnam (Corpus Christi bzw. L'ou com balla) im Mai

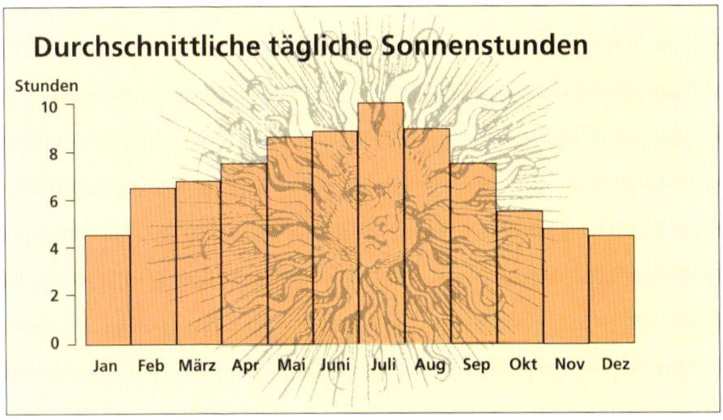

Sonnenschein
Barcelona ist eine sehr sonnige Stadt. Einen Großteil des Jahres ist der Himmel blau, im Sommer scheint die Sonne oft bis zu zehn Stunden. Im Winter kann es im Schatten kalt sein, doch die Sonne steht noch immer so hoch, dass man auf einer geschützten Terrasse im Freien sitzen kann.

Sommer

Die Bewohner Barcelonas verlassen an Wochenenden die Stadt in Richtung Küste oder Berge. Freitagnachmittags und sonntagabends sollte man daher Autobahnen tunlichst meiden. Die Schulferien dauern lange: Sie beginnen Ende Juni, wenn das Meer zum Schwimmen warm genug ist. In den Yachthäfen drängen sich die Boote, Grillfeste finden allerorten statt, der Besucher hat eine riesige Auswahl an Veranstaltungen. Viele Geschäfte in Barcelona bleiben im Monat August geschlossen.

Juni

Grec Festival de Barcelona *(Juni/Juli).* Festival mit Künstlern aus dem In- und Ausland in Barcelona. Die wichtigsten Veranstaltungsorte sind das Teatre Grec, der Mercat de les Flors und der Poble Espanyol.
Revetlla de Sant Joan *(23./24. Juni).* Die Sommersonnenwende feiert man mit Feuerwerk auf dem Montjuïc. In ganz Katalonien werden Freudenfeuer entzündet, vom Gipfel des Mont Canigó bringt man Fackeln nach Frankreich hinunter. Man trinkt *cava (siehe S. 32f)* zu einer speziellen *coca* (Kuchen), bestreut mit Pinienkernen und kandierten Früchten.
Castellers *(24. Juni).* In Tarragona, der für ihre *Casteller*-Feste berühmten Provinz, wetteifern Männer darum, auf ihren Schultern den höchstmöglichen Menschenturm zu bauen *(siehe S. 125).*

Urlauber in Platja d'Aro, einem Ferienort an der Costa Brava

Konzertsaison *(Juni/Juli).* Das Institut Municipal de Parcs i Jardins organisiert in mehreren Parks Barcelonas Klassik-Konzerte.

Juli

Cantada d'havaneres *(1. So im Juli).* Musiker und Sänger trinken viel *cremat* (Kaffee mit Rum) und spielen *havaneres* in den Küstenorten, u. a. in Calella de Palafrugell an der Costa Brava.

***Casteller*-Team in Aktion (24. Juni)**

Virgen del Carmen *(16. Juli).* Ein maritimes Festival in Barcelonas Hafen mit Umzügen und *havaneres* spielenden Kapellen.
Santa Cristina *(24. Juli).* Das größte Festival in Lloret de Mar (Costa Brava). Eine geschmückte Flottille bringt eine Statue der Jungfrau an Land.

August

Festa major de Gràcia *(eine Woche, etwa ab 15. Aug).* Jeder Stadtteil Barcelonas veranstaltet seine eigene *festa*, bei der man um die fantasievollste Dekoration der Straßen wetteifert. Die *festa* im alten Stadtteil Gràcia ist die größte und spektakulärste. Konzerte, Bälle, Wettbewerbe und Straßenspiele gehören dazu.
Festa major de Sants *(um den 24. Aug).* Die jährliche *festa* findet in Barcelonas Stadtteil Sants statt.
Festa major de Vilafranca del Penedès *(Mitte Aug).* Dieses Fest ist eine der besten Gelegenheiten, um *Casteller*-Wettbewerbe zu erleben *(siehe S. 125).*

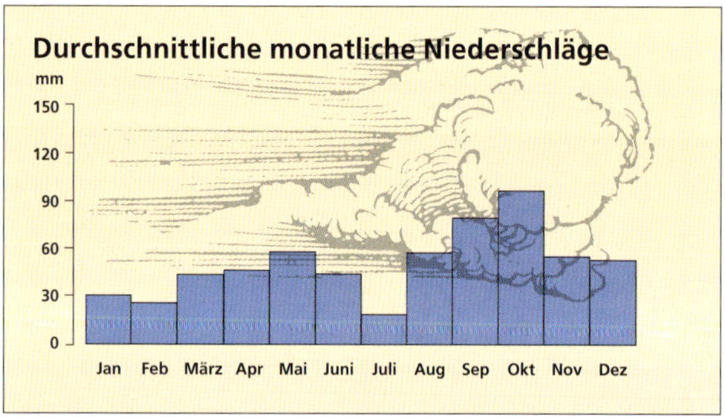

Niederschläge
In Barcelona regnet es wenig – gerade genug, dass die Grünflächen der Stadt nicht vertrocknen. Der Regen kommt meist plötzlich und wolkenbruchartig herunter und ist in den Sommermonaten von heftigen Gewitterstürmen begleitet. Tagelang anhaltender Nieselregen ist äußerst selten.

Herbst

Die Traubenernte *(verema)* ist ein Höhepunkt des Herbstes, bevor sich die Weinblätter rot und golden färben. Zu dieser Zeit gibt es auch viele Pilze. Ab Oktober gehen die Jäger auf die Jagd nach Rothühnern, Zugenten und Wildschweinen. Ganz abgehärtete Menschen gehen noch bis November im Meer schwimmen.

Viehtrieb aus den Pyrenäen am Ende des Sommers

September

Diada de Catalunya *(11. Sep).* Kataloniens Nationalfeiertag gedenkt des Verlustes der Autonomie 1714 *(siehe S. 45).* Demonstrationen zeugen davon, wie stark der Separatismus noch ist. Die katalanische Flagge wird gehisst. *Sardana*-Bands *(siehe S. 129)* spielen, man singt das Lied *Els segadors (siehe S. 44).*
La Mercè *(24. Sep),* Barcelona. Fest zu Ehren von *Nostra Senyora de la Mercè* (Gnadenreiche Jungfrau) mit Konzerten, Messen und Tänzen. Versäumen Sie auf keinen Fall den *correfoc*, einen Umzug mit Riesen und Feuer speienden Drachen, sowie *piro musical*, Feuerwerk mit Musik.
Sant Miquel *(29. Sep).* Das Fest zu Ehren von Barcelonas Schutzpatron erinnert an Napoléons Besatzung Spaniens *(siehe S. 45).* Der napoleonische General »Bum Bum« marschiert zu Gewehrsalven durch die Straßen.

Winzer bei der Traubenernte im Herbst

Oktober

Festes de Sarrià i de Les Corts *(1. So im Okt).* Jeder Stadtteil Barcelonas hat eine Feier zu Ehren seines Schutzpatrons.
Día de la Hispanitat *(12. Okt).* Der Nationalfeiertag anlässlich der Entdeckung Amerikas 1492 *(siehe S. 44)* wird in Katalonien wenig gefeiert.

November

Tots Sants *(1. Nov).* An Allerheiligen isst man Röstkastanien und Süßkartoffeln. Am nächsten Tag, dem *Día dels difunts* (Allerseelen), besucht man die Familiengräber.

Feiertage

Any Nou Neujahr *(1. Jan)*
Reis Mags Hl. Dreikönige *(6. Jan)*
Divendres Sant Karfreitag *(März/Apr)*
Dilluns de Pasqua Ostermontag *(März/Apr)*
Festa del Treball Tag der Arbeit *(1. Mai)*
Sant Joan Johannistag *(24. Juni)*
Assumpció Mariä Himmelfahrt *(15. Aug)*
Diada de Catalunya Nationalfeiertag *(11. Sep)*
La Mercè *(24. Sep)*
Día de la Hispanitat Span. Nationalfeiertag *(12. Okt)*
Tots Sants Allerheiligen *(1. Nov)*
Día de la Constitució Verfassungstag *(6. Dez)*
Immaculada Concepció Mariä Empfängnis *(8. Dez)*
Nadal Weihnachten *(25. Dez)*
Sant Esteve Weihnachten *(26. Dez)*
Revellón Silvester *(31. Dez)*

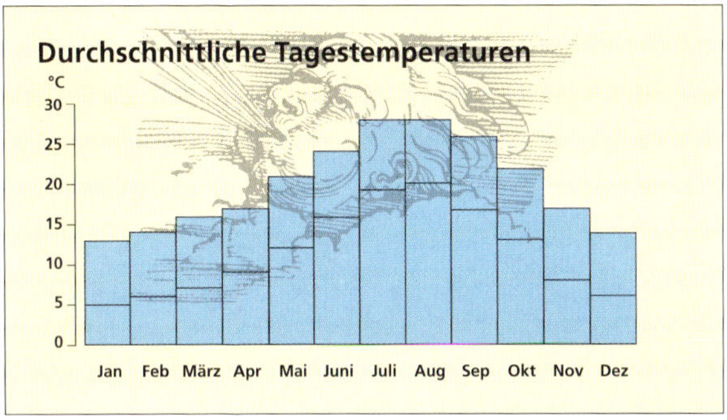

Temperaturen
Das Diagramm zeigt die niedrigsten und höchsten Durchschnittstemperaturen in Barcelona. Im Winter können die Temperaturen trotz Sonne bis fast auf den Gefrierpunkt abfallen. Die Sommer sind heiß: Hüte und Sonnenschutz sind meistens unerlässlich.

Winter

Skiorte in den Pyrenäen sind an Wochenenden beliebte Ausflugsziele. Es kann zwar sonnig sein, doch das Wetter ist unvorhersehbar, die Nächte können sehr kalt werden. Weihnachten ist eine wunderbare Zeit für einen Aufenthalt in Barcelona, wenn in der ganzen Stadt Feststimmung herrscht. Auf der Feria de Santa Llúcia vor der Kathedrale werden dann wunderschöne Märkte abgehalten.

Skiorte in den Pyrenäen sind beliebte Wochenend-Ausflugsziele

Dezember

Nadal und **Sant Esteve** *(25. und 26. Dez).* An beiden Weihnachtstagen trifft man sich mit Familie und Freunden. Das Weihnachtsessen besteht aus *escudella* (Fleischeintopf) und Truthahn, gefüllt mit Äpfeln, Aprikosen, Pflaumen, Nüssen und Rosinen.
Revellón *(31. Dez).* In ganz Spanien ist es an Silvester Brauch, zwischen jedem Schlag der Mitternachtsglocke eine Traube zu essen: Das soll Glück bringen.

Januar

Reis Mags *(6. Jan).* Am Abend des Dreikönigsfests verteilen die Heiligen Drei Könige in Katalonien Süßigkeiten an die Kinder. Barcelonas prächtigster Reiteraufzug findet beim Hafen statt.
Santa Eulàlia *(12. Jan).* In Barcelonas Altstadt feiert man das Fest dieser alten Schutzpatronin: Es wird getanzt, viele Menschen verkleiden sich als Riesen.
Els Tres Tombs *(17. Jan).* Mit Frack und Zylinder reitet man zu Ehren des hl. Antonius, des Schutzpatrons der Tiere, dreimal quer durch die Stadt.
Pelegrí de Tossa *(20. und 21. Jan),* Tossa de Mar. Eine Wallfahrt, alljährlich das größte Ereignis in der Stadt, erinnert an das Ende der Pest.

Das Winterfest Els Tres Tombs *(17. Jan)* in Vilanova i la Geltrú

Februar

Carnestoltes *(Feb/März).* König Karneval beherrscht die Vorfrühlingsfeiern. Die Kinder kostümieren sich, jeder Stadtteil veranstaltet ein Fest. Am Faschingsdienstag *(Dijous gras)* isst man Wurstomeletts, am Aschermittwoch *(Dimecres de cendra)* wird feierlich eine Sardine begraben *(Enterrament de la sardina).* Große Feiern finden in Platja d'Aro an der Costa Brava und in Vilanova an der Costa Daurada statt. In Sitges gibt es einen prächtigen Transvestitenumzug.
De Cajón! Flamenco-Festival *(Anfang Feb bis April).* Zahlreiche Konzerte und Veranstaltungen auf vielen Bühnen in ganz Barcelona.

Prozession der *gegants* (Riesen) im September beim Festival von La Mercè *(siehe S. 36)* in Barcelona ▷

El que no
s vist mai
Barcelona
BusTuristic

Die Geschichte Kataloniens

Die Katalanen sind ein Volk großer Seefahrer, Kaufleute und Industrieller. Seit der Vereinigung unter dem Haus Barcelona war Katalonien durch unsichere Allianzen und Konflikte mit Madrid bedroht. Der Weg zum heutigen Status als halbautonome Region Spaniens führte Katalonien durch Zeiten der Macht und des Reichtums, aber auch der Schwäche und Niederlage.

Barcelona eignete sich nicht gut als Siedlungsort: Sein Hafen war unbedeutend, auf dem Berg Montjuïc gab es kein Wasser. Die ältesten Funde der Besiedlung stammen von anderen Orten Kataloniens. Erwähnenswert sind v.a. die Dolmen von Alt Empordà sowie die Gräber von Baix Empordà und Alt Urgell. Im ersten Jahrtausend v.Chr. wurde das Land um Barcelona von den Laeitanern besiedelt, andere Teile Kataloniens kolonisierten die Iberer. Letztere waren Meister in der Kunst des Steinbaus: Ruinen einer Iberersiedlung sind in Ullastret an der Costa Brava zu sehen. Um 550 v.Chr. gründeten griechische Händler die erste Handelsniederlassung in Empúries (Emporion; *siehe S. 120f*) bei Ullastret. Den Karthagern in Südspanien verdankt Barcelona seinen Namen. Sie benannten die Stadt nach Hamilkar Barkas, dem Vater Hannibals, der seine Elefantenarmee von Katalonien über die Pyrenäen und die Alpen führte, um Rom anzugreifen. Aus Rache landeten die Römer in Empúries und unterwarfen die ganze Iberische Halbinsel. Die Römer schlugen sowohl die Karthager als auch die Laeitaner und gründeten Tarraco (heute Tarragona; *siehe S. 128f*) im Süden Kataloniens als Reichshauptstadt von Tarraconensis, einem der drei Bezirke der Halbinsel.

Römischer Mosaikboden (Barcelona) mit »Drei Grazien«

Hinter der Kathedrale in Barcelona befindet sich ein römisches Stadttor. Reste der alten Stadtmauer (3. Jh.) kann man beim mittelalterlichen Königspalast *(siehe S. 56f)* bewundern. Fundamente römischer Gebäude wurden im Keller des Museu d'Història de la Ciutat *(siehe S. 56f)* ausgegraben. Säulen des Augustustempels sind im Centre Excursionista de Catalunya *(siehe S. 55)* zu sehen.

Nach dem Niedergang des Römischen Reichs eroberten Westgoten die Region. Diese Vasallen Roms praktizierten römisches Recht und sprachen eine dem Lateinischen ähnliche Sprache. 587 trat ihr König Rekkared zum Christentum über.

ZEITSKALA

2000–1500 v.Chr. Bau megalithischer Monumente in Katalonien

1000–500 v.Chr. Indoeuropäer dringen ins Ter- und Llobregat-Tal ein; Iberer besiedeln den Montjuïc

550 v.Chr. Griechen gründen Handelsposten bei Empúries

500–200 v.Chr. Befestigte Iberersiedlungen; Megalithenmauern in Tarragona

230 v.Chr. Hamilkar Barkas, der Vater Hannibals, gründet Barcelona

218 v.Chr. Römer in Empúries; sie unterwerfen Spanien

258 n.Chr. Barcelonas Stadtmauer nach fränkischer Invasion erbaut

531 Westgoten nehmen nach Niedergang Roms Barcelona ein

2500 v.Chr. | **1500 v.Chr.** | **500 v.Chr.** | **500 n.Chr.**

Hannibal

Kreuz der Westgoten

◁ **Mit der lokalen Miliz fraternisierende Truppen während des ersten Karlistenkriegs (1833–39) in Barcelona**

Mauren und Karl der Große

Seite aus dem Manuskript des *Llibre del Consolat de Mar* (15. Jh.)

Die Westgoten gründeten ihre Hauptstadt in Toledo, südlich von Madrid. Als König Witiza 710 starb, soll sein Sohn Achila die Sarazenen aus Nordafrika zu Hilfe gerufen haben, um seinen Anspruch auf den Thron zu behaupten. Im Jahr 711 begannen Mauren und Berberstämme mit der Eroberung der Iberischen Halbinsel. 717 erreichten sie Barcelona, 732 Poitiers in Frankreich, wo ihr Vormarsch vom Franken Karl Martell gestoppt wurde.

Während die Mauren Córdoba in Südspanien zur Hauptstadt machten, versteckte sich der westgotische Adel in den Pyrenäen und griff von dort die Invasoren an. Hierbei wurde er von Karl dem Großen, dem Enkel Karl Martells, wiederholt unterstützt. Erst im Jahr 801 gelang es den Franken, Barcelona zurückzuerobern. Da Katalonien nur ein knappes Jahrhundert von den Mauren besetzt war, hat deren Kultur hier jedoch nur wenige Spuren hinterlassen.

Ramón Berenguer I von Barcelona (1035–1076)

Grafen von Barcelona

Karl der Große gründete die »Spanische Mark«, einen Pufferstaat entlang den Pyrenäen, den er den ortsansässigen Grafen anvertraute. Die mächtigste Figur im Osten war Guifré el Pelós (»Wilfried der Behaarte«), der die Grafschaften Barcelona, Cerdanya, Conflent, Osona Urgell und Girona vereinte sowie das Kloster Ripoll *(siehe S. 114)*, die Wiege Kataloniens, gründete. Guifré starb 897 im Kampf gegen die Mauren, doch die Dynastie der Grafen von Barcelona dauerte weitere 500 Jahre an.

Vor Ende des 11. Jahrhunderts hatte Katalonien unter Ramón Berenguer I die erste konstitutionelle Regierung Europas mit einer Grundrechtsakte, den *Usatges*. Bis zum 12. Jahrhundert hatten sich Kataloniens Grenzen unter Ramón Berenguer III bis südlich von Tarragona ausgedehnt. Als er 1112 Douce, eine Prinzessin der Provence, heiratete, geriet die französische Provinz unter den Einfluss Kataloniens. 1137 wurde das Fürstentum Barcelona durch die Ehe von Ramón Berenguer IV und Petronila von Aragón mit Aragón vereint. 1196 nahm das Kloster von Poblet *(siehe S. 126f)* in der Provinz Tarragona die Stelle von Ripoll als Pantheon des katalanischen Königtums ein.

ZEITSKALA

700 – **800** – **900** – **1000**

711 Nordafrikanische Mauren dringen in Spanien ein

717 Mauren besetzen Katalonien

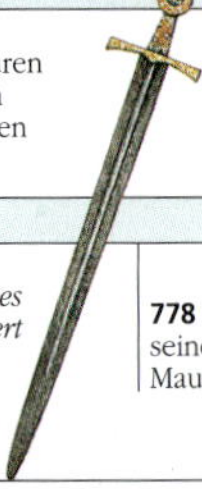

Maurisches Schwert

778 Karl der Große beginnt seinen Feldzug gegen die Mauren

801 Die Mauren sind vertrieben; Karl der Große gründet Pufferstaat

Karl der Große (742–814)

878 Guifré el Pelós (»Wilfried der Behaarte«), Graf von Cerdanya-Urgell, einigt die östlichen Pyrenäen; Beginn der 500-jährigen Dynastie der Grafen von Barcelona

1008–46 Abt Oliva erbaut die Kirche in Ripoll und organisiert den Bau der Benediktinerklöster Vic und Montserrat

1060 Entwurf der Verfassung, *Usatges*; das Wort »katalanisch« ist erstmals dokumentiert

Expansion auf dem Seeweg

Unter Jaume I »dem Eroberer« (1213–1276) erlebte Katalonien Wohlstand und Expansion. Ende des 13. Jahrhunderts hatte man die Balearen und Sizilien erobert. Viele Kriegsschiffe wurden in den Werften von Barcelona *(siehe S. 69)* gebaut. Katalonien beherrschte nun die Meere: Das *Llibre del Consolat de Mar*, ein Seehandelsgesetzbuch, galt im gesamten Mittelmeerraum. Verwegene Admirale waren Roger de Llúria, der 1285 die französische Flotte in der Bucht von Roses besiegte, und Roger de Flor, Führer von katalanischen und aragonischen Söldnern, der Schlachten für den König von Sizilien und den byzantinischen Kaiser gewann. 1305 wurde Roger de Flor ermordet.

Während der Herrschaft Jaumes I gründete man das Parlament, baute die Stadtmauer wieder auf, die nun ein viel größeres Gebiet als die alte römische Mauer umschloss, und errichtete im neuen Carrer de Montcada prächtige Häuser *(siehe S. 64)*. Die Börse entstand beim alten Haupthafen. Kaufleute erbauten die Kirche Santa Maria del Mar *(siehe S. 64f)*. Unter König Pere IV (1336–1387) entstanden zwei bedeutende Säle: der Saló del Tinell im Königspalast und der Saló de Cent der Casa de la Ciutat *(siehe S. 57)*.

Exvoto in Form eines Schiffs (15. Jh.)

Mit dem Wohlstand ging die Blüte der katalanischen Literatur einher: Jaume I schrieb sein *Llibre dels Feits (Buch der Taten)*, Pere el Grans Eroberung Siziliens (1282) wurde um 1285 in einer von Bernat Desclot verfassten katalanischen Chronik beschrieben. Der katalanische Dichter Ramon Lull (1232–1315) aus Mallorca verwendete als Erster die Umgangssprache für religiöse Schriften.

Ab 1395 fand in Barcelona alljährlich der »Jocs Florals«, ein Dichterwettbewerb, statt, der die Troubadoure aus der Region anzog. 1450 begann Joanot Martorell mit seinem Ritterepos *Tirant lo Blanc*, er starb jedoch 1468, 22 Jahre vor der Veröffentlichung. Miguel de Cervantes, der Autor von *Don Quijote*, bezeichnete Martorells Epos als das beste Buch der Welt.

Ein Wandgemälde mit Jaume I während des Feldzugs gegen Mallorca

1148 Grenze zu den Mauren wird zum Ebro verschoben

1258–72 Das *Llibre del Consolat de Mar*, ein Seehandelsgesetzbuch, gilt im gesamten Mittelmeerraum

1282 Pere el Gran erobert Sizilien; seine Abenteuer sind in Desclots *Chroniken* verzeichnet

1347/48 Die Pest tötet ein Viertel der Bevölkerung

1359 Grundsteinlegung des Palau de la Generalitat

1423 Eroberung von Neapel

1100 | **1200** | **1300** | **1400**

7 Barcelona und Aragón urch Heirat vischen den nigshäusern vereint

1213–35 Jaume I »der Eroberer« nimmt Mallorca, Ibiza und Formentera ein

Jaume I (1213–1276)

1324 Eroberung Sardiniens

1302–05 Katalanische Söldner unter Admiral Roger de Flor helfen Byzanz gegen die Türken

1287 Eroberung Mallorcas unter Alfonso III

Katholische Könige und Entdeckung Amerikas

Das katholische Spanien wurde 1479 durch die Ehe Fernandos II von Katalonien-Aragón mit Isabel von Kastilien vereint. 1492 wurden die Mauren und die Juden vertrieben, die einen enormen, wirtschaftlich sehr wichtigen Bevölkerungsanteil in Barcelona *(siehe S. 56)* und Girona ausmachten. Im gleichen Jahr 1492 entdeckte Kolumbus Amerika und kehrte triumphal mit sechs karibischen Ureinwohnern *(siehe S. 58)* nach Barcelona zurück. Doch die Stadt hatte Pech: Das Handelsmonopol für die Neue Welt fiel an Sevilla und Cádiz. Trotz einiger Sternstunden, etwa der Beteiligung am Sieg gegen die Türken 1571 bei Lepanto *(siehe S. 69)*, begann für Barcelona eine Zeit des Niedergangs.

Judentaufen während der Herrschaft der katholischen Monarchie

Aufstände und Belagerungen

Während des Kriegs mit Frankreich (1618–59) zwang Felipe IV Barcelonas Parlament, eine Armee aufzustellen und gegen die Franzosen zu kämpfen. Felipe IV setzte in der Stadt einen Vizekönig ein und quartierte spanische Truppen ein. Im Juni 1640 erhob sich die Bevölkerung. Schnitter *(segadors)* ermordeten den Vizekönig. Das »Lied der Schnitter« wird bis heute in ganz Katalonien gesungen. Barcelona verbündete sich zwar mit Frankreich, es wurde jedoch belagert und von Felipe besiegt. Beim Frieden von 1659 fielen alle katalanischen Gebiete nördlich der Pyrenäen an Frankreich.

Wandfliese einer katalanischen Handelsgilde

Zu einer zweiten Konfrontation mit Madrid kam es im Spanischen Erbfolgekrieg, als Europas mächtigste Königshäuser, die Habsburger und die Bourbonen, den Thron beanspruchten. Barcelona, mit England als Verbündetem, unterstützte die Habsbur-

Belagerung Barcelonas 1714 während des Spanischen Erbfolgekriegs

ZEITSKALA

1479 Fernando II von Katalonien-Aragón vereint durch die Ehe mit Isabel von Kastilien die spanischen Häuser

1490 *Tirant lo Blanc*, Ritterepos von Martorell *(siehe S. 43)*, auf Katalanisch veröffentlicht

1492 Kolumbus entdeckt Amerika; Barcelona vom Handel mit der Neuen Welt ausgeschlossen. Juden werden vertrieben

1494 Oberster Rat von Aragón stellt Katalonien unter kastilische Kontrolle

1450 | 1500 | 1550 | 1600 | 1650

Die spanische Inquisition, tätig ab 1478

1571 Eine große Flotte verlässt Barcelona, um die Türken bei Lepanto zu besiegen

1619 Madrid wird spanische Hauptstadt

1640 Aufstand der Schnitter *(segadors)* gegen die Ausbeutung katalanischer Ressourcen im Krieg mit Frankreich

1659 Im Pyrenäenfrieden mit Frankreich wird Roussillon an Frankreich abgetreten

Frauen helfen bei der Verteidigung Gironas gegen die napoleonischen Truppen 1809

ger und war damit auf der Verliererseite. Die Stadt wurde von Truppen des Bourbonenkönigs Felipe V belagert. Am 11. September 1714, dem heutigen Nationalfeiertag *(siehe S. 36)*, fiel Barcelona. Felipe ließ die Universitäten schließen, verbot die katalanische Sprache und benutzte Lleidas gotische Kathedrale als Kaserne. Das Viertel Ribera wurde abgerissen, im heutigen Parc de la Ciutadella *(siehe S. 65)* wurde eine Zitadelle erbaut, um die Bevölkerung einzuschüchtern.

Als Katalonien wieder uneingeschränkt Handel mit Amerika treiben konnte, begann die wirtschaftliche Erholung. Der Aufschwung wurde aber durch den Krieg mit Frankreich (1793–95) und den spanischen Unabhängigkeitskrieg gegen Napoléon (1808–14) unterbrochen. Barcelona fiel Anfang 1808, doch Girona hielt einer siebenmonatigen Belagerung stand. Viele Klöster, einschließlich Montserrat *(siehe S. 122f)*, wurden geplündert und schließlich 1835 von der republikanischen Regierung aufgelöst. Es war eine politisch raue Zeit, in der die Reaktionäre der Karlistenkriege ein Rückzugsgefecht gegen den liberalen Geist des 19. Jahrhunderts führten.

Katalanische Renaissance

Barcelona war die erste spanische Industriestadt. Die Herstellung von Baumwolle zog so viele ausländische Arbeiter in die Stadt, dass 1854 der Platz innerhalb der mittelalterlichen Mauern *(siehe S. 71)* nicht mehr ausreichte. Im Hinterland blühten Industriezentren wie Terrassa und Sabadell, an den Flüssen, deren Wasserkraft man nutzte, entstanden *colònies industrials*.

So wie der Reichtum des 14. Jahrhunderts Kataloniens erste Blütezeit förderte, so führte der industrielle Reichtum zur *Renaixença*, einer Renaissance der Kultur. Literarische Höhepunkte waren Bonaventura Aribaus *Oda a la patria* und die Gedichte des jungen Mönchs Jacint Verdaguer, der bei den wiederbelebten Jocs Florals *(siehe S. 43)* auftrat.

Wohlhabende Einwohner der Stadt begutachten die neuen Kattunsorten (frühes 19. Jh.)

Felipe V (1700–1724)

1808–14 Unabhängigkeitskrieg; Girona wird belagert, Barcelona besetzt, Kloster von Montserrat geplündert

1823–26 Franzosen besetzen Katalonien

1835 Auflösung der Klöster

1833–39 1. Karlistenkrieg

1859 Wiederaufnahme des Dichterwettbewerbs; Renaissance katalanischer Kultur

1700 | 1750 | 1800 | 1850

1714 Felipe V, erster Bourbonenkönig, plündert Barcelona; Katalanisch wird verboten; Universitäten werden geschlossen

1778 Katalonien wird der Handel mit Amerika gestattet

1849 Erste spanische Bahnstrecke von Barcelona nach Mataró

1833 Aribaus *Oda a la patria* veröffentlicht

Dichter Bonaventura Carles Aribau i Farriols

Halle mit spanischen Waren bei der Weltausstellung 1888

Katalanismus und Moderne

Die *Renaixença* rief ein neues Selbstbewusstsein hervor, den »Katalanismus«, Triebkraft einer erstarkenden Autonomiebewegung, die ihren Widerhall in Galicien und dem Baskenland fand. Das Ende der Karlistenkriege 1876 führte zur Wiedereinführung der Bourbonenmonarchie.

1887 wurde die Lliga de Catalunya gegründet, die erste Partei, die für die Selbstbestimmung Kataloniens eintrat. Der Zentralregierung warf man den Verlust der amerikanischen Kolonien und damit des lukrativen transatlantischen Handels sowie den militärischen Konflikt mit Marokko vor. 1909 starben bei gewalttätigen Protesten in der *setmana tràgica* (der »tragischen Woche«) 116 Menschen – über 300 wurden verletzt.

Poster der Weltausstellung, die 1929 in Barcelona stattfand

1888 fand in Barcelonas Parc de la Ciutadella, in dem man die Zitadelle von Felipe V abgerissen hatte, eine große Weltausstellung statt – Ausdruck des Reichtums und kulturellen Strebens der Stadt. Nach einem Plan von Ildefons Cerdà *(siehe S. 71)* führte man die Stadterweiterung *(eixample)* durch: Industriebarone und vermögende Privatleute beauftragten hierfür erstklassige Architekten wie Eusebi Güell und Antoni Gaudí *(siehe S. 24f)*. Die Zerstörung der Klöster hatte Platz geschaffen für neue Luxusbauten wie den Palau de la Música Catalana *(siehe S. 63)*, das Teatre del Liceu und den Boqueria-Markt *(siehe S. 155)*. Barcelonas Rolle als Vorzeigestadt wurde 1929 durch die Weltausstellung auf dem Montjuïc bestätigt. Viele der damals errichteten Gebäude blieben erhalten.

Antoni Gaudí, kreativster Architekt des Modernisme

Bürgerkrieg

Die *Mancomunitat*, eine 1914 gegründete Regionalregierung, wurde 1923 durch Barcelonas Militärgouverneur, den Diktator Primo de Rivera, aufgelöst. 1931 ernannte Francesc Macià sich selbst zum Präsidenten der Katalanischen Republik, die jedoch nur drei Tage währte. Drei Jahre später wurde Lluís Companys, als er das Experiment wiederholte, zu 30 Jahren Gefängnis verurteilt. Am 16. Juli 1936 führte General Francisco Franco eine Erhebung nationalisti-

ZEITSKALA

1872–76 Dritter und letzter Karlistenkrieg

1888 Weltausstellung im Parc de la Ciutadella; Vorführung des modernistischen Stils

1909 *Setmana tràgica*: Revolten gegen Marokkokriege

Primo de Rivera (1870–1930)

1931 Francesc Macià ruft die Katalanische Republik aus

1875 | 1900 | 1925

Karlistische Soldaten

1893 Anarchisten verüben Bombenattentat im Teatre del Liceu: 14 Todesopfer

1901 *Lliga Regionalista*, die neue katalanische Partei, gewinnt Wahl

1929 Weltausstellung auf dem Montjuïc

1936–39 Spanischer Bürgerkrieg; republikanische Regierung flieht von Madrid nach Valencia, dann nach Barcelona

Flüchtlingstreck in Richtung Pyrenäen, um in Frankreich Asyl zu suchen (1939)

scher Generäle gegen die Republikaner an. Die Regierung floh von Madrid nach Valencia, dann nach Barcelona. Stadt und Küste wurden von deutscher Luftwaffe und italienischen Kriegsschiffen bombardiert. Als Barcelona drei Jahre später fiel, flohen unzählige Menschen in französische Lager, Tausende wurden hingerichtet. Katalonien hatte alles verloren – erneut wurde die katalanische Sprache *(català)* verboten.

Während der *noche negra*, der »dunklen Nacht«, die Francos Sieg folgte, mangelte es Barcelona an Ressourcen. Der wirtschaftliche Aufschwung in den 1960er Jahren hatte zur Folge, dass zwischen 1960 und 1975 zwei Millionen Spanier in die Stadt kamen, um dort zu arbeiten. Die Ankunft der ersten Badegäste an den Stränden der Costa Brava und der Costa Daurada veränderte Spanien für immer.

Leben nach Franco

Als Franco 1975 starb, floss auf Barcelonas Straßen der *cava* in Strömen. Unter dem Bourbonenkönig Juan Carlos wurde die Demokratie wiederhergestellt und Jordi Pujol von der konservativen Convergència i Unió zum Präsidenten der katalanischen Regionalregierung gewählt. Katalonien hat inzwischen ein hohes Maß an Autonomie erzielt.

Pasqual Maragall, Barcelonas sozialistischer Bürgermeister bis 1997 und zwischen 2003 und 2006 Präsident der Generalitat Kataloniens, hatte wesentlichen Anteil am Erfolg der Olympischen Spiele von 1992. Binnen eines Jahrzehnts veränderte sich die Stadt radikal und erlebte eine Art zweite *Renaixença*. Hiervon zeugen ein neues Hafenviertel, neue Straßen und Museen. Barcelona gehört heute zu den erfolgreichsten und attraktivsten Städten in ganz Europa.

Eröffnungszeremonie, Olympische Spiele von 1992

1947 Spanien wird zur Monarchie, mit Franco als Regenten

1953 Vereinbarung über US-Stützpunkte in Spanien

1975 Franco stirbt; Juan Carlos wird König

1979 Autonomiestatut für Katalonien

1992 Olympische Sommerspiele in Barcelona

2008 Hochgeschwindigkeitszugstrecke zwischen Barcelona und Madrid eröffnet

1950 | **1975** | **2000** | **2025**

939 50 000 gehen ıs Exil nach Frank- eich; Kataloniens räsident Companys ingerichtet

1960er Jahre Die Costa Brava erlebt Urlauber-Boom

1985 Die Medes-Inseln werden Spaniens erstes Meeresschutzgebiet

1986 Beitritt Spaniens zur EU

Cobi, das olympische Maskottchen

2006 Volksentscheid über erweitertete Autonomie

Barcelona und Katalonien

Barcelona im Überblick

Barcelona, eine der lebendigsten Hafenstädte am Mittelmeer, ist mehr als nur die Hauptstadt Kataloniens. Sie konkurriert in Kultur, Handel und Sport nicht nur mit Madrid, sondern sieht sich selbst als gleichbedeutend mit anderen europäischen Metropolen. Der Erfolg der Olympischen Spiele von 1992 bestätigte diesen Anspruch. Obwohl es in der Altstadt (Ciutat Vella) viele Kunstdenkmäler gibt, sind die aus der Zeit um 1900 stammenden Bauten des Modernisme *(siehe S. 24f)* in Eixample am bekanntesten. Barcelona, direkt am Meer gelegen, ist offen für Einflüsse von außen. Die Stadt sprüht vor Kreativität: Ihre Kneipen und Parks zeugen weniger von Tradition als von modernem Design.

Die Casa Milà (siehe S. 79) *ist das kühnste Werk Antoni Gaudís* (siehe S. 78). *Barcelona besitzt mehr Gebäude des Jugendstils/Modernisme als jede andere Stadt der Welt.*

Der Palau Nacional (siehe S. 88) *auf dem Montjuïc beherrscht die für die Weltausstellung 1929 gebauten Hallen und die Allee mit Brunnen. Das Museu Nacional d'Art de Catalunya mit romanischen Fresken zeigt eine große Sammlung mittelalterlicher Kunst.*

Das Castell de Montjuïc (siehe S. 89) *auf dem Kamm des Montjuïc ist eine mächtige Festung aus dem 17. Jahrhundert, die Stadt und Hafen überblickt. Sie bildet einen krassen Kontrast zu den für die Olympischen Spiele 1992 gebauten modernen Sportstätten.*

Christoph Kolumbus *wacht auf seiner 60 Meter hohen Säule* (siehe S. 69) *über den Port Vell, den Alten Hafen. Von der Spitze der Säule blickt man auf die neuen Gebäude, Promenaden und Kais, die der Gegend neues Leben einhauchten.*

◁ **La Rambla del Mar verbindet den Alten Hafen mit dem Maremàgnum-Vergnügungskomplex *(siehe S. 68)***

Die Sagrada Família (siehe S. 80–83), *Gaudís 1882 begonnenes und bald vollendetes Meisterwerk, erhebt sich über Eixample. Ihre polychromen Keramikmosaiken und naturnahen Formen sind typisch für Gaudís Kunstschaffen.*

Zur Orientierung

Die Kathedrale von Barcelona (siehe S. 58f) *aus dem 14. Jahrhundert liegt im Herzen des Barri Gòtic. 28 Seitenkapellen mit prächtigen barocken Altarbildern umgeben das Kirchenschiff. Seit Jahrhunderten werden im Kreuzgang Gänse zum Schutz der Gräber vor Dieben gehalten.*

Der Parc de la Ciutadella (siehe S. 65) *zwischen Altstadt und Vila Olímpica bietet jedem etwas: Gärten zur Erholung, einen See zum Bootfahren und einen interessanten Zoo. Das Museu de Ciències Naturals zeigt Exponate der Geologie und Zoologie.*

La Rambla (siehe S. 60f), *die berühmteste Straße Barcelonas, ist Tag und Nacht belebt. Ein Bummel hinab zum Hafen, vorbei an prächtigen Gebäuden, Theatern, Läden, Cafés und Straßenhändlern, ist die beste Einführung in diese lebendige Stadt.*

BAR

Altstadt

Barcelonas Altstadt – von der Straße »La Rambla« durchschnitten – besitzt einen der schönsten und harmonischsten Stadtkerne Europas. Das Barri Gòtic mit der Kathedrale wird von einem Netz enger Gassen durchzogen. Östlich der Via Laietana befindet sich das Viertel El Born mit der Kirche Santa Maria del Mar und dem Museu Picasso. Das Viertel wird im Osten vom herrlichen Parc de la Ciutadella mit dem Museu d'Art Modern sowie dem Zoo begrenzt. Im südlich anschließenden Hafenviertel gibt es wunderbare Sandstrände mit Palmen, Bars und Cafés, die vom Olympischen Dorf bis zum Alten Hafen reichen.

Sehenswürdigkeiten auf einen Blick

Museen und Sammlungen
Aquàrium 24
Museu d'Art Contemporani 10
Museu de Ciències Naturals (Edifici Geologia) 19
Museu de Ciències Naturals (Edifici Zoologia) 18
Museu d'Història de Catalunya 25
Museu d'Història de la Ciutat und Plaça del Rei 3
Museu Frederic Marès 2
Museu Marítim und Drassanes 28
Museu Picasso 13
Museu de la Xocolata 15

Hafengebiet
Golondrinas 27
Port Olímpic 21
Port Vell 23

Straßen und Viertel
Barceloneta 22
La Rambla S. 60f 7
El Raval 9

Kirchen
Basílica de Santa Maria del Mar 14
Kathedrale S. 58f 6

Historische Gebäude
Casa de l'Ardiaca 1
Casa de la Ciutat 4
La Llotja 12
Palau de la Generalitat 5
Palau de la Música Catalana 11
Palau Güell 8

Denkmäler
Arc de Triomf 16
Monument a Colom 26

Parks
Parc de la Ciutadella 17
Parc Zoològic 20

Anfahrt

Metro-Linien 1, 3 und 4: Jaume I (U4) liegt im Herzen des Barri Gòtic, Liceu (U3) an der Rambla, viele Buslinien halten an der Plaça de Catalunya (auch U1 und U3), am Rand des Barri Gòtic.

◁ **Das Lokal Els Quatre Gats *(siehe S. 147)* in einer der engen Gassen des Barri Gòtic**

Im Detail: Barri Gòtic

Kerze in der Cereria Subirà

Das Barri Gòtic (Gotisches Viertel) ist das Herz Barcelonas. An dieser Stelle gründeten die Römer unter Augustus (reg. 27 v. Chr.–14 n. Chr.) ihre *colonia* (Stadt). Seitdem befindet sich hier die Stadtverwaltung. Das römische Forum lag auf der Plaça de Sant Jaume, auf der sich heute der mittelalterliche Palau de la Generalitat (Sitz der katalanischen Regierung) und das Rathaus, die Casa de la Ciutat, erheben. In der Nähe befinden sich die gotische Kathedrale und der Königspalast, in dem Fernando und Isabel 1493 Kolumbus empfingen *(siehe S. 44)*, als er von seiner Entdeckungsreise in die Neue Welt zurückgekehrt war.

Casa de l'Ardiaca
Die auf der römischen Stadtmauer im gotischen und Renaissance-Stil erbaute Residenz des Erzdiakons beherbergt das Stadtarchiv. ❶

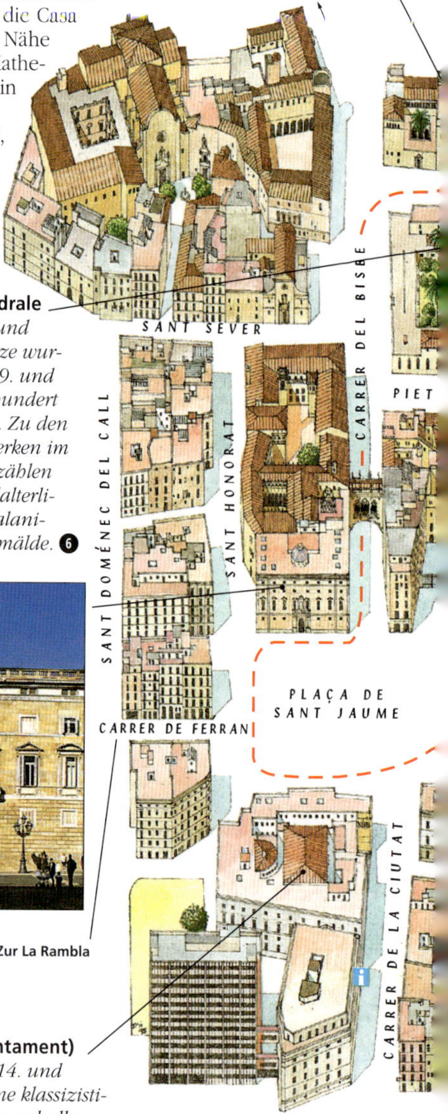

★ Kathedrale
Fassade und Turmspitze wurden im 19. und 20. Jahrhundert vollendet. Zu den Meisterwerken im Inneren zählen die mittelalterlichen katalanischen Gemälde. ❻

Palau de la Generalitat
Zu den gotischen Elementen des katalanischen Regierungssitzes gehören die Kapelle und eine Steintreppe, die zu einer Galerie mit Arkaden führt. ❺

Casa de la Ciutat (Ajuntament)
Das Rathaus aus dem 14. und 15. Jahrhundert hat eine klassizistische Fassade. Die Eingangshalle schmücken die Drei Zigeuner *von Joan Rebull (1899–1981), eine Kopie der ursprünglich 1946 entstandenen Skulptur.* ❹

LEGENDE

– – – Routenempfehlung

Museu Frederic Marès
Der mittelalterliche Eingang ist ein Meisterwerk spanischer Bildhauerkunst, die den Kern einer vielfältigen, erstklassigen Sammlung bildet. ❷

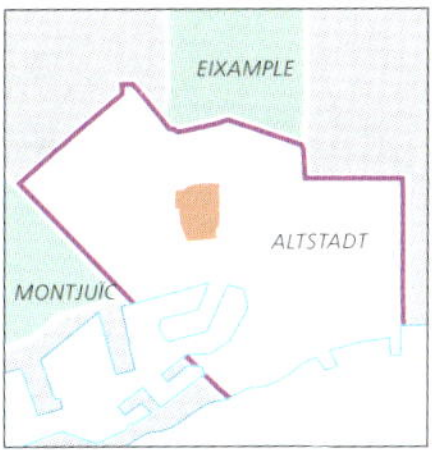

Zur Orientierung
Siehe Stadtplan 5

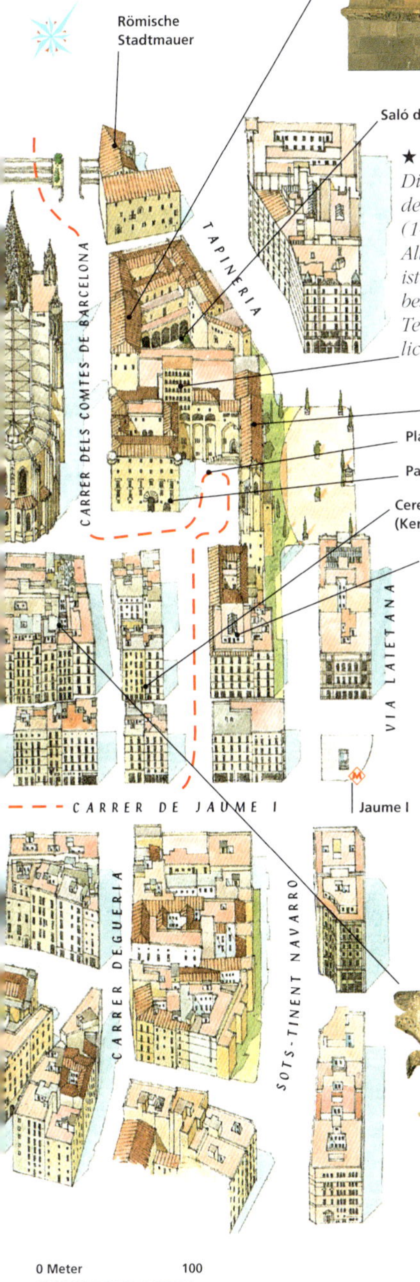

★ Palau Reial
Die Capella Reial de Santa Àgata (14. Jh.) mit einem Altarbild von 1466 ist einer der am besten erhaltenen Teile des Königlichen Palasts. ❸

Museu d'Història de la Ciutat
Die weltweit größten Ausgrabungen römischer Ruinen betritt man durch ein Haus aus dem 14. Jahrhundert. Dahinter erwarten den Besucher viele römische Straßen und Plätze (Ausgang im Palau Reial). ❸

Das Centre Excursionista de Catalunya in einem mittelalterlichen Haus zeigt Säulen des Augustustempels, dessen ehemaligen Standort ein Meilenstein auf der Straße markiert.

NICHT VERSÄUMEN

★ Kathedrale

★ Palau Reial

Verzierter Marmorbriefkasten, Casa de l'Ardiaca

Casa de l'Ardiaca ❶

Carrer de Santa Llúcia 1. **Stadtplan** 5 B2. **Karte** R2. *93 318 11 95. Jaume I. Mo–Fr 9–20.45 Uhr, Sa 9–13 Uhr. Feiertage.* **www**.bcn.cat/arxiu/arxiuhistoric

Neben dem Bischofstor der römischen Stadtmauer steht das Haus des Erzdiakons (12. Jh.). Sein jetziges Äußeres entstand um 1500 durch einen Umbau. Dabei wurde auch die Kolonnade hinzugefügt. 1870 wurde die Casa de l'Ardiaca um den neogotischen Innenhof mit Brunnen erweitert. Der berühmte Künstler des katalanischen Modernisme, Domènech i Montaner (1850–1923), fügte den marmornen Briefkasten mit Schwalben und Schildkröte neben dem Renaissance-Portal hinzu. Im ersten Stock ist das Stadtarchiv untergebracht.

Museu Frederic Marès ❷

Plaça de Sant Iu 5. **Stadtplan** 5 B2. **Karte** S3. *93 256 35 00. Jaume I. Di–Sa 10–19 Uhr, So 10–15 Uhr. Mo, 1. Jan, Karfreitag, 1. Mai, 25., 26. Dez. (außer Mi nach 15 Uhr und am 1. So jeden Monats). nach Voranmeldung.* **www**.museumares.bcn.es

Der Bildhauer Frederic Marès i Deulovol (1893–1991) liebte es zu reisen und war ein begeisterter Sammler. Davon zeugt dieses außergewöhnliche Museum. Das Gebäude ist Teil des Königspalasts, in dem im 13. Jahrhundert Bischöfe, im 14. die Grafen der Stadt, im 15. Richter und vom 18. Jahrhundert bis 1936 Nonnen lebten. Frederic Marès hatte hier eine kleine Wohnung. Sein Museum eröffnete er 1948. Die exzellente Sammlung verfügt über einige bedeutende Beispiele romanischer und gotischer Sakralkunst. In der Krypta befinden sich Steinplastiken und zwei vollständige romanische Portale.

Madonna, Museu Frederic Marès

Exponate der oberen drei Stockwerke sind Glocken, Kreuze, Gewänder, alte Kameras, Pfeifen, Postkarten. Für Kinder gibt es hier sogar einen eigenen Raum.

Museu d'Història de la Ciutat und Plaça del Rei ❸

Plaça del Rei. **Stadtplan** 5 B2. **Karte** S3. *93 256 21 00. Jaume I. Apr–Sep: Di–So 10–20 Uhr; Okt–März: Di–Sa 10–14, 16–19 Uhr, So 10–20 Uhr. Mo, 1. Jan, Karfreitag, 1. Mai, 24. Juni, 25. Dez. (1. Sa im Monat frei). nach Vereinbarung.* **www**.museuhistoria.bcn.es

Der Königspalast war seit seinem Bau im 13. Jahrhundert die Residenz der Grafen-Könige von Barcelona. Zu ihm gehören der gotische Saló del Tinell (14. Jh.) und ein großer Saal mit 17 Meter breiten Halbkreisbogen. In diesem Palast empfingen Fernando und Isabel Kolumbus nach seiner Rückkehr aus

Gotisches Kirchenschiff der Capella de Santa Àgata

Barcelonas jüdische Gemeinde

Tafel mit hebräischer Inschrift

Vom 11. bis zum 13. Jahrhundert dominierten Juden Barcelonas Handel und Kultur. Sie stellten die Ärzte und gründeten die erste Universität. Im Jahr 1243 – 354 Jahre nach ihrer ersten urkundlichen Erwähnung – wurden die Juden in das Ghetto El Call verbannt. Angeblich zu ihrem Schutz hatte es nur einen Eingang, der auf die Plaça de Sant Jaume ging. Der König besteuerte die »königlichen Sklaven« hoch. Als Gegenleistung erhielten sie Privilegien, z. B. den gewinnbringenden Handel mit Nordafrika. Die Verfolgung durch Staat und Bevölkerung führte 1401 zur Auflösung des Ghettos, 91 Jahre vor der Vertreibung aller Juden aus Spanien *(siehe S. 44)*. Ursprünglich gab es drei Synagogen: Von der größten am Carrer de Sant Domènech del Call sind nur die Fundamente erhalten. Im Haus Nr. 5 des Carrer de Marlet ist eine Tafel in die Wand eingelassen, auf der in Hebräisch steht: »Heilige Gründung von Rabbi Samuel Hassardi. Seine Seele möge im Himmel ruhen.«

Amerika *(siehe S. 44)*. Hier fanden auch Sitzungen der spanischen Inquisition statt.

Rechts ist die Capella de Santa Àgata in die römische Stadtmauer eingebaut – mit bemalter Holzdecke und Altarbild von Jaume Huguet (1466). Ein Teil des Glockenturms besteht aus einem römischen Wachturm. Rechts vom Altar führt eine Treppe zum Turm (16. Jh.) Martís des Gütigen (1396–1410), des letzten Herrschers aus der 500 Jahre alten Dynastie der Grafen-Könige von Barcelona. Die Turmspitze bietet einen schönen Ausblick.

Die Hauptattraktion des Museu d'Història liegt tief unter der Erde: Man fährt mit einem Lift nach unten – und findet ganze Straßenzüge und Plätze aus der Römerzeit. Diese alten Siedlungen des Barcino wurden 1931 bei Umbauarbeiten des gotischen Eingangshauses Casa Clariana-Padellàs entdeckt. Von diesen Umbaumaßnahmen berichtet eine Ausstellung. Die Ausgrabungen zeigen neben mehreren Straßenzügen und Plätzen die Entwässerungskanäle, Bäder, Wohnzimmer mit Mosaiken, Wandmalereien und sogar ein altes römisches Forum. Es handelt sich hier um die weltweit größten und vollständigsten Ausgrabungen römischer Siedlungen.

Casa de la Ciutat ❹

Plaça de Sant Jaume. **Stadtplan** 5 A2. **Karte** R3. *93 402 73 00.* *Jaume I oder Liceu.* *So 10–13.30 Uhr (12. Feb: 10–20 Uhr; 23. Apr: 10– 18.30 Uhr) oder nach Vereinbarung.* *93 402 73 64.*

Das Rathaus *(ajuntament)* aus dem 14. Jahrhundert steht gegenüber dem Palau de la Generalitat. Neben dem Eingang erinnern Statuen an Jaume I *(siehe S. 43)*, der Barcelona 1249 das Wahlrecht verlieh, und an Joan Fiveller, der auch Hofmitglieder besteuerte. Der Saló de Cent (Versammlungsraum) wurde für die 100 Stadträte errichtet. Der Saló de les Cròniques entstand für die Weltausstellung von 1929. Die Wandbilder stammen von Josep Maria Sert *(siehe S. 29)*.

Palau de la Generalitat ❺

Plaça de Sant Jaume 4. **Stadtplan** 5 A2. **Karte** R3. *93 402 46 00.* *Jaume I.* *23. Apr (St. Jordi), 11. und 24. Sep sowie jeden 2. und 4. So im Monat 10.30–13.30 Uhr (Anmeldung unter* **www**.gencat.cat/generalitat/eng/guia/palau/visites.htm). **www**.gencat.cat

Seit 1403 ist der Palast Sitz der Katalanischen Regierung. Über dem Eingang an der Renaissance-Fassade wachen Sant Jordi (Patron Kataloniens) und ein Drache. Das Gebäude ist Besuchern am Namenstag des Heiligen zugänglich. Der Hof (1416) stammt von Marc Safont.

Italienisch beeinflusste Fassade des Palau de la Generalitat

Im Inneren schufen Safont und Pere Blai die gotische Kapelle und den Saló de Sant Jordi. Auf der Rückseite liegt der *Pati dels Tarongers*, der Orangenbaumhof, von Pau Mateu mit Pere Ferrers Glockenturm von 1568.

Der katalanische Präsident (seit 2010 Artur Mas) hat hier und in der Casa dels Canonges seine Büros. Beide Gebäude verbindet eine Brücke (1928) über den Carrer del Bisbe, die der Seufzerbrücke nachempfunden ist.

Der prächtige Ratssaal, der Saló de Cent, in der Casa de la Ciutat

Kathedrale 6

Statue der hl. Eulàlia

Die gotische Kathedrale mit romanischer Kapelle (Capella de Santa Llúcia) und schönem Kreuzgang entstand 1298 unter Jaume II auf den Grundmauern eines römischen Tempels und einer maurischen Moschee. Sie wurde erst Ende des 19. Jahrhunderts mit Vollendung der Hauptfassade fertig. Ein skulptierter Marmorlettner (16. Jh.) stellt das Martyrium der Stadtpatronin Eulàlia dar. Am Taufstein erinnert eine Tafel an die Taufe von sechs karibischen Ureinwohnern, die Kolumbus 1493 aus Amerika mitbrachte.

Die achteckigen Zwillingstürme stammen aus den Jahren 1386–93, die Glocken wurden 1545 aufgehängt.

Die Hauptfassade wurde erst 1889 vollendet, der Mittelturm 1913. Er beruht auf Plänen, die der französische Architekt Charles Galters 1408 zeichnete.

Innenschiff
Das einzige Schiff im Stil der katalanischen Gotik besitzt 28 Seitenkapellen zwischen den Säulen, die das 26 Meter hohe Gewölbe tragen.

★ Chorgestühl
Die oberste Reihe des Chorgestühls (15. Jh.) ist mit den Wappen (1518) verschiedener europäischer Königshäuser bemalt.

Capella del Santíssim Sagrament
Die kleine Kapelle birgt den Christus von Lepanto *aus dem 16. Jahrhundert.*

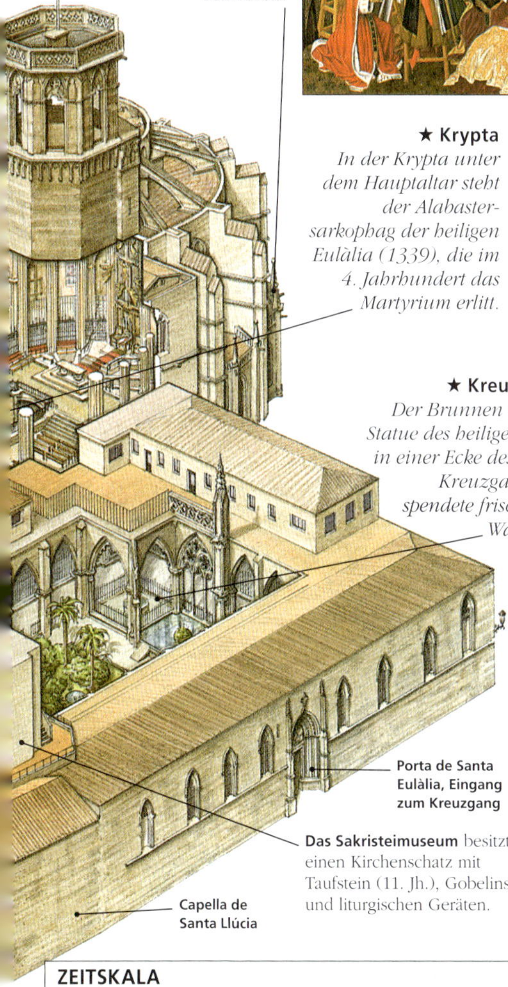

Capella de Sant Benet
Diese dem Gründer der Benediktiner und Schutzheiligen Europas gewidmete Kapelle enthält eine wundervolle Verklärung *(1452) von Bernat Martorell.*

INFOBOX

Plaça de la Seu. **Stadtplan** 5 A2. **Karte** R2–3. *93 342 82 60.* *Jaume I.* *17, 19, 45.* *tägl. 8–19.30 Uhr; Führungen Mo–Sa 13–17, So 14–17 Uhr.* *Eintritt frei: tägl. 8–12.45, 17.15–19.30 Uhr.* **Sakristeimuseum** *tägl. 10–12, 17–19 Uhr.* **Chor** *tägl.*

★ Krypta
In der Krypta unter dem Hauptaltar steht der Alabastersarkophag der heiligen Eulàlia (1339), die im 4. Jahrhundert das Martyrium erlitt.

★ Kreuzgang
Der Brunnen mit der Statue des heiligen Georg in einer Ecke des gotischen Kreuzgangs spendete frisches Wasser.

Porta de Santa Eulàlia, Eingang zum Kreuzgang

Das Sakristeimuseum besitzt einen Kirchenschatz mit Taufstein (11. Jh.), Gobelins und liturgischen Geräten.

Capella de Santa Llúcia

NICHT VERSÄUMEN

- ★ Chorgestühl
- ★ Kreuzgang
- ★ Krypta

ZEITSKALA

559 Basilika wird der hl. Eulàlia und dem Kreuz geweiht

877 Überführung der Eulàlia-Reliquien aus Santa Maria del Mar

1339 Umbettung der Eulàlia-Reliquien in den Alabastersarkophag

1046–58 Bau der romanischen Kathedrale unter Ramón Berenguer I

1913 Vollendung des Mittelturms

1889 Fertigstellung der Hauptfassade nach Plänen des Architekten Charles Galters von 1408

400 | **700** | **1000** | **1300** | **1600** | **1900**

4. Jahrhundert Bau der römisch-frühchristlichen Basilika

985 Zerstörung durch die Mauren

1257–68 Bau der romanischen Capella de Santa Llúcia

1298 Baubeginn der gotischen Kathedrale unter Jaume II

1493 Taufe von sechs karibischen Ureinwohnern

Gedenktafel der Taufe

Stadtplan *siehe Seiten 188–197*

La Rambla ❼

Auf der Prachtstraße La Rambla (katalanisch: Les Rambles) pulsiert das Leben – vor allem abends und am Wochenende. Kioske, Vogel- und Blumenstände, Kartenleger, Musiker und Pantomimen drängen sich auf dem mittleren Gehweg. Die berühmtesten ihrer Gebäude sind das Teatre del Liceu, der Markt La Boqueria und einige prächtige Anwesen.

La Rambla: Diese Platanenallee ist immer voller Leben

Überblick: La Rambla

Der Name des langen Boulevards stammt vom arabischen *ramla* (»ausgetrocknetes Flussbett«). Barcelonas Stadtmauer folgte im 13. Jh. einem solchen Flussbett, das von den Collserola-Bergen bis zum Meer verlief.

Im 16. Jahrhundert entstanden am gegenüberliegenden Ufer des Flusses Klöster und die Universität. Das Flussbett wurde später aufgefüllt, die Gebäude wurden abgerissen, aber die Namen der fünf Rambles zwischen Plaça de Catalunya und Port Vell erinnern bis heute an diese Institutionen in Barcelona. Edle Hotels, repräsentative Wohnhäuser, noble Läden und Cafés säumen heute diese prächtige Allee.

Mercat de Sant Josep Plaça de la Boqueria. **Stadtplan** 5 A2. **Karte** Q2. *93 318 20 17. Liceu. Mo–Sa 8–20.30 Uhr.*

Palau de la Virreina La Rambla 99. **Stadtplan** 5 A2. **Karte** Q2. *93 316 10 00. Liceu. Mo–Fr 11–14, 16–20.30 Uhr, Sa 11–20.30 Uhr, So 11–15 Uhr.*

Museu de Cera Pg de la Banca 7. **Stadtplan** 2 F4. **Karte** Q4. *93 317 26 49. Drassanes. Mo–Fr 10–13.30, 16–19.30 Uhr, Sa, So und Feiertage 11–14, 16.30–20.30 Uhr (Juli–Aug: tägl. 10–20 Uhr).*

Mercat de Sant Josep ⑤
Barcelonas farbenprächtigster Markt ist besser unter dem Namen La Boqueria bekannt.

Gran Teatre del Liceu ⑦
Dieses Opernhaus brannte schon zweimal ab – 1861 und 1994: Erst 1999 wurde es wiedereröffnet.

Kolumbus-Denkmal am südlichen Ende der Rambla

Palau Güell ⑨
Der fantastische Palast wurde 1889 fertiggestellt und gilt als eines von Gaudís Hauptwerken *(siehe S. 62)*.

Hotels und Restaurants in der Altstadt *siehe Seiten 134–136 und Seiten 146–148*

Font de Canaletes ①
Wer von dem erfrischenden Wasser dieses Brunnens aus dem 19. Jahrhundert trinkt, wird – so heißt es – nach Barcelona zurückkehren.

Reial Acadèmia de Ciències i Arts ②
Das 1910 in ein Theater umgewandelte Gebäude besitzt Barcelonas erste öffentliche Uhr.

Palau Moja ③
Dieses klassizistische Gebäude stammt aus dem Jahr 1790. Im barocken Salon der Beletage finden Ausstellungen statt.

Palau de la Virreina ④
Die erste Bewohnerin dieses Palasts war 1777 die spanische *virreina*, die verwitwete Gattin des Vizekönigs von Peru.

Plaça de la Boqueria ⑥
Platz mit farbenfroher Mosaikpflasterung (1976) von Joan Miró und einem modernistischen Drachen vor einem ehemaligen Schirmgeschäft.

Plaça Reial ⑧
Barcelonas schönster Platz mit Palmen entstand in den 1850er Jahren. Die wunderbaren Laternen des Platzes schuf Gaudí.

Museu de Cera ⑩
Das 1973 gegründete Wachsmuseum ist in einem prächtigen Gebäude aus dem 19. Jahrhundert untergebracht und präsentiert mehr als 300 Exponate.

LEGENDE

- FGC-Bahnhof
- Metro-Station
- P Parken
- Kirche

0 Meter 100

Stadtplan *siehe Seiten 188–197*

Palau Güell 8

C/Nou de la Rambla 3–5. **Stadtplan** 2 F3. **Karte** Q3–4. *93 317 39 74. Liceu. Ab April 2011 wieder offen: Di–Sa 10–14.30 Uhr. nur Erdgeschoss.* **www**.palauguell.cat

Gaudís erster Großbau in der Stadtmitte wurde von Eusebi Güell in Auftrag gegeben. Obwohl Gaudí als Architekt noch nicht berühmt war, stellte ihm sein Gönner Güell große Summen für dieses Experiment zur Verfügung. Der Palau Güell diente nicht nur als Wohnhaus, sondern auch Repräsentationszwecken: Hier fanden zahlreiche politische Treffen, bedeutende Empfänge und Kammerkonzerte statt.

Der 1889 fertiggestellte Palau liegt in einer engen Straße, sodass die Fassade kaum zur Geltung kommt. Umso prächtiger stattete Gaudí das Innere mit wunderbaren Marmor-, Eisen- und Holzarbeiten aus. Wie auch bei seinen späteren Werken gestaltete er sowohl Einrichtung als auch Lichtführung und zahlreiche Details.

Von der Straßenseite her weist – außer den Kaminen – wenig auf das prachtvolle Innere des Hauses hin: Die Fassade ist symmetrisch und mit klaren horizontalen und vertikalen Linien gestaltet. Gaudís spätere Liebe zu organisch-botanischen Rundungen zeigt sich in den zwei Einfahrten, die zu geometrischen Parabeln geformt sind.

Im ersten Stock befindet sich der zentrale Hauptraum: Er besitzt eine enorme Raumhöhe (drei Stockwerkshöhen bei ingesamt sechs Stockwerken des Hauses) und ist mit Lettner, Erkern, Galerien und Nischen gestaltet. Die Decke ist in Form einer Kuppel ausgeführt. Dieser Zentralraum wirkt wie eine Mischung aus Kirchenraum und eingerichtetem Innenhof. Alle Räume gruppieren sich um ihn, er hat sogar eine Auffahrt. Interessant ist die Beleuchtung: Gasflammen brannten hinter Milchglasscheiben, die so wie Fenster mit Tageslicht wirkten. UNESCO-Welterbe seit 1984.

Wegen der Renovierung sind zurzeit nur Erd- und Untergeschoss zugänglich.

Abenteuerliche Kaminformen auf dem Palau Güell

El Raval 9

Stadtplan 2 F3. **Karte** N–P2–3. *Catalunya, Liceu.*

Westlich der Rambla liegen die Stadtteile El Raval und das ehemalige Rotlichtviertel nahe am Hafen, das »Barri Xinès« (Chinesisches Viertel). Rund um die Rambla del Raval hat sich ein neues und schickes Viertel entwickelt.

Seit dem 14. Jahrhundert bildete der Carrer de l'Hospital das medizinische Zentrum Barcelonas – auch Gaudí wurde 1926 nach seinem Unfall mit einer Tram hierhergebracht. Die riesige Casa de la Caritat (14. Jh.) ist heute ein Kulturzentrum. Gleich daneben eröffnete 1995 das Museu d'Art Contemporani (MACBA).

Im Carrer Nou de la Rambla liegen Gaudís Palau Güell und die besterhaltene romanische Kirche der Stadt, Sant Pau del Camp (Franziskaner).

Museu d'Art Contemporani 10

Plaça dels Àngels 1. **Stadtplan** 2 F2. **Karte** P1. *93 412 08 10. Universitat, Catalunya, Liceu. 24. Juni – 24. Sep: Mo, Mi, Sa 11–20 Uhr, Do, Fr 11–24 Uhr, So 10–15 Uhr; 25. Sep–23. Juni: Mo, Mi–Fr 11–20 Uhr, Sa 10–20 Uhr, So 10–15 Uhr. 1. Jan, 25. Dez.* **www**.macba.cat **Centre de Cultura Contemporània** Montalegre 5. *93 306 41 00.* **www**.cccb.org

Das aufsehenerregende weiße Museumsgebäude (1995) im Herzen von El Raval wurde von dem US-Architekten Richard Meier entworfen. Auf drei lichtdurchfluteten Etagen werden zeitgenössische Gemälde, Installationen und Artefakte ausgestellt. Den Schwerpunkt der ständigen Sammlung bildet spanische Kunst, aber es gibt auch Werke ausländischer Künstler, z. B. Susana Solano oder David Goldblatt.

Gleich neben dem MACBA befindet sich das **Centre de Cultura Contemporània**, das viele Festivals veranstaltet.

Fassade des Museu d'Art Contemporani

Hotels und Restaurants in der Altstadt *siehe Seiten 134–136 und Seiten 146–148*

Prächtige Buntglaskuppel im Palau de la Música Catalana

Palau de la Música Catalana ⓫

Carrer de Sant Pere Més Alt s/n. **Stadtplan** 5 B1. **Karte** S1. *90 244 28 82.* *Urquinaona.* *tägl. 10–15.30 Uhr (Osterwoche und im Aug bis 18 Uhr); außerdem bei Konzerten. Tickets möglichst eine Woche im Voraus online kaufen.* *alle 30 Min.* **www**.palaumusica.org

Dieser Modernisme-Traum aus Fliesen, Plastiken und Buntglas ist der einzige von Tageslicht erhellte Konzertsaal Europas. Der von Lluís Domènech i Montaner entworfene Bau entstand 1908 und bewahrt bis heute sein originales Aussehen. In der engen Straße kommt die rote Ziegelsteinfassade kaum zur Geltung. Sie wird eingefasst von mosaikbedeckten Pfeilern mit Büsten von Palestrina, Bach und Beethoven. Die Statuen des hl. Georg und anderer Figuren symbolisieren das katalanische Volkslied.

Das Innere ist atemberaubend: Den Konzertsaal erhellt eine umgekehrte Buntglaskuppel mit Engelschören. Zwei von Domènech entworfene und von Gargallo vollendete Skulpturen am Proszeniumsbogen stellen die internationale (Wagner) und die katalanische Musik (Clavé) dar. An der Bühnen-Rückwand stehen die 18 »Musen des Palau«, kunstvoll gestaltete Frauenfiguren mit Instrumenten, geschaffen aus Terrakotta und Trencadís (gebrochenen Fliesen).

Das Engagement von Josep Anselm Clavé (1824–1874) für das katalanische Volkslied führte 1891 zur Gründung des patriotischen Gesangvereins Orfeó Català, eines Zentrums des katalanischen Nationalismus und Anlass für den Bau des Palau de la Música Catalana. Heute tritt der Gesangverein nicht mehr hier auf, sondern im Auditorio an der Plaça de les Glòries *(siehe S. 99)*.

Im Palau de la Música Catalana findet fast jeden Abend ein Konzert statt. Die stilistische Bandbreite erstreckt sich von Jazz bis Klassik, von Folklore bis zum großen Symphoniekonzert international bekannter Orchester.

Seit einiger Zeit verfügt der Palau über zusätzliche Podien: Der katalanische Architekt Oscar Tusquets fügte ihm einen Innenhof für Sommerkonzerte und eine unterirdische Konzerthalle hinzu. Seither gehört der Palau de la Música Catalana zu den beliebtesten Veranstaltungsorten in Barcelona. Ein Besuch lohnt sich!

La Llotja ⓬

Passeig d'Isabel II 1. **Stadtplan** 5 B3. **Karte** S4. *93 319 24 12 oder 902 448 448.* *Barceloneta.* *für Besucher (außer zweimal im Jahr; Tage variabel).* **www**.casallotja.com

Das um 1380 erbaute Hafenzollhaus wurde bei der Komplettsanierung 1771 klassizistisch umgebaut. Bis 1994 war hier die Börse untergebracht. Den gotischen Hauptsaal können Sie durch die Fenster betrachten.

In den Obergeschossen unterrichtete 1849–1970 die Katalanische Akademie der schönen Künste. Der junge Picasso, dessen Vater hier lehrte, besuchte diese Schule ebenso wie Joan Miró (1893–1983; *siehe S. 29*). La Llotja beherbergt heute eine Bücherei und Büros.

Poseidonstatue im Innenhof von La Llotja

Innenraum der gotischen Basílica de Santa Maria del Mar

Museu Picasso ⓭

Carrer de Montcada 15–23. **Stadtplan** 5 B2. **Karte** T3. *93 256 30 00.* *Jaume I.* *Di–So 10–20 Uhr.* *Mo, 1. Jan, 1. Mai, 24. Juni, 25. und 26. Dez.* *1. So im Monat frei.* *nach Vereinbarung.*
www.museupicasso.bcn.cat

Eine von Barcelonas größten Attraktionen ist in fünf Palästen der Carrer de Montcada untergebracht: Meca, Berenguer d'Aguilar, Baró de Castellet, Mauri und Finestres. Grundstock des 1963 eröffneten Museums bildet die Sammlung von Pablo Picassos Freund Jaime Sabartes. Nach dessen Tod 1968 ergänzte Picasso selbst einige Gemälde. Hinzu kamen Grafiken aus dem Nachlass und 141 Keramiken. Die Exponate sind in zwei Werkgruppen unterteilt: Gemälde und Zeichnungen sowie Keramik.

Schwerpunkt der 3000 Exponate umfassenden Sammlung sind Picassos Werke wie *Die erste Kommunion* (1896). Aus der »blauen« und »rosa« Periode sind nur wenige Werke vorhanden. Berühmt ist die Serie *Las Meninas*, die auf Velázquez' gleichnamigem Meisterwerk basiert.

Basílica de Santa Maria del Mar ⓮

Pl Sta Maria. **Stadtplan** 5 B3. **Karte** T4. *93 310 23 90.* *Jaume I.* *tägl. 9–13.30, 16.30–20 Uhr (So ab 10 Uhr).*

Die Hauptkirche der Stadt in reiner katalanischer Gotik besitzt eine ideale Akustik. Ihr Bau dauerte 55 Jahre und wurde von Händlern und Schiffsbauern finanziert. Dieses im Mittelalter einzigartige hohe Tempo sorgte innen wie außen für stilistische Einheit. An der Westfront zeigt eine

Pablo Picasso, *Selbstbildnis* in Kohle (1899/1900)

Pablo Picasso in Barcelona

Pablo Picasso (1881–1973) wurde in Málaga geboren und kam im Alter von 14 Jahren nach Barcelona. Sein Vater unterrichtete an der Kunstakademie. Picasso studierte hier und galt unter seinen Zeitgenossen als großes Talent. Regelmäßig besuchte er Els Quatre Gats, ein Künstlercafé im Carrer de Montsió, in dem er zuerst ausstellte. Er zeigte seine Werke auch in der Galerie Sala Parks, die noch heute existiert. Die Familie lebte am Carrer de la Mercè, Picassos Atelier lag am lebhaften Carrer Nou de la Rambla. Die Prostituierten des Carrer d'Avinyó inspirierten ihn zu *Les Demoiselles d'Avignon* (1906/07); das Gemälde gilt als Beginn der modernen Kunst. Picasso verließ Barcelona, als er Anfang 20 war, kehrte zunächst jedoch mehrmals zurück. Nach dem Bürgerkrieg blieb er aus Opposition gegen Francos Regime in Frankreich, entwarf aber 1962 ein Fries für das Architektenkolleg. Im Jahr darauf konnte er davon überzeugt werden, der Eröffnung des Picasso-Museums zuzustimmen.

Fensterrosette (15. Jh.) die Krönung Mariens. Glasfenster aus dem 15. bis 18. Jahrhundert erhellen das Schiff und die hohen Seitenschiffe.

Chor und Einrichtung der Basilika verbrannten vollständig im Spanischen Bürgerkrieg *(siehe S. 46)*. Dies verstärkt den heutigen Eindruck von Schlichtheit.

Museu de la Xocolata ⓯

Carrer del Comerç 36. **Stadtplan** 5 C2. **Karte** T3. *93 268 78 78.* *Jaume I, Arc de Triomf.* *Mo–Sa 10–19 Uhr, So, Feiertage 10–15 Uhr.* *1. Jan, 1. Mai, 25., 26. Dez.* *nach Vereinbarung.* **www**.museudelaxocolata.com

Das faszinierende Schokoladenmuseum ist ein Muss für alle Liebhaber dieser süßen Leckerei. Das von der Chocolatier- und Konditorenzunft gegründete Museum erzählt alles über Schokolade – von der Entdeckung des Kakaos als Genussmittel bis zur ersten Schokoladenmaschine in Barcelona.

Ein wichtiges Thema ist *mona*, der Osterkuchen *(siehe S. 34)*. Dieser Eierkuchen zum Osterfest entwickelte sich in den letzten Jahren zu einer wahren »Kuchenskulptur«. Die Konditoren wetteifern um die originellste Form und fantasievollste Verzierung (z. B. mit Federn). Hier im Museum gibt es angeblich die beste heiße Schokolade Barcelonas.

Arc de Triomf ⓰

Passeig de Lluís Companys. **Stadtplan** 5 C1. **Karte** U1–2. *Arc de Triomf.*

Der Arc de Triomf markierte den Haupteingang zum Gelände der Weltausstellung von 1888 im Parc de la Ciutadella. Der imposante Bau wurde von Josep Vilaseca i Casanovas entworfen. Den Ziegelsteinbau im Mudéjar-Stil zieren Allegorien von Handwerk, Industrie und Handel. An der Hauptfassade ist ein Fries von Josep Reynés zu sehen.

Arc de Triomf (1888) am Haupteingang des Parc de la Ciutadella

Parc de la Ciutadella ⓱

Avda. del Marquès de l'Argentera. **Stadtplan** 6 D2–3. **Karte** J7. *Barceloneta, Ciutadella-Vila Olímpica.* *Okt–März: tägl. 8–18 Uhr; Apr–Sep: tägl. 8–20 Uhr.*

Der 30 Hektar große Park lockt die Besucher mit einem See, Orangenhainen und gezähmten Papageien in den Palmen an. Hier ließ Felipe V nach 13-monatiger Belagerung der Stadt im Spanischen Erbfolgekrieg *(siehe S. 45)* den Baumeister Prosper Verboom 1715–20 eine sternförmige Zitadelle errichten, die später als Gefängnis genutzt wurde. Unter Napoléons Besatzung war die Zitadelle besonders verhasst *(siehe S. 45)*, gleichsam ein Symbol der Unterdrückung durch den Staat.

1878 ließ General Prim die Zitadelle abreißen und den Volkspark anlegen. Eine Statue im Park erinnert an Prim. 1888 fand die Weltausstellung *(siehe S. 46)* hier statt.

Nur drei Gebäude der Zitadelle blieben erhalten: der Palast des Gouverneurs (heute Schule), die Kapelle sowie das Arsenal, in dem das katalanische Parlament tagt.

Sonntagnachmittags trifft man sich hier, um Musik zu machen oder zu tanzen. Im Park stehen Skulpturen von katalanischen Künstlern wie Marès, Arnau, Carbonell, Clarà, Llimona, Gargallo und Dunyach, aber auch Arbeiten von Tàpies und Botero.

Die Grünanlage auf der Plaça de Armes entwarf der französische Landschaftsgärtner Jean Forestier. Der Brunnen mit Triumphbogen und Wasserfall von Josep Fontseré ist stark von Roms Fontana di Trevi inspiriert. Antoni Gaudí arbeitete damals bei diesem Projekt als junger Student mit.

Brunnen mit Wasserspielen im Parc de la Ciutadella, gestaltet von Josep Fontseré und Antoni Gaudí

Museu de Ciències Naturals (Edifici Zoología) ⓲

Passeig de Picasso. **Stadtplan** 5 C2. **Karte** U3. *93 319 69 12. Arc de Triomf oder Jaume I. Di–Sa 10–18 Uhr (So 10–14.30 Uhr): 2011 wegen Reorganisation geschlossen. 1. So im Monat frei. nach Vereinbarung.*

Den Eingang des Parc de la Ciutadella bewacht das Castell dels Tres Dragons, das nach einem Theaterstück von Frederic Soler benannt ist.

Der Ziegelsteinbau entstand 1888 als Café und Restaurant für die Weltausstellung. Der Architekt Lluís Domènech i Montaner nahm sich die Halle La Lonja in Valencia zum Vorbild. Später bildete sich hier ein Treffpunkt der Modernisme-Anhänger.

Seit der großen Fisch-Ausstellung 1910 gelangten immer mehr Exponate in dieses Haus, bis 1917 entwickelte es sich zum zentralen Naturkundemuseum Kataloniens mit zahlreichen Sammlungen aus Flora, Fauna und der Geologie. Später wurde außerdem noch das Biologische Museum integriert.

Seit 1937 hat das Zoologische Museum seinen Sitz im Gebäude Castell dels Tres Dragons. Zusammen mit dem Museu de Geologia, das sich ebenfalls am Rand des Parc de la Ciutadella befindet, bildet es das Naturkundliche Museum der Stadt Barcelona (Museu de Ciències Naturals).

Einer der vielen Ausstellungsräume im Museu de Zoología

Besonders Kinder finden all die Tiere im Parc Zoològic sehr spannend

Museu de Ciències Naturals (Edifici Geologia) ⓳

Parc de la Ciutadella. **Stadtplan** 5 C3. **Karte** U3. *93 319 68 95. Arc de Triomf, Jaume I. Di–Sa 10–18 Uhr (So 10–14.30 Uhr): 2011 wegen Reorganisation geschlossen. Mo, 1. Mai, 25. Dez. 1. So im Monat frei. nach Vereinbarung.*

Barcelonas ältestes Museum wurde – wie auch der Parc de la Ciutadella – 1882 gegründet. Konzipiert wurde es bereits 1878 als »Martorell Museum« für die umfangreichen naturkundlichen und archäologischen Sammlungen, die Francesc Martorell i Peña der Stadt Barcelona vermachte. Das neoklassizistische Gebäude wurde vom Architekten Antoni Rovira i Trias entworfen – damals das erste öffentliche Museum in Barcelona – und 1882 eröffnet.

Das Museum besitzt eine große Fossilien- und Mineraliensammlung mit Spezies aus Katalonien und Spanien.

Neben dem Museum liegt Hivernacle, ein oft für Konzerte genutztes gusseisernes Glashaus von Josep Amargós. Unweit davon steht das Gewächshaus Umbracle von Josep Fontseré, dem Architekten des Parks.

Parc Zoològic ⓴

Parc de la Ciutadella. **Stadtplan** 6 D3. **Karte** J8. *93 225 67 80. Ciutadella-Vila Olímpica. Apr–Sep: tägl. 10–19.30 Uhr; Okt–März: tägl. 10–17 Uhr.* **www**.zoobarcelona.es

Barcelonas Zoo aus den 1940er Jahren wurde sehr fortschrittlich konzipiert: Die Tiere sind nur durch Gräben und nicht durch Zäune von den Besuchern getrennt.

Das Gewächshaus Hivernacle neben dem Museu de Geologia

Hotels und Restaurants in der Altstadt *siehe Seiten 134–136 und Seiten 146–148*

Yachten im Port Olímpic, dahinter Barcelonas höchste Wolkenkratzer

Ponyreiten sowie elektrische Autos und Züge begeistern alle Kinder, ebenso die Shows mit Delfinen und Walen. Am Zoo-Eingang steht Roig i Solers Brunnenskulptur *Dame mit Schirm* *(siehe S. 17)*, ein Wahrzeichen Barcelonas.

Port Olímpic ㉑

Stadtplan 6 EF4–5. **Karte** L9. *Ciutadella-Vila Olímpica.*

Zu den Olympischen Spielen von 1992 riss man den alten Industriehafen ab und legte stattdessen eine vier Kilometer lange Promenade und wunderschöne Sandstrände an. Im Mittelpunkt des Projekts stand eine 65 Hektar große, Nova Icària genannte neue Siedlung mit 2000 Apartments und Park. In diesem Olympischen Dorf waren die teilnehmenden Athleten untergebracht. Vom Industriehafen blieb nur ein altes Lagerhaus stehen: 1881 vom Ingenieur Maurici Garrán entworfen, 1992 renoviert und seither das Museu d'Història de Catalunya *(siehe S. 68f)*.

Die beiden 44-stöckigen Türme an der Promenade sind Spaniens zweit- und dritthöchste Wolkenkratzer. Der eine beherbergt Büros, der andere das Hotel Arts *(siehe S. 135)*. Sie stehen neben dem Port Olímpic, der ebenfalls 1992 fertiggestellt wurde. Neben Läden und Nachtclubs locken hier vor allem die über zwei Ebenen rund um den Yachthafen angelegten Restaurants, die sich großer Beliebtheit erfreuen. Ihre wunderbare Lage zieht mittags Geschäftsleute an und abends und an Wochenenden das feierwütige Party-Volk.

Angenehm ist ein Spaziergang auf der von Palmen und Cafés gesäumten Strandpromenade. Dahinter führt die Küstenstraße um einen Park herum, der neben den letzten drei Stränden liegt. An diesen sanften Sandstränden kann man gefahrlos schwimmen. Es gibt sogar kostenlose Süßwasser-Duschen und einige nette Bars zum Ausruhen.

Mitten in der Stadt – Palmenstrand im Port Olímpic

Die Strände im Port Olímpic bieten eine sehr seltene und höchst beliebte städtische Kombination: Sandstrände mit Palmen, nahe gelegener U-Bahn-Anschluss und dazu mehrere Promenaden mit attraktiven Strandcafés.

Barceloneta ㉒

Stadtplan 5 BC5. **Karte** HJ9. *Barceloneta.*

Barcelonas Fischer-»Dorf«, das auf einer dreieckigen, ins Meer ragenden Landzunge liegt, ist für seine kleinen Restaurants und Cafés berühmt. Auch Barceloneta bietet einen netten Sandstrand mit Palmen, Duschen, Spielplätzen, Strandcafés und einem eigenen U-Bahn-Anschluss.

Das Viertel wurde 1753 von dem Architekten und Militäringenieur Juan Martín de Cermeño entworfen, um hier durch den Bau des Ciutadella-Forts *(siehe S. 65)* obdachlos gewordene Menschen unterzubringen. Seit damals wohnen hier vor allem Arbeiter und Fischer. Barceloneta wirkt familiär mit seinen im Schachbrettmuster angelegten, Häusern. Alle Zimmer dieser Gebäude haben ein Fenster zur Straße hin.

Auf der zentralen Plaça de la Barceloneta, auf der oft ein Markt stattfindet, steht die von Cermeño entworfene Barockkirche Sant Miquel del Port. Barcelonetas Fischereiflotte ist noch heute im Moll del Rellotge (dem »Uhren«-Dock) stationiert.

Auf der gegenüberliegenden Seite des Hafens steht die Torre de Sant Sebastià. Hier befindet sich die Endstation der Seilbahn, die quer über das Hafenbecken und das Welthandelszentrum zum Montjuïc führt.

Fischerboot am Kai im Hafen von Barceloneta

Maremàgnum – Barcelonas Shopping- und Restaurantzentrum an der Moll d'Espanya, Port Vell

Port Vell ㉓

Stadtplan 5 AB4. **Karte** GH8. *Barceloneta, Drassanes.*

Barcelonas Yachthafen liegt am Südende der Rambla, direkt beim alten Zollamt, das 1902 beim Portal de la Pau erbaut wurde. Dies war der ehemalige Hafen Barcelonas und bis zu den Olympischen Spielen 1992 eine heruntergekommene Ansammlung leerer alter Lagerhäuser. Heute dient die Moll de Barcelona, an der der neue Bürokomplex »World Trade Center« steht, als Pier für Passagierschiffe.

Vor dem Zollamt wird die Rambla durch eine Drehbrücke und den Fußgängersteg »La Rambla de Mar« mit den Yachtclubs an der Moll d'Espanya verbunden. Hier steht ein Shopping- und Restaurantzentrum, das Maremàgnum, das auch ein IMAX-Kino und das größte Aquarium Europas beherbergt.

Die Hafenpromenade Moll de la Fusta ist gesäumt von Terrassencafés und -restaurants. Rote Brückchen wie auf van Goghs Gemälde *Die Brücke bei Arles* zieren das Gelände. Am Ende des Kais steht die Skulptur *El Cap de Barcelona* des Pop-Art-Künstlers Roy Lichtenstein.

Der attraktive Sporthafen auf der anderen Seite der Moll d'Espanya war einst von Lagerhäusern gesäumt. Nur noch eines davon ist erhalten, Elies Rogent erbaute es 1881. Heute beherbergt es als Palau de Mar das Museu d'Història de Catalunya. In den Restaurants am Sporthafen kann man im Freien essen und den schönen Hafenblick genießen.

Ganz nah an den Haien im Glastunnel des Aquariums, Port Vell

Aquàrium ㉔

Moll d'Espanya. **Stadtplan** 5 A4. **Karte** G9. *Barceloneta, Drassanes.* *93 221 74 74.* *tägl. 9.30–21 Uhr (Sa, So sowie Juni, Sep bis 21.30, Juli, Aug bis 23 Uhr).* **www**.aquariumbcn.com

Mit über 11 000 Tieren und 450 Tierarten ist das Aquàrium in Barcelona die größte Einrichtung dieser Art in Europa. Auf drei Ebenen dieses Glas-Stahl-Komplexes wird die gesamte Tierwelt des Mittelmeers gezeigt. Das Ebrodelta und die Medes-Inseln an der Costa Brava werden in eigenen großen Becken präsentiert. Aber man kann auch die Tierwelt der tropischen Meere bestaunen. Auf beweglichen Bändern fahren Besucher durch große Glastunnels, ganz dicht an Haien und Rochen vorbei.

Für Kinder gibt es eine »Insel« mit sternförmigen Becken voller spannender Fische und Seesterne.

Museu d'Història de Catalunya ㉕

Plaça Pau Vila 3. **Stadtplan** 5 B4. **Karte** H8. *Barceloneta, Drassanes.* *93 225 47 00.* *Di, Do–Sa 10–19 Uhr, Mi 10–20 Uhr, So und Feiertage 10–14.30 Uhr.* *1. und 6. Jan, 25. und 26. Dez.* *1. So im Monat frei.* *So und Feiertage 12 und 13 Uhr.* **www**.mhcat.net

Dieses Museum präsentiert die Geschichte Kataloniens von der Urzeit des Paläolithikums bis heute. Man lernt viel über Seefahrt und industrielle Erfolge.

Cafés und Restaurants vor dem Museu d'Història de Catalunya

Hotels und Restaurants in der Altstadt *siehe Seiten 134–136 und Seiten 146–148*

Der zweite Stock konzentriert sich auf die Mauren, die Blüte der Klöster im Mittelalter und die katalanische Seefahrt. Im dritten Stock beschäftigt man sich mit der industriellen Revolution, der Dampfmaschine und der Elektrizität. Auf einem begehbaren Glasboden können die Besucher über eine höchst informative Reliefkarte Kataloniens laufen. Alle Beschreibungen sind dreisprachig (Katalanisch, Spanisch und Englisch).

Kolumbus-Denkmal mit Feuerwerk bei der La Mercè-Fiesta

Monument a Colom 26

Plaça del Portal de la Pau. **Stadtplan** 2 F4. **Karte** F8. *93 302 52 24.* *Drassanes.* *tägl. 9–20.30 Uhr.*

Das Kolumbus-Denkmal am Südende der Rambla entwarf Gaietà Buigas für die Weltausstellung von 1888 *(siehe S. 46)*. Die Bronzestatue auf dem Denkmal stammt von Rafael Arché. Damals war der Entdecker Amerikas für die Katalanen eher einer der ihren als ein Italiener. Die 60 Meter hohe gusseiserne Säule markiert die Stelle, an der Kolumbus 1493 nach der Rückkehr von seiner Reise in die Karibik mit sechs Ureinwohnern an Land ging. Fernando II und Isabel I bereiteten ihm einen Staatsempfang im Saló del Tinell *(siehe S. 56)* an der Plaça del Rei. An die Taufe erinnert eine Tafel in der Kathedrale *(siehe S. 58f)*.

Eine *golondrina* fährt vom Portal de la Pau ab

Mit einem Lift gelangt man zur Aussichtsplattform auf der Spitze des Denkmals. Von hier aus hat man einen herrlichen Blick auf den Port Vell.

Golondrinas 27

Plaça del Portal de la Pau. **Stadtplan** 2 F5. **Karte** F8. *93 442 31 06.* *Drassanes.* ***Abfahrt*** *Tel. erfragen.* Catamaran Orsom *93 4410537.* **www**.lasgolondrinas.com

Fahrten durch den Hafen und zum Port Olímpic bieten die *golondrinas* (»Schwalben«) an. Die kleinen zweistöckigen Boote ankern am Portal de la Pau gegenüber der Kolumbus-Säule. Es werden zwei Touren angeboten – die kleine Hafenrundfahrt und eine große Rundfahrt. Zur halbstündigen Hafenrundfahrt legen die kleinen Holzboote unterhalb des Montjuïc in Richtung Industriehafen ab. Die große 90-minütige Rundfahrt mit Katamaranen führt über den Handelshafen und die Strände zum Port Olímpic.

Museu Marítim und Drassanes 28

Avinguda de les Drassanes. **Stadtplan** 2 F4. **Karte** F8. *93 342 99 20.* *Drassanes.* *tägl. 10–20 Uhr.* *1. und 6. Jan, 25. und 26. Dez.* *Deutscher Audioguide im Ticketpreis enthalten.* **www**.museumaritimbarcelona.org

Die Galeonen, die Barcelona zur Seehandelsmacht verhalfen, wurden in den Hallen der Drassanes (Werften) gebaut, die nun das Marinemuseum beherbergen. Diese Trockendocks sind die weltweit größte und besterhaltene mittelalterliche Anlage dieser Art. Sie entstanden Mitte des 13. Jahrhunderts, als die Königreiche Sizilien und Aragón durch Ehen vereint wurden, was eine Verbesserung der Schiffsverbindungen erforderte. Von den vier Ecktürmen der Werften sind drei erhalten.

Zu den hier vom Stapel gelaufenen Schiffen gehörte auch die *Real*, das Flaggschiff Juans von Österreich, der 1571 bei Lepanto mit der christlichen Flotte die Türken besiegte. Schmuckstück des Museums ist eine rotgolden verzierte Nachbildung.

Das *Llibre del Consolat de Mar*, ein Buch der Seehandelsgesetze, erinnert daran, dass Katalonien einst das gesamte Seerecht des Mittelmeerraums prägte *(siehe S. 43)*. Man sieht hier einige Karten aus präkolumbischer Zeit, darunter eine aus dem Jahr 1439, die Amerigo Vespucci verwendete.

Buntglasfenster mit Segelschiff im Museu Marítim

Eixample

Barcelona hat zweifellos die meisten Jugendstilhäuser aller Städte in Europa. Der hier Modernisme genannte Stil entwickelte sich schon ab 1854, als man entschied, die mittelalterliche Stadtmauer abzureißen, um die Stadt ausdehnen zu können.

Grundlage für die Stadterweiterung *(eixample)* waren die Pläne des Bauingenieurs Ildefons Cerdà i Sunyer (1815–1876). Sie sahen ein strenges Schachbrettmuster vor. Die Ecken der Häuserblocks wurden an jeder Kreuzung ausgekehlt, sodass sich dort jeweils kleine Plätze ergaben. Einige der wenigen Ausnahmen sind die Diagonal, eine Hauptstraße, die vom reichen Viertel Pedralbes zum Meer hinabführt, und das Hospital de la Santa Creu i de Sant Pau von Domènech i Montaner (1850–1923). Der Architekt hasste das vorgegebene Schachbrettmuster und ließ das Krankenhaus bewusst die diagonale Avinguda de Gaudí hinab auf Gaudís Kirche Sagrada Família *(siehe S. 80–83)* blicken, das größte Modernisme-Gebäude in der ganzen Stadt.

Jesus an der Säule, Sagrada Família

Der Reichtum von Barcelonas Großbürgertum und dessen Leidenschaft für alles Neue ermöglichten es den innovativsten Architekten ihrer Zeit, zahlreiche Wohnhäuser und öffentliche Gebäude im Stil des Modernisme zu entwerfen.

Sehenswürdigkeiten auf einen Blick

Museum

Fundació Antoni Tàpies 3

Kirche

Sagrada Família S. 80–83 7

Modernisme-Gebäude

Casa Batlló S. 76f 1

Casa Milà 4

Casa Terrades 5

Hospital de la Santa Creu i de Sant Pau 6

Illa de la Discòrdia 2

Anfahrt

Die Metro-Linie 3 hält an beiden Enden des Passeig de Gràcia (Catalunya und Diagonal) und in der Mitte an der Illa de la Discòrdia (Passeig de Gràcia). Die Linie 5 hält vor der Sagrada Família und dem Hospital de Sant Pau (Achtung: Weite Entfernung von den anderen Sehenswürdigkeiten).

◁ **Weihnachtsfassade der Sagrada Família *(siehe S. 80–83)* – nur diese Front wurde zu Gaudís Lebzeiten vollendet**

Im Detail: Quadrat d'Or

Parfümflasche, Museu del Perfum

Die rund 100 Häuserblocks in der Umgebung des Passeig de Gràcia sind bekannt als Quadrat d'Or, »Goldenes Viereck«, weil hier viele der schönsten Modernisme-Bauten Barcelonas stehen *(siehe S. 24f)*. Dieser Eixample-Teil wurde vom Großbürgertum bevorzugt, das den neuen künstlerischen Architekturstil begeistert für seine Wohn- und Geschäftshäuser aufnahm. Zu dem herausragenden Block Illa de la Discòrdia gehören Häuser der berühmtesten Künstler. Viele Gebäude sind der Öffentlichkeit zugänglich und präsentieren innen eine wahre Pracht aus Buntglas, Keramik und schmiedeeisernem Zierwerk.

Diagonal

Designladen Vinçon
(siehe S. 155)

Am Passeig de Gràcia, der Hauptstraße von Eixample, befinden sich viele originelle Gebäude und Läden. Die Straßenlampen entwarf Pere Falqués (1850–1916).

Fundació Antoni Tàpies
Tàpies' Drahtskulptur Wolke und Stuhl *krönt Domènech i Montaners Haus von 1879. Im Inneren sind Bilder und Plastiken von Tàpies zu sehen.* ❸

Casa Amatller

Museu del Perfum

Casa Ramon Mulleras

★ Illa de la Discòrdia
In dem Häuserblock bestechen drei der berühmtesten Modernisme-Bauten aus der Zeit zwischen 1900 und 1910. Diesen Turm der Casa Lleó Morera (1902–1906) entwarf Domènech i Montaner. ❷

Zur Plaça de Catalunya

Casa Batlló

Casa Lleó Morera

Passeig de Gràcia

Der Palau Baró de Quadras wurde 1904 von Puig i Cadafalch errichtet. Die reich geschmückte Fassade zeigt viele fantastische Tierfiguren, darunter diesen Drachen beim Eingang.

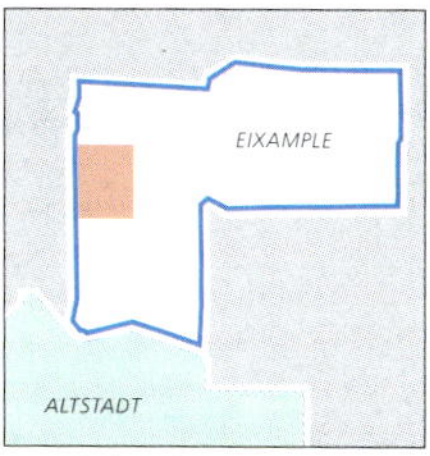

Zur Orientierung
Siehe Stadtplan 3

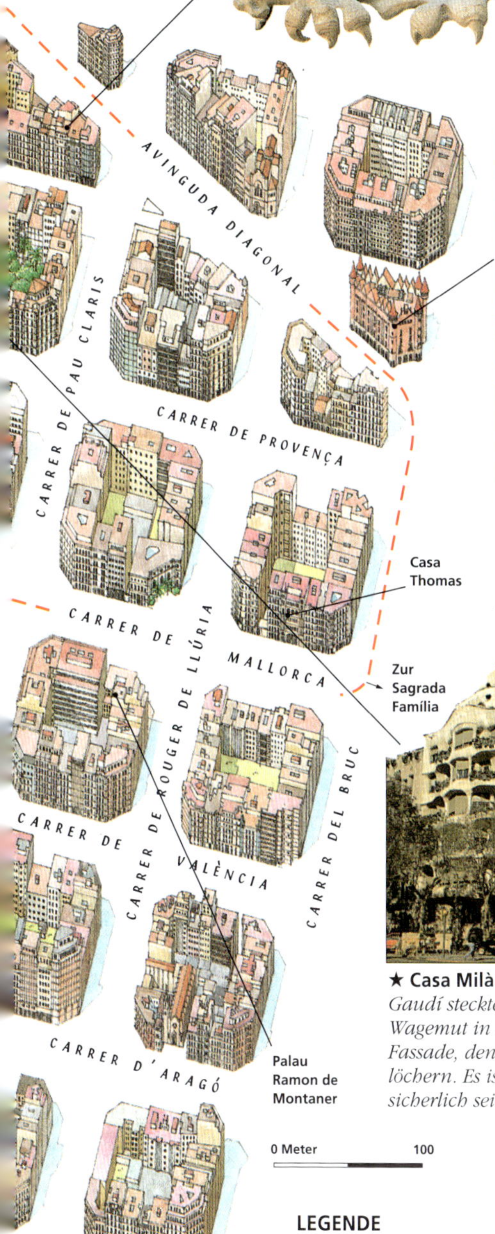

Casa Terrades »Les Punxes«
Der rote Backsteinbau mit Steinornamenten von Puig i Cadafalch (1905) greift den Stil nordeuropäischer Gotik auf. ❺

★ Casa Milà
Gaudí steckte all seinen architektonischen Wagemut in dieses Haus mit der gewellten Fassade, den abstrakten Kaminen und Luftlöchern. Es ist – neben der Sagrada Família – sicherlich sein berühmtestes Werk. ❹

LEGENDE

- - - Routenempfehlung

NICHT VERSÄUMEN

★ Casa Milà

★ Illa de la Discòrdia

Stadtplan *siehe Seiten 188–197*

Casa Batlló ❶

Ganz im Gegensatz zu Gaudís anderen Gebäuden wurde dieses Wohnhaus am prestigeträchtigen Passeig de Gràcia aus einem bestehenden umgebaut. Josep Batlló i Casanovas gab Gaudí den Auftrag zu diesem Haus mit der »organischen« Fassade und den fantastischen Kaminen auf dem Dach. Noch heute wirkt das Haus so kühn und unkonventionell wie bei seiner Fertigstellung im Jahr 1906. Die Fassade symbolisiert die Legende des heiligen Georg, des Drachentöters. Im Jahr 2005 wurde die Casa Batlló in die Liste des Welterbes der UNESCO aufgenommen.

Fassade mit Drachenschwanz

★ Kamine
Auffallende Kamine – normalerweise unbeachtet und rein funktional – sind Gaudís Markenzeichen geworden. Hier sind sie mit Fliesen verkleidet, die hübsche abstrakte Muster bilden.

Patio und Rückseite
Der Hof hinter dem Haus ermöglicht einen Blick auf die rückwärtige Fassade mit ihren gusseisernen Balkonen und den bunten Trencadís-*Mosaiken.*

Dachgeschoss
Die gemauerten Bogen, die das Dach tragen, sind vergipst und weiß gestrichen, sodass man den Eindruck bekommt, im Skelett eines riesigen Tieres zu stehen.

Treppe zu den Wohnräumen

Esszimmer
Die gewölbten Formen an der Decke des Esszimmers der Familie Batlló lassen sich als Wassertropfen interpretieren.

NICHT VERSÄUMEN

- ★ Drachenschwanz
- ★ Kamine
- ★ Salon

◁ **Mit Keramikmosaiken geschmückte Kamine auf Gaudís Casa Milà** ***(siehe S. 79)***

★ Drachenschwanz
Eines der ungewöhnlichsten Details der Casa Batlló ist dieser steile, schmale, bunte Turm über der Fassade, den man unschwer als den Rücken eines Reptils deuten kann. Von innen ist es ein weißer Raum mit Kuppel, der als Wasserspeicher diente.

INFOBOX

Passeig de Gràcia 43.
Stadtplan 3 A4. **Karte** G4.
93 216 03 06. *Passeig de Gràcia.* *tägl. 9–20 Uhr.*
www.casabatllo.es

Dachterrasse
Die Terrasse des ursprünglichen Hauses wurde erweitert, um den Lichteinfall zu vergrößern.

Kreuz
Das Keramikkreuz wurde auf Mallorca gefertigt, doch beim Transport beschädigt. Gaudí mochte den »Scherben«-Effekt und schickte es nicht zurück.

Drachenkörper-Raum

Die Eisenbalkone ähneln Karnevalsmasken.

***Trencadís*-Mosaiken**

Eingang

Kaminzimmer
Josep Batllós ehemaliges Büro hat einen Kamin, der wie ein Pilz geformt ist.

Fassade
Salvador Dalí sah in den geschwungenen Wänden »Wellen an einem Sturmtag«. Die schlanken, individuell geformten Säulen im ersten Stock verglich man mit Schienbeinen, weshalb die Casa Batlló den Spitznamen »Knochenhaus« trägt.

★ Salon
Eine Seite des Raums wird beherrscht von Buntglasfenstern, die zum Passeig de Gràcia blicken. Der Deckenstuck ist spiralförmig, die Türen und Fensterrahmen sind verspielt wellenförmig.

Prächtiger Aufgang in der Casa Lleó Morera, Illa de la Discòrdia

Illa de la Discòrdia ❷

Passeig de Gràcia, zwischen Carrer d'Aragó und Carrer del Consell de Cent. **Stadtplan** 3 A4. **Karte** G4. *Passeig de Gràcia.* **Institut Amatller d'Art Hispànic** *93 487 72 170. tägl. 10–20.30 Uhr. Mo–Fr mittags (nur nach Vereinbarung).*

Der berühmte Modernisme-Komplex *(siehe S. 24f)* zeigt die Vielfalt dieses Stils: Wegen der starken Kontraste heißt der Block Illa de la Discòrdia, »Block der Zwietracht«. Die drei berühmtesten Häuser am Passeig de Gràcia wurden um 1900 modernistisch umgestaltet und nach ihren Besitzern benannt.

Die Casa Lleó Morera (1902–06), Nr. 35 Passeig de Gràcia, ist Domènech i Montaners erster Wohnbau. Das Erdgeschoss wurde 1943 entkernt, die Modernisme-Ausstattung in den oberen Stockwerken ist noch vorhanden. Das Haus ist Besuchern nicht zugänglich, aber vielleicht erhaschen Sie ja einen Blick in den Flur.

Zwei Häuser weiter liegt Puig i Cadafalchs Casa Amatller von 1898. Die Fassade ist eine Mischung verschiedener Stile mit maurischen und gotischen Fenstern mit Eisengittern. Leider sieht man nur den Eingangsbereich mit den gedrehten Säulen und der Treppe, der Rest des Hauses gehört zum Institut Amatller d'Art Hispànic, das über eine wunderschöne, holzgetäfelte Bibliothek verfügt.

Das dritte Haus dieser Reihe ist Gaudís Casa Batlló (1904–06, *siehe S. 76f*), das einzig zugängliche Haus. Seine Wellenoptik mit gefliesten Wänden und gelöcherten Balkonen ist weltberühmt. Das gekrümmte Dach soll einen Drachen darstellen. Die bizarr wirkenden Kamine der Casa Batlló wurden zu einem Markenzeichen von Gaudís späteren Arbeiten.

Fundació Antoni Tàpies ❸

Carrer d'Aragó 255. **Stadtplan** 3 A4. **Karte** G4. *93 487 03 15. Passeig de Gràcia. Di–So, Feiertage 10–20 Uhr. 1., 6. Jan, 25., 26. Dez. frei für Kinder unter 16 Jahren. nach Vereinbarung (93 207 58 62).* **www**.fundaciotapies.org

Antoni Tàpies *(siehe S. 29)* verwendet in seinen vom Surrealismus inspirierten Werken vielfältige Materialien, so auch Zement und Metall. Manche Stücke machen es dem Besucher schwer, einen Zugang zu Tàpies' Schaffen zu finden, von dessen Werk leider nur wenige Arbeiten ausgestellt sind.

Das Museum ist im ersten mit Gusseisen erbauten Wohnhaus der Stadt untergebracht, das Domènech i Montaner 1880 für den Verlag seines Bruders konstruierte.

Antoni Gaudí (1852–1926)

Der in Reus (Tarragona) geborene Antoni Gaudí war der wichtigste Künstler des katalanischen Modernisme. Nach einer Lehre als Schmied studierte er an Barcelonas Architekturschule. Die Sehnsucht nach einem romantisch verklärten Mittelalter macht die Originalität seines Werks aus. Sein erster Geniestreich war die Casa Vicens (1888) am Carrer de les Carolines Nr. 24. Sein berühmtester Bau ist die Sagrada Família *(siehe S. 80–83)*, der er sich ab 1914 widmete. Gaudí gab all sein Vermögen für dieses Projekt aus, zusätzlich ging er von Haus zu Haus, um Spenden zu sammeln. Gaudí starb 1926, nachdem er von einer Straßenbahn angefahren worden war.

Verzierte Kaminkappe, Casa Vicens

Gewellte Fassade an Gaudís Wohnhaus Casa Milà

Casa Milà ❹

Passeig de Gràcia 92. **Stadtplan** 3 B3. **Karte** G3. *93 240 09 73. Diagonal. März–Okt: tägl. 9–20 Uhr; Nov–Feb: tägl. 9–18.30 Uhr. 1., 6. Jan, 2. Woche Jan, 25. und 26. Dez.* **http**://obrasocial.caixacatalunya.es

Die »La Pedrera« (Steinbruch) genannte Casa Milà ist Gaudís wichtigster Beitrag zur Stadtarchitektur und sein letztes Werk, bevor er sich der Sagrada Família *(siehe S. 80–83)* widmete.

Die von 1906 bis 1910 erbaute Casa Milà weicht völlig von allen damals gültigen Grundsätzen ab und wurde daher heftig kritisiert. Gaudí konzipierte die erste Tiefgarage der Stadt und ordnete den achtstöckigen Eckwohnblock um zwei runde Innenhöfe an. Die schmiedeeisernen Balkone von Josep Maria Jujol wirken wie Tang vor den gewellten Mauern aus unbehauenem Stein. Im Haus gibt es keine Mauern im rechten Winkel.

Die Familie Milà besaß eine Wohnung im ersten Stock. Die Führung zeigt diese Wohnung sowie das Museum »El Espai Gaudí« im obersten Stockwerk, von dem aus man das sensationelle Dach erreicht: Dessen kunstvoll gearbeitete Luftröhren und Kamine sind so bizarr, dass man sie *espantabruixes* (»Hexenschrecke«) nannte.

Casa Terrades ❺

Avinguda Diagonal 416. **Stadtplan** 3 B3. **Karte** H3. *Diagonal. für Besucher.*

Der frei stehende, sechsseitige Wohnblock von Puig i Cadafalch verdankt seinen Spitznamen »Casa de les Punxes« (»Haus der Spitzen«) den Spitzen der sechs Ecktürme, die wie Hexenhüte aussehen. Cadafalchs letztes Werk entstand 1903–05; drei bereits vorhandene Häuser wurden umgebaut und verbunden, was eine exzentrische Stilmischung aus Mittelalter und Renaissance ergab. Türme und Giebel sind von der nordeuropäischen Gotik beeinflusst. Die Kombination von gemeißelten Blumenornamenten an der Außenseite mit roten Ziegeln als Hauptmaterial entspricht dem Modernisme.

Spitze am Hauptturm, Casa Terrades

Hospital de la Santa Creu i de Sant Pau ❻

Carrer de Sant Antoni Maria Claret 167. **Stadtplan** 4 F1. **Karte** M1–2. *93 177 652. Hospital de Sant Pau.* **Gelände** *tägl. 10–14 Uhr. 90 207 66 21.* **www**.santpau.es

Lluís Domènech i Montaner begann 1902, ein neuartiges Stadtkrankenhaus zu entwerfen, das aus 26 Pavillons im Mudéjar-Stil in einem großen Park besteht. Er glaubte, dass die Patienten in frischer Luft besser genesen könnten. Daher wurden alle Verbindungsgänge und Diensträume unterirdisch versteckt. Da Domènech i Montaner Kunst und Farbe für heilsam hielt, gestaltete er die Pavillons überreich aus. Die mit Türmchen besetzten Dächer wurden gefliest, die Aufnahme mit Skulpturen von Pau Gargallo und Wandmosaiken verziert. Erst Domènechs Sohn Pere vollendete 1930 das Projekt.

Hospital de la Santa Creu i de Sant Pau mit Madonnenstatue und Kuppel

Sagrada Família ❼

Wellhornschnecke

Europas ungewöhnlichste Kirche, der Temple Expiatori de la Sagrada Família, ist das Sinnbild einer Stadt mit individualistischem Selbstverständnis. Gaudís *(siehe S. 24f)* größtes und eigenwilligstes Werk steckt voller Natursymbolik. 1883 beauftragte man ihn, die ein Jahr zuvor begonnene neogotische Kathedrale fertigzustellen. Er änderte alle Pläne und improvisierte fortwährend. Der Kirchenbau wurde sein Lebensinhalt: 14 Jahre lebte er wie ein Einsiedler auf der Baustelle – nun ruht er in der Krypta. Bis zu seinem Tod 1926 wurde nur die Weihnachtsfassade fertiggestellt. Seither wird nach Gaudís Plänen weitergearbeitet. Die Kirche soll 2026 fertiggestellt sein. 2010 wurde die Sagrada Família von Papst Benedikt XVI. geweiht.

Glockentürme
Acht von zwölf Spitzen, eine pro Apostel, sind fertig. Jede trägt ein venezianisches Mosaik.

Die vollendete Kirche

Gaudís Gesamtentwurf der Sagrada Família ist beeindruckend: Den Mittelturm sollen vier Seitentürme umgeben, die die vier Evangelisten darstellen. An drei Fassaden (Glorienfassade im Süden, Passionsfassade im Westen, Weihnachtsfassade im Osten) sollen jeweils vier Türme stehen. Außen soll ein Wandelgang – wie ein umgekehrter Kreuzgang – das Bauwerk umgeben. Das gesamte Bauwerk soll 2026 vollendet sein.

★ Passionsfassade
Die ziemlich düstere und umstrittene Fassade mit sehr eckigen Skulpturen wurde zwischen 1986 und 2000 von Josep Maria Subirachs vollendet.

Turm mit Lift

Die Apsis stellte Gaudí zuerst fertig. Von ihr führen Stufen zur Krypta hinunter.

Gaudís Baldachin wartet immer noch auf den Altar.

Haupteingang

Wendeltreppen
Je 400 steinerne Stufen führen zu den Türmen und oberen Galerien der Kirche. Die fantastische Aussicht lohnt den langen Aufstieg.

INFOBOX

Carrer de Mallorca 401. **Stadtplan** 4 E3. **Karte** K3. *93 208 0414. Sagrada Família. 19, 33, 34, 43, 44, 50, 51. Apr–Sep: tägl. 9–20 Uhr; Okt–März: tägl. 9–18 Uhr. 1. u. 6. Jan, 25. u. 26. Dez (ab 14 Uhr). tägl. mehrere Gottesdienste. außer Türme und Krypta.*
www.sagradafamilia.cat

★ Weihnachtsfassade
Der östliche Teil der Kirche wurde 1930 beendet. Die Portale stellen Glaube, Hoffnung und Liebe dar. Szenen von Christi Geburt und viele Symbole sind zu sehen: zahlreiche Tauben und auch ein überdimensionaler Weihnachtsbaum.

★ Krypta
Gaudís Grabstätte wurde schon 1882 von Francesc de Paula Villar i Lozano, dem ersten Architekten, begonnen. Hier finden Gottesdienste statt. Im Untergeschoss erzählt ein Museum von dem Architekten und von seiner Kirche.

Schiff
Im inzwischen fertig gebauten Schiff trägt ein »Wald« von kannelierten Pfeilern vier Galerien. Durch Oberlichter kommt das Tageslicht herein.

NICHT VERSÄUMEN

- ★ Krypta
- ★ Passionsfassade
- ★ Weihnachtsfassade

Stadtplan *siehe Seiten 188–197*

Passionsfassade (Westfassade)

Wasserspeier, Sagrada Família

Man hat die Sagrada Família ein »Buch aus Stein« genannt – sie kann genauso »gelesen« werden wie eine mittelalterliche Kathedrale. Jedes Element stellt ein biblisches Ereignis oder einen Aspekt des christlichen Glaubens dar. Gaudís Architektur ist mit dem Katholizismus verbunden, der ihn inspirierte. Der Tempel ist der »Heiligen Familie« gewidmet. Die zwei Fassaden bilden zwei Schlüsselereignisse der Bibel ab, die dritte, geplante Gloriafassade soll das Jüngste Gericht zeigen.

Hauptportal an der Passionsfassade

Passion Christi

Die Westfassade bildet die Leiden und die Kreuzigung Christi ab, der Stil verweist auf eine subjektive Interpretation. Die Skulpturen des katalanischen Bildhauers Josep Maria Subirachs wurden wegen ihrer eckigen, »inhumanen« Formen oft kritisiert, aber Gaudí hätten sie wahrscheinlich gefallen. Man weiß von ihm, dass er den expressionistischen Stil befürwortete, um der Passionsgeschichte größtmögliche Wirkung zu verleihen.

Das Dach des riesigen Portals wird von sechs schrägen Strebepfeilern getragen, die wie die Wurzeln eines Wassertupelobaums emporragen. Darunter sind zwölf Skulpturengruppen auf drei Ebenen, man »liest« sie von links unten nach rechts oben. Die erste Szene (links unten) ist das Letzte Abendmahl, bei dem Jesus (stehend) ankündigt, dass man ihn verraten werde. Daneben kommt die Festnahme im Garten Gethsemane. Die Maserung eines Olivenstamms bildet die Form des Ohres, das Petrus dem Diener des Hohen Priesters abschlug. Es folgt der Judaskuss. Die Kryptogramme neben Jesus ergeben auf jeder Seite 33, das Alter, das er zum Zeitpunkt seines Todes hatte.

Düstere Ritterfiguren an der Passionsfassade

Detail an der Kupfertür der Passionsfassade

Geißelung

Die Geißelungsszene (zwischen den beiden Mitteltüren) zeigt Jesus an eine Säule gebunden, drei Stufen symbolisieren die drei Tage der Passion. Petrus' Verrat zeigt der Hahn an, der dreimal krähte, als sich die Prophezeiung Christi erfüllte. Hinter dieser Figurengruppe ist ein Labyrinth, Metapher für die Einsamkeit Christi auf dem Weg zur Kreuzigung.

Die Skulpturengruppe rechts unten hat zwei Teile: Ecce Homo zeigt Christus mit Dornenkrone. Pilatus mit dem römischen Adler über sich wäscht seine Hände in Unschuld. Darüber weinen die drei Marien, während Simon der Cyrener von den Römern gezwungen wird, das Kreuz aufzuheben.

Schweißtuch

Die zentrale Skulptur stellt ein Ereignis dar, das nicht in der Bibel steht. Eine Frau namens Veronika reicht Christus ihr Tuch, damit er sich Blut und Schweiß abwischen kann. Als er es zurückgibt, ist sein Abbild darauf.

Daneben steht die einsame Figur des römischen Centurion zu Pferd, der mit seiner Lanze Christi Seite durchbohrt. Über ihm schachern drei Soldaten unter dem Kreuz um Jesu Kleidung. Die größte Skulptur (Mitte oben) zeigt Christus am Kreuz. Zu seinen Füßen sieht man einen Schädel, der auf den Ort der Kreuzigung, Golgatha, verweist. Über ihm ist der Vorhang des Tempels von Jerusalem. Die letzte Szene zeigt die Bestattung Christi. Die Figur des Nicodemus, der den Leichnam salbt, soll ein Selbstporträt des Bildhauers Subirachs sein.

Weihnachtsfassade (Ostfassade)

Die Ostfassade (am Carrer de la Marina) heißt Weihnachtsfassade und wurde nach Gaudís Anweisungen noch vor seinem Tod fertiggestellt. Die Skulpturen sind hier weniger erhaben ausgearbeitet, manche heben sich kaum vom Hintergrund ab. Außerdem sind hier viele Naturformen eingearbeitet, die eher Assoziationen wecken als klare Interpretationen erfordern. Gaudí wollte die ganze Fassade farbig gestalten, aber es ist unklar, ob dieser Plan noch ausgeführt wird.

Detail einer Skulptur an der Weihnachtsfassade

Glaube, Hoffnung und Liebe

Die Ausschmückungen sind um drei Portale angeordnet, die der Hoffnung (links), dem Glauben (rechts) und der Nächstenliebe (Mitte) gewidmet sind. Die zwei Säulen zwischen den Eingängen ruhen auf Schildkröten, die für die Beständigkeit des Christentums stehen. Als Kontrast repräsentieren zwei Chamäleons an den Seiten der Fassade die Kraft der Veränderung. Vier Engel oben an den Säulen rufen zu den vier Winden und künden vom Ende der Welt.

Detail eines Turms, Weihnachtsfassade

Hoffnungsportal

Die unteren Figurengruppen am Hoffnungsportal zeigen die Flucht nach Ägypten (links) und den Bethlehemitischen Kindermord (rechts). Über dem Eingang sind Josef und das Jesuskind, bewacht von Marias Eltern, der heiligen Anna und dem heiligen Joachim. Der Türsturz ist mit einer Baumsäge und verschiedenen Werkzeugen wie Hammer und Axt geschmückt, was auf Josefs Beruf als Zimmermann anspielt. Darüber befindet sich eine dreieckige Gruppe, die die Verlobung von Maria und Josef zeigt.

Der Turm über dem Tor hat die Form eines länglichen Felsblocks, eine Anspielung auf den heiligen katalanischen Berg Montserrat *(siehe S. 122f)*.

Am Fuße dieses Felsens sitzt Josef in einem Boot. Diese Figur trägt Gaudís Züge und ist wahrscheinlich eine Hommage an den Meister, die die Steinmetzen bei den letzten Arbeiten nach Gaudís Tod fertigten.

Glaubensportal

Das rechte Portal illustriert Geschichten aus den Evangelien und der christlichen Theologie. Im Türsturz sieht man das Herz Jesu. Die Szene im linken unteren Teil zeigt den Besuch Marias bei Elisabeth, ihrer Cousine und Mutter von Johannes dem Täufer. Auf der rechten Seite hält Jesus Hammer und Meißel aus der Werkstatt seines Vaters. Über der Tür ist Jesus im Tempel zu sehen, links davon Johannes der Täufer und rechts Zacharias, der Vater von Johannes. Darüber zeigt Simeon das Jesuskind im Tempel. Die Fiale ist üppig mit katholischen Symbolen ausgeschmückt, man sieht u.a. eine Lampe mit drei Dochten für die Heilige Dreifaltigkeit, Weintrauben und Weizenähren für die Eucharistie, eine Hand mit Auge für Gottes Allgegenwart und seine unendliche Fürsorge.

Liebesportal

Die Doppeltore in der Mitte trennt eine Säule, die Jesu Genealogie zeigt. Die Heiligen Drei Könige sind links unten zu sehen, die Hirten gegenüber. Über der Geburtsszene schwebt ein vielzackiger Stern, der Komet. Um ihn herum sieht man Musiker und einen Kinderchor, über dem Stern die Verkündigung und die Krönung Mariä. Ganz oben entdeckt man einen Pelikan auf einer Krone, daneben ein Ei mit den Buchstaben JHS, dem Titel Jesu.

Das aufwendig verzierte Portal der Weihnachtsfassade

FIB ENTRADA VISITANTES PROFESIONALES

Montjuïc

Der 213 Meter hohe Montjuïc, der sich über dem Handelshafen im Süden der Stadt erhebt, ist Barcelonas größtes Erholungsgebiet. Museen, Freizeitparks und Nachtclubs sorgen hier Tag und Nacht für pulsierendes Leben.

Vermutlich siedelten Keltiberer hier, bevor die Römer auf ihrem Mons Jovis einen Jupitertempel errichteten, der dem Hügel seinen Namen gab. Vielleicht war es aber auch ein jüdischer Friedhof, der zu seiner Bezeichnung führte.

Bis zum Bau des Schlosses 1640 war der Montjuïc wegen fehlender Wasserversorgung kaum bebaut. Erst 1929 gewann er wirklich an Bedeutung, als hier die Weltausstellung ausgerichtet wurde. Nun entstand eine Vielzahl von Gebäuden auf der ganzen Nordseite. Riesige Ausstellungshallen säumen die Avinguda de la Reina María Cristina, die von der Plaça d'Espanya hierherführt. Die Font Màgica in der Mitte der Prachtstraße erstrahlt gelegentlich in vielen Farben. Darüber beherbergt der Palau Nacional die größte Kunstsammlung der Stadt. Das Handwerkszentrum Poble Espanyol ist in Nachbauten typisch spanischer Gebäude untergebracht. Anlässlich der Olympischen Sommerspiele von 1992 wurde der Montjuïc umfassend renoviert – und erhielt viele Sportanlagen, wie z. B. das Stadion.

Statue, Park des Palau Nacional

Sehenswürdigkeiten auf einen Blick

Historisches Gebäude

Castell de Montjuïc 7

Moderne Architektur

Estadi Olímpic de Montjuïc 8
Pavelló Mies van der Rohe 4

Museen und Sammlungen

Fundació Joan Miró 1
Museu Arqueològic 2
Museu Nacional d'Art de Catalunya 3

Platz

Plaça d'Espanya 6

Freizeitpark

Poble Espanyol 5

Anfahrt

Außer den Messehallen an der Metro-Station Espanya sind alle Sehenswürdigkeiten auf dem Montjuïc mit steilen Aufstiegen verbunden. Die Busse 61 und 50 fahren ab Plaça d'Espanya den Berg hinauf. Zum Kastell nimmt man die Zahnradbahn (tägl. 9–20, im Sommer bis 22 Uhr) von der Metro-Station Paral·lel, dann die Seilbahn (tägl. 9–18, im Sommer bis 21 Uhr).

LEGENDE

- Detailkarte S. 86f
- Metro-Station
- Seilbahn-Station
- Zahnradbahn-Station
- Bushaltestelle
- Information

Farbenspiel der Font Màgica (*siehe S. 87*), südlich der Plaça d'Espanya (*siehe S. 89*)

Im Detail: Montjuïc

Der Montjuïc ist ein idealer Aussichtspunkt, um die gesamte Stadt zu überschauen. Neben einigen Museen locken ein Freizeitpark, ein Freilichttheater und nebenan ein Rosengarten. Am interessantesten ist die Umgebung des Palau Nacional, der Europas beste Sammlung romanischer Kunst besitzt. Dem Montjuïc nähert man sich durch Ziegelpfeiler, die an den Markusdom in Venedig erinnern – ein Vorgeschmack auf die Mischung der Baustile. Das Poble Espanyol zeigt die traditionelle Architektur der spanischen Regionen, die Fundació Joan Miró präsentiert sich in modernem Stil.

Pavelló Mies van der Rohe
Die Statue von Georg Kolbe befindet sich in dem deutschen Beitrag zur Weltausstellung von 1929, einem Bauhaus-Pavillon aus Stahl, Glas, Stein und Onyx. ❹

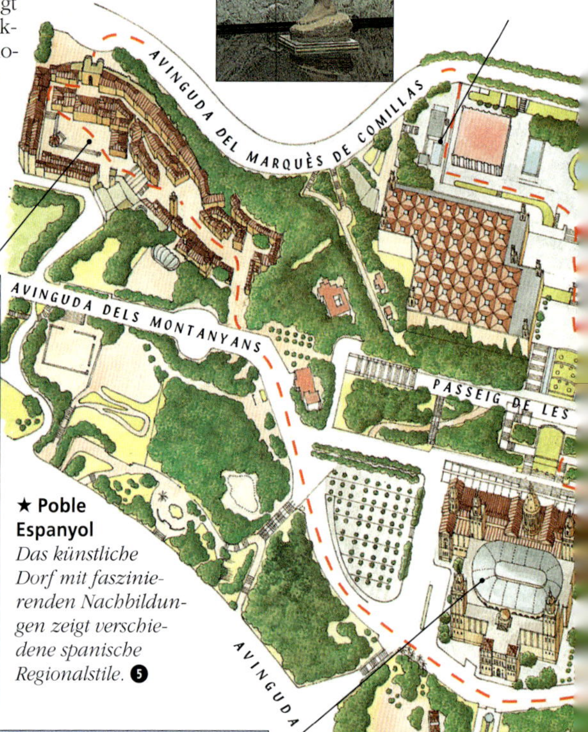

★ Poble Espanyol
Das künstliche Dorf mit faszinierenden Nachbildungen zeigt verschiedene spanische Regionalstile. ❺

★ Museu Nacional d'Art de Catalunya
Der Nationalpalast war das Hauptgebäude der Weltausstellung von 1929 und enthält Europas beste Sammlung frühmittelalterlicher Fresken – eine Quelle der Inspiration für Joan Miró. ❸

NICHT VERSÄUMEN

- ★ Fundació Joan Miró
- ★ Museu Nacional d'Art de Catalunya
- ★ Poble Espanyol

Restaurants und Cafés in Montjuïc *siehe Seite 149 und Seite 153*

Springbrunnen und Kaskaden steigen terrassenartig vom Palau Nacional hinab, darunter liegt die Font Màgica. Im Sommer (Mai–Sep) erstrahlt sie abends (Do–So) in einer Ton-Licht-Show (Winter: nur an manchen Freitagen und Samstagen). Carles Buigas (1898–1979) entwarf dieses Wunderwerk aus Wasser und Elektrizität für die Weltausstellung.

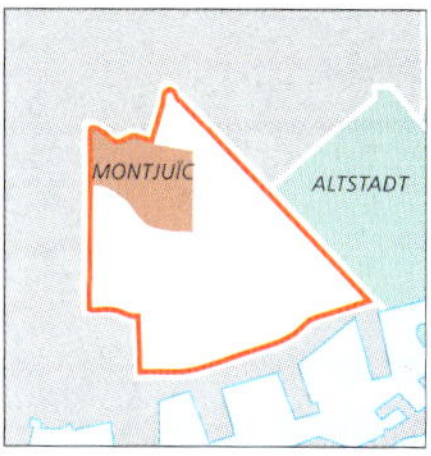

Zur Orientierung
Siehe Stadtplan 1

Museu Arqueològic
Das Museum zeigt vorgeschichtliche Funde aus Katalonien und von den Balearen. Die Dame von Ibiza *aus dem 4. Jahrhundert fand man in Ibizas karthagischer Totenstadt.* ❷

Zur Plaça d'Espanya

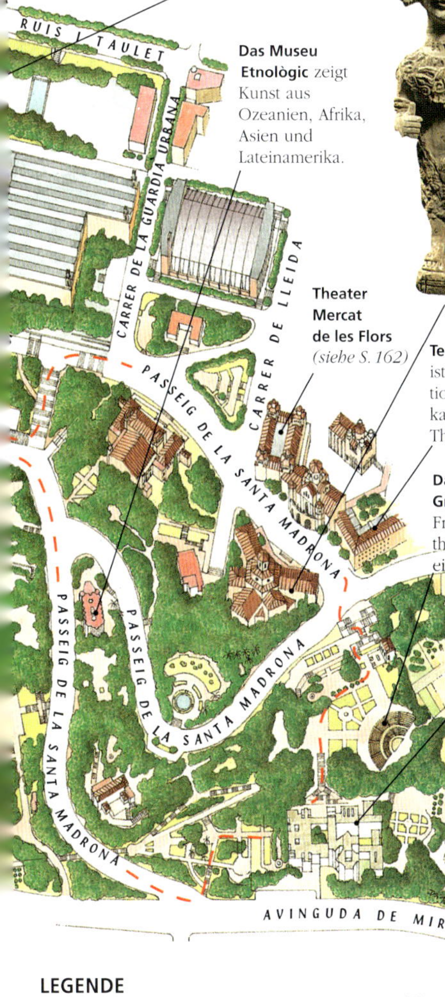

Das Museu Etnològic zeigt Kunst aus Ozeanien, Afrika, Asien und Lateinamerika.

Theater Mercat de les Flors *(siehe S. 162)*

Teatre Lliure ist ein ambitioniertes katalanisches Theater.

Das Teatre Grec ist ein Freilichttheater in einem Park.

★ Fundació Joan Miró
Dieser Wandteppich von Joan Miró hängt in dem von ihm gegründeten Zentrum für moderne Kunst. Neben Mirós Werken ist der Bau von Josep Lluís Sert architektonisch interessant. ❶

Zum Freizeitpark, Castell de Montjuïc und zur Seilbahn

LEGENDE

– – – Routenempfehlung

0 Meter 100

Flamme im Raum und nackte Frau **(1932) von Joan Miró**

Fundació Joan Miró ❶

Parc de Montjuïc. **Stadtplan** 1 B3. **Karte** C7. *93 443 94 70. Espanya, dann Bus 50 oder 55, oder Paral·lel, dann Zahnradbahn. Juli–Sep: Di–Sa 10–20 Uhr (Do bis 21.30 Uhr); Okt–Juni: Di–Sa 10–19 Uhr (Do bis 21.30 Uhr); So, Feiertage 10–14.30 Uhr. 1. Jan, 25., 26. Dez.*
http://fundaciomiro-bcn.org

Nachdem Joan Miró (1893–1983), Sohn eines Goldschmieds, an der Kunstakademie La Llotja *(siehe S. 63)* studiert hatte, lebte er ab 1919 in Paris. Obwohl er ein Gegner Francos war, kehrte er 1940 nach Spanien zurück und wohnte dann auf Mallorca, wo er 1983 auch starb.

Miró bewunderte die frühe katalanische Kunst und Gaudís Modernisme *(siehe S. 24f)*. Er entwickelte einen surrealistischen Stil mit starken Farben und fantastischen, traumhaften Figuren.

1975, nach der Rückkehr zur Demokratie, entwarf sein Freund, der Architekt Josep Lluís Sert, das weiße Gebäude, in dem seine ständige Sammlung zu sehen ist. Zu den Exponaten zählt die *Barcelona*-Serie (1939–44), eine Zusammenstellung von 50 Schwarz-Weiß-Lithografien. Gelegentlich zeigen Wechselausstellungen Werke anderer Künstler.

Museu Arqueològic ❷

Passeig Santa Madrona 39–41. **Stadtplan** 1 B3. **Karte** C7. *93 423 21 49. Espanya, Poble Sec. Di–Sa 9.30–19 Uhr, So, Feiertage 10–14.30 Uhr. 1. Jan, 25., 26. Dez. außer 11. Feb, 23. Apr, 18. Mai, 11., 24. Sep.*
www.mac.es

Das Museum zeigt Exponate von der Vorgeschichte bis zur Westgotenzeit (415–711 n. Chr.). Höhepunkte: Funde aus dem griechisch-römischen Empúries *(siehe S. 120)*, hellenistischer Schmuck aus Mallorca und ein iberischer Silberschatz.

Museu Nacional d'Art de Catalunya ❸

Parc de Montjuïc, Palau Nacional. **Stadtplan** 1 A2. **Karte** B6. *93 622 03 76. Espanya. Nachtbus, 55. Di–Sa 10–19 Uhr, So, Feiertage 10–14.30 Uhr. 1. Jan, 1. Mai, 25. Dez. 1. So im Monat frei. Audioguides.*
www.mnac.cat

Der Palau Nacional wurde für die Weltausstellung 1929 gebaut und beherbergt seit 1934 die eindrucksvollste Kunstsammlung der Stadt.

Das Museum besitzt bedeutende romanische Kunst, darunter Fresken aus dem 12. Jahrhundert. Bekannt sind die Wandmalereien aus Santa María de Taüll und La Seu d'Urgell *(siehe S. 114)*.

Die Sammlung zeigt spanische und katalanische Kunst der Gotik, darunter Werke von Lluís Dalmau und Jaume Huguet *(siehe S. 28)* aus dem 15. Jahrhundert. In den Cambó-Räumen befinden sich Werke von El Greco, Zurbarán und Velázquez – neben einer Sammlung von Barock- und Renaissance-Werken aus ganz Europa. Das Museum zeigt auch die Sammlungen des Museu d'Art Modern im Parc de Ciutadella mit Kunst, Skulpturen und Mobiliar des 20. Jahrhunderts. Auch die Thyssen-Bornemisza-Kollektion ist hier zu sehen, u. a. mit Werken von Tiepolo, Canaletto und Velázquez.

Christus als Pantokrator **(12. Jh.), Museu Nacional d'Art de Catalunya**

***Der Morgen*, Georg Kolbe (1877–1945), Pavelló Mies van der Rohe**

Pavelló Mies van der Rohe ❹

Avinguda del Marquès de Comillas. **Stadtplan** 1 B2. **Karte** B6. *934 234 016. Espanya. 13, 50. tägl. 10–20 Uhr. 1. Jan, 25. Dez. unter 18 Jahren frei. Mi, Fr 17–19 Uhr.* **www**.miesbcn.com

Der in Glas und poliertem Stein gestaltete Pavillon muss die Besucher der Weltausstellung von 1929 stark irritiert haben: Er stammt von Ludwig Mies van der Rohe (1886–1969), dem Leiter des Bauhauses, und enthält dessen berühmten *Barcelona-Stuhl*. Nach der Ausstellung wurde der Bau völlig zerstört, ein Nachbau entstand erst wieder zu Mies van der Rohes 100. Geburtstag.

Poble Espanyol ❺

Avinguda del Marquès de Comillas. **Stadtplan** 1 A2. **Karte** A6. *93 508 63 30. Espanya. Mo 9–20 Uhr, Di–Do 9–14 Uhr, Fr 9–16 Uhr, Sa 9–17 Uhr, So 9–24 Uhr.* **www**.poble-espanyol.com

Die Idee für dieses spanische Dorf bestand darin, regionale spanische Architektur und Handwerkskunst zu dokumentieren. Das Poble Espanyol entstand zur Weltausstellung 1929.

116 Häuser veranschaulichen Baustile ganz Spaniens. Sie liegen an sternförmig vom Hauptplatz ausgehenden Straßen und stammen von den bekanntesten Architekten und Künstlern der Zeit. Das Dorf wurde Ende der 1980er Jahre renoviert.

Einheimische Handwerker produzieren Glas, Keramik, Plastik, Toledo-Damast und katalanische Segeltuchschuhe.

Der Haupteingang Torres de Ávila wurde zu einem beliebten nächtlichen Treffpunkt umgestaltet, die Innenausstattung entwarfen Alfredo Arribas und Javier Mariscal *(siehe S. 19)*. Hier gibt es inzwischen viele nette Lokale, Bars, Kunsthandwerksläden und sogar ein Kindertheater.

Blick vom Palau Nacional auf die prachtvolle Plaça d'Espanya

Plaça d'Espanya ❻

Avinguda de la Gran Via de les Corts Catalanes. **Stadtplan** 1 B1. **Karte** B5. *Espanya.* **Font Màgica, Ton-Licht-Show** *Mai–Sep: Do–So 21–23 Uhr; Okt–Apr: Fr, Sa 19–21 Uhr (halbstündlich); außer Jan–Feb.*

Der Brunnen in der Mitte der Kreuzung, wo bis 1715 Galgen standen, stammt von Gaudís Schüler Josep Maria Jujol. 1899 erbaute Font i Carreras die große Stierkampfarena nebenan. Da Katalanen Stierkampf nicht lieben, wurde sie zum Shopping-Center »Las Arenas« umgewandelt.

Auf der Montjuïc-Seite des Kreisels beginnt die Avinguda de la Reina María Cristina, flankiert von zwei 47 Meter hohen Türmen, die den Glockentürmen des Markusdoms in Venedig nachempfunden sind. Ramón Raventós entwarf sie 1929 als Tor der Weltausstellung. Die Straße führt zu Carles Buigas' »Font Màgica« vor dem Palau Nacional.

Castell de Montjuïc ❼

Parc de Montjuïc. **Stadtplan** 1 B5. **Karte** C9. *932 564 445. Paral·lel, dann Zahnrad- u. Seilbahn. Nachtbus ab Plaça d'Espanya. Di–So 9–19 Uhr (Apr–Sep bis 21 Uhr).*

Das Schloss (18. Jh.) befindet sich auf dem Gipfel des Hügels. Der Vorgängerbau von 1640 wurde 1705 zerstört. Die Bourbonen errichteten die heutige sternförmige Festung. Unter Napoléon besetzten es die Franzosen, nach dem Bürgerkrieg wurde es ein Gefängnis, in dem der katalanische Politiker Lluís Companys *(siehe S. 46)* 1940 hingerichtet wurde. Besucher können die Festung mit Wällen und Schießscharten erkunden.

Estadi Olímpic de Montjuïc ❽

Passeig Olímpic s/n. **Stadtplan** 1 A3. **Karte** B7. *93 426 20 89. Espanya, Poble Sec. 50, 61.* **Stadium** *nur bei Konzerten und Fußballspielen.* **Museum** *Di–Sa 10–18 Uhr (Apr–Sep bis 20 Uhr), So 10–15.30 Uhr.*

Die klassizistische Fassade stammt aus dem von Pere Domènech i Roura für die Olympischen Spiele 1936 erbauten Stadion. Diese wurden jedoch mit Ausbruch des Bürgerkriegs abgesagt. Für die Olympischen Spiele von 1992 wurde die Arena erweitert (70 000 Sitze). Gleich daneben befindet sich das Museu Olímpic i de l'Esport und der Palau San Jordi.

Eingang zum 1992 erneuerten Olympiastadion

Der Jungfrau Maria gewidmeter Altar (13. Jh.) im Museu Nacional d'Art de Catalunya *(siehe S. 88)*

Abstecher

Die radikale Umgestaltung Barcelonas in den 1990er Jahren schuf viele neue Gebäude, Parks und Plätze. Der Hauptbahnhof Sants wurde umgebaut. In seiner Nachbarschaft entstanden der Parc de l'Espanya Industrial und der Parc de Joan Miró – beide mit Seen, Skulpturen und futuristischer Architektur. Im Osten, nahe beim In-Viertel Poblenou, entstanden das neue Nationaltheater und ein Konzertsaal. Im hügeligen Westen der Stadt befinden sich der historische Königspalast, das Kloster Pedralbes und Gaudís Parc Güell von 1910. Weiter nördlich erstreckt sich das Naherholungsgebiet Serra de Collserola. Zwei Zahnradbahnen erklimmen die Höhen. Der höchste Punkt ist der Berg Tibidabo, ein beliebtes Ausflugsziel mit Vergnügungspark, der neogotischen Kirche Sagrat Cor und einem Fernmeldeturm.

Schild am Parc Güell

Sehenswürdigkeiten auf einen Blick

Museen und Sammlungen
CaixaForum 12
CosmoCaixa 9
Museu del Futbol Club Barcelona 3

Historische Gebäude
Monestir de Pedralbes 5
Palau Reial de Pedralbes 4
Torre Bellesguard 10

Moderne Architektur
Torre de Collserola 6

Parks
Parc de l'Espanya Industrial 2
Parc Güell S. 96f 7
Parc de Joan Miró 1
Parc del Laberint d'Horta 11

Plätze und Viertel
Estació del Nord 13
Plaça de les Glòries Catalanes 14
Poblenou 15

Freizeitpark
Tibidabo 8

LEGENDE
- Barcelona Zentrum
- Großraum Barcelona
- Bahnhof
- Zahnradbahn-Station
- Autobahn
- Hauptstraße
- Nebenstraße

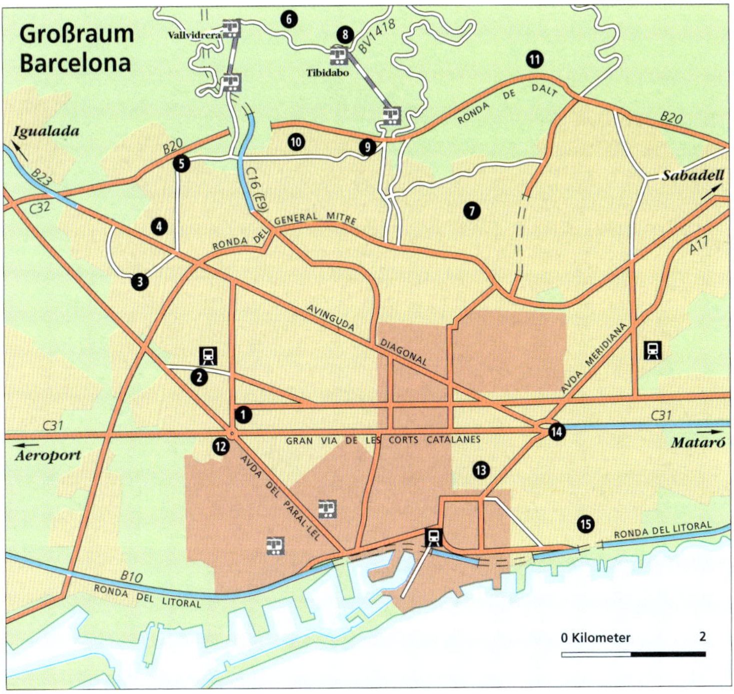

◁ Auf dem Gipfel des Tibidabo *(siehe S. 98)* ragt der neogotische Temple Expiatori del Sagrat Cor auf

Joan Mirós *Dona i Ocell* (*Frau und Vogel*, 1983) im Parc de Joan Miró

Parc de Joan Miró ❶

Carrer d'Aragó 1. **Karte** C4. Ⓜ *Tarragona.*

Barcelonas ehemaliger Schlachthof *(escorxador)* aus dem 19. Jahrhundert wurde in den 1980er Jahren in diesen ungewöhnlichen Park umgewandelt – daher sein zweiter Name Parc de l'Escorxador. Er ist auf zwei Ebenen angelegt: Auf der unteren befinden sich mehrere Fußballplätze, getrennt durch Grünanlagen mit Palmen, Pinien, Eukalyptus und Blumen. Die obere, gepflasterte Ebene wird von der 22 Meter hohen Skulptur *Dona i Ocell (Frau und Vogel),* 1983 von Joan Miró *(siehe S. 29),* erschaffen, dominiert. In Park sind schöne Kinderspielplätze.

Parc de l'Espanya Industrial ❷

Plaça de Joan Peiró. **Karte** B3–4. Ⓜ *Sants-Estació.*

Der Name dieses Parks von Luis Peña Ganchegui geht auf die Textilfabrik zurück, die auf diesem fünf Hektar großen Gelände war.

Der Park entstand 1986, als man in Barcelona mehr freie Flächen schuf. Es gibt Kanäle und einen See mit Ruderbootverleih, dessen Mitte eine klassizistische Neptunstatue ziert. Der See ist wie ein Amphitheater von aufsteigenden Sitzreihen umgeben. Eine Seite überblicken zehn futuristische Wachtürme, die als Aussichtsplattformen dienen.

Im Park sind Werke von sechs zeitgenössischen Bildhauern zu sehen, darunter Andrés Nagel, dessen Metalldrache als große Attraktion eine Kinderrutsche birgt.

Museu del Futbol Club Barcelona ❸

Avinguda de Aristides Maillol (7, 9). *90 21 899 00.* Ⓜ *María Cristina, Collblanc.* *Mo–Sa 10–18.30 Uhr (Apr–Anfang Okt bis 20 Uhr), So, Feiertage 10–14.30 Uhr.* *1. und 6. Jan, 25. Dez.* *durch das Stadion (keine Führungen an Spieltagen der Champions League).* **www**.fcbarcelona.com

Camp Nou, das größte Fußballstadion Europas, ist das Heimstadion des 1899 gegründete Fußballvereins FC Barcelona (hier »Barça« genannt). Mit über 100 000 Mitgliedern ist er einer der weltgrößten Fußballvereine. Die schwungvolle Konstruktion entstand 1957 nach Plänen von Francesc Mitjans. Das Stadion wurde 1982 erweitert, um nun knapp 100 000 Besuchern Platz zu bieten.

Wachtürme im Parc de l'Espanya Industrial

Das Museum des FC Barcelona zeigt Andenken und Trophäen. Zu sehen sind auch Gemälde und Skulpturen berühmter Clubmitglieder, die für die Blau-Grana-Biennale in Auftrag gegeben wurden – eine Ausstellung, die 1985 und 1987 zu Ehren des Clubs stattfand. *Blau-grana* (blauburgunderrot) sind Barças Vereinsfarben. Barças Flagge ist ein Symbol des katalanischen Nationalgefühls, seit Franco die katalanische Flagge verboten hatte.

In Camp Nou finden die Heimspiele des FC Barcelona statt – sei es für die spanische Liga oder in der Champions League. Für andere Sportarten gibt es ein Sportzentrum, eine Eisbahn und ein Ministadion.

Blick in den Camp Nou, das weltberühmte Stadion des FC Barcelona

Hotels und Restaurants der Abstecher *siehe Seiten 137f und Seiten 149f*

Palau Reial de Pedralbes ❹

Avda Diagonal 686. *Palau Reial.* **Museu de Ceràmica, Museu de les Arts Decoratives & Museu Tèxtil i d'Indumentària** *93 256 34 65.* *Di–Sa 10–18 Uhr, So, Feiertage 10–15 Uhr.* *1. u. 6. Jan, 24. Juni, 25. u. 26. Dez.* *So ab 15 Uhr frei.* *nach Vereinbarung.* **www**.museuartsdecoratives.bcn.es **www**.dhub-bcn.cat

Der Palast gehörte einst Graf Eusebi Güell. 1919 bot er es der königlichen Familie als Quartier für ihre Besuche in Barcelona an. Erster Gast war 1926 Alfonso XIII.

Es gibt drei Museen und den Garten: Das Museu de les Arts Decoratives (1937 eröffnet) zeigt Möbelstücke. Ein Stammbaum illustriert die 500-jährige Dynastie der Grafen-Könige von Barcelona und die 1137 durch Heirat entstandene Vereinigung Kataloniens mit Aragón *(siehe S. 42).*

Das Museu de Ceràmica im Palast zeigt Töpferkunst sowie moderne Keramik, z. B. Arbeiten von Miró *(siehe S. 88)* und Picasso. 2008 zog die Dauerausstellung des Museu Tèxtil i d'Indumentària hierher.

Museu de Arts Decoratives, Museu Tèxtil i d'Indumentària und Gabinet de les Arts Gràfiques gehören zum Netzwerk **Disseny Hub Barcelona**, das seinen Umzug zur Plaça de les Glòries Catalanes plant.

Hinter dem Park, in der Avinguda de Pedralbes, führt ein Tor in das ursprüngliche Güell-Anwesen.

***Madonna der Demut*, Monestir de Santa Maria de Pedralbes**

Monestir de Santa Maria de Pedralbes ❺

Baixada del Monestir 9. *93 203 92 08.* *Reina Elisenda.* *Okt–März: Di–Sa 10–14 Uhr; Apr–Sep: Di–Sa 10–17 Uhr; So ganzjährig 10–20 Uhr.* *So ab 15 Uhr frei.* *nach Vereinbarung.* *93 256 21 22.* **www**.museuhistoria.bcn.es

Nähert man sich dem Kloster von Pedralbes durch den alten Torbogen, scheint es noch bewohnt zu sein: Man sieht möblierte Klosterzellen und Küchen, ein Krankenzimmer und das Refektorium. Aber die Nonnen des Klarissinnenordens zogen bereits 1983 in ein Nachbargebäude um. Daraufhin konnte das Kloster für Besucher geöffnet werden.

Elisenda de Montcada de Piños, die vierte Frau von Jaume II von Katalonien und Aragón, gründete das Kloster 1326. Ihr Alabastergrab ist in die Mauer zwischen Kirche und Kloster eingelassen. Auf der Kirchenseite ist sie mit königlichen Gewändern, auf der anderen Seite als Nonne dargestellt.

Im Zentrum des Klosters befindet sich eine dreistöckige Abtei: Zu den zentralen Räumen zählen das Dormitorium, das Refektorium, ein Lesesaal und die einzelnen Zellen für die Nonnen.

Der wichtigste Raum ist die Capella de Sant Miquel mit den Wandgemälden *Passion* und *Marienleben*. Beide Wandgemälde wurden 1346 von Ferrer Bassa geschaffen. Daneben gibt es viele kirchliche Kunstwerke wie z. B. Altarschmuck.

Torre de Collserola ❻

Carretera de Vallvidrera al Tibidabo. *93 211 79 42.* *Peu del Funicular, dann Funicular de Vallvidrera und Bus 211.* *Unregelmäßige Öffnungszeiten: Website beachten.* *1. und 6. Jan, 25., 26. und 31. Dez.* **www**.torredecollserola.com

Nervenkitzel pur bietet der beeindruckende Fernmeldeturm nahe dem Tibidabo *(siehe S. 98).* Ein Lift mit Glaswänden bringt einen an die Spitze des 288 Meter hohen Bauwerks auf dem 445 Meter hohen Gipfel.

Der britische Architekt Norman Foster entwarf den Turm für die Olympischen Spiele 1992. Die nadelförmige Konstruktion steht auf einem Betonpfeiler und ist mit zwölf gewaltigen Stahlseilen verankert. Es gibt 13 Ebenen. Auf der obersten Etage bieten ein Observatorium mit einem Teleskop und eine Terrasse einen wunderschönen Blick auf Stadt, Meer und Berge.

FC Barcelona gegen Real Madrid

FC Barcelona

»Més que un club« ist das Motto des FC Barcelona: »Mehr als ein Verein«. Mehr als alles andere ist der Club Symbol für den Kampf der Katalanen gegen die Zentralregierung in Madrid. Die Liga nicht zu gewinnen ist schlimm, hinter Real Madrid zu landen eine Katastrophe. Jede Saison stellt sich die Frage: Welches der beiden Teams bekommt den Titel? 1941, zur Zeit des Franco-Regimes, gewann Barça zu Hause 3:0. Beim Rückspiel in Madrid wurde das Team so feindselig begrüßt, dass Polizei und Schiedsrichter Barça »baten«, Ärger zu vermeiden: Barça verlor 1:11. Loyalität ist oberstes Gebot: Als Barça-Spieler sollte man nicht zu Real Madrid wechseln.

Real Madrid

Parc Güell ❼

Anno 1910 bekam Gaudí von dem Industriellen Eusebi Güell den Auftrag, auf einem Hügel über Barcelona Wohnhäuser mit Park anzulegen. Geplant war eine kleine Gartenstadt mit reizvoll gestalteten Bereichen für alle, aber nur zwei Häuser wurden gebaut. Übrig blieb der Park – eine der originellsten öffentlichen Anlagen, die je konzipiert wurden. Der Grundriss lehnt sich an das Apollo-Heiligtum von Delphi an, Gaudí nutzte genial die natürlichen Gegebenheiten, um Arkaden und Viadukte aus Naturstein zu schaffen. Von vielen Stellen blickt man auf die Stadt. Die schönsten Details allerdings sind die vielen *Trencadís*-Mosaiken, fast alle das Werk des Architekten Josep Maria Jujol.

Säulenhalle
Insgesamt 86 klassische Säulen – ungewöhnlich konventionell für Gaudí – tragen das Dach der offenen Halle, die als Markthalle geplant war. In die Decke sind Sonnenmosaiken eingearbeitet.

Hügel der Kreuze
Ein Serpentinenweg führt hinauf zu einem Steinturm. Von hier überblickt man ganz Barcelona – vom Hafen bis zum Tibidabo und Collserola.

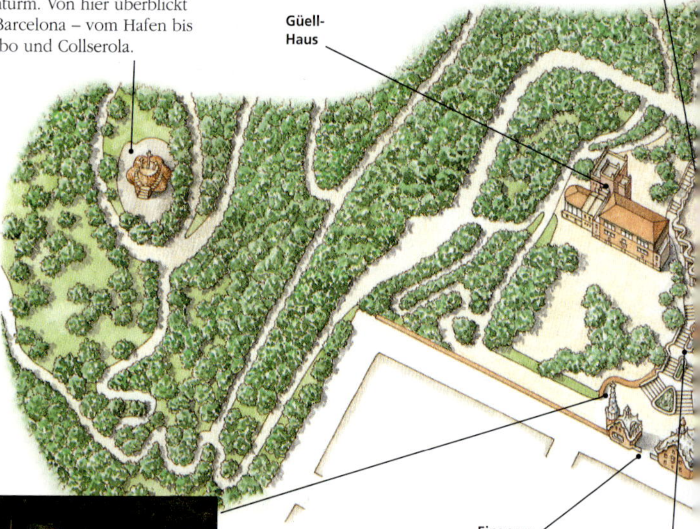

★ Doppeltreppe
Wasser rinnt aus dem Mund des vielfarbigen Drachen, der die Treppe bewacht und zum Emblem des Parks wurde. Darüber ist ein brauner, geschmückter Dreifuß, darunter ein weiterer Brunnen in Form eines Schlangenkopfs.

★ Eingangspavillons
Die Pavillons aus rotbraunem Sichtmauerwerk bilden den Eingang, die Türme wurden mit Trencadís-*Mosaiken verziert. Die Innenräume sind alle unregelmäßig geschnitten.*

★ Hauptplatz
Wie eine Schlange windet sich eine endlos lange, anatomisch geformte Bank mit farbenfrohen Trencadís-*Mosaiken auf drei Seiten des Platzes, der das Zentrum des sozialen Lebens in der Gartenstadt bilden sollte.*

INFOBOX

Olot 7, Vallcarca. *010 (aus Barcelona). Lesseps, dann 1,3 km zu Fuß an einer Hauptstraße bergauf.* 24. *tägl. Mai–Aug: 10–21 Uhr; Apr, Sep: 10–20 Uhr; März, Okt: 10–19 Uhr; Nov–Feb: 10–18 Uhr.*
Casa-Museu Gaudí
93 219 38 11. Okt–März: tägl. 10–18 Uhr; Apr–Sep: tägl. 10–20 Uhr. Kombi-Ticket für Palau Güell und Sagrada Família.
www.casamuseugaudi.org

Das Trias-Haus ist eines der zwei Wohnhäuser, die wirklich gebaut wurden.

Oberer Viadukt
Dies ist einer der drei Naturstein-Viadukte im östlichen Teil, durch den sich ein schöner Weg schlängelt.

Eine Natursteinmauer grenzt den ganzen Park ein. Der Eingang an der Carretera El Carmel hat Drehkreuze aus Gusseisen.

0 Meter 50

Casa-Museu Gaudí
In dem Haus lebte Gaudí, bevor er in die Sagrada Família zog. Hier kann man Möbel besichtigen, die der Architekt entwarf, darunter Bänke und Schränke aus der Casa Milà.

NICHT VERSÄUMEN

- ★ Doppeltreppe
- ★ Eingangspavillons
- ★ Hauptplatz

Stadtplan *siehe Seiten 188–197*

Altes Karussell auf dem Tibidabo

Tibidabo ❽

Plaça del Tibidabo 3–4. *93 211 79 42.* *Avinguda del Tibidabo, dann Tramvia Blau u. Zahnradbahn; oder Peu del Funicular, dann Zahnradbahn u. Bus 111 oder TibiBus von der Plaça de Catalunya.*
Freizeitpark *Mai–Sep: tägl. zu wechselnden Zeiten, tel. nachfragen.* *Okt–Apr: Mo–Fr.*
Temple Expiatori del Sagrat Cor *93 417 56 86.* *tägl. 10–20 Uhr.* **www**.tibidabo.es

Zum Gipfel des Tibidabo fährt Barcelonas letzte noch erhaltene Tram. Der von der Sicht auf die Stadt inspirierte lateinische Name *tibi dabo* (»ich werde dir geben«) spielt auf die Versuchung Christi durch den Satan an, der ihm auf einem Berg die Welt zu seinen Füßen anbot.

Der Freizeitpark *(siehe S. 163)* eröffnete 1908. Die Karussells wurden in den 1980er Jahren überholt. Faszinieren die alten Fahrgeschäfte mit Charme, so bieten die modernen schwindelerregende Erfahrungen. Die Lage auf 517 Meter Höhe verstärkt den Nervenkitzel. Im Park befindet sich außerdem das Museu d'Autòmats mit einer Sammlung von Musik- und Spielautomaten.

Den Tibidabo krönt der Temple Expiatori del Sagrat Cor, den Enric Sagnier zwischen 1902 und 1911 entwarf. Ein Lift fährt zu einer riesigen Christusfigur. Eine kurze Busfahrt bringt Sie zum nächsten Aussichtspunkt, dem Torre de Collserola *(siehe S. 95)*.

CosmoCaixa ❾

Teodor Roviralta 47–51. *93 212 60 50.* *Avinguda del Tibidabo.* *17, 22, 58, 73.* *Di–So 10–20 Uhr.* *1. und 6. Jan, 25. Dez.* *1. So im Monat frei.* **www**.barcelona.de/de/barcelona-museum-cosmocaixa.html

Barcelonas Wissenschaftsmuseum bietet mehr interaktiven Lernspaß als sein Vorgänger im benachbarten Modernisme-Gebäude. Das neue Gebäude besitzt neun Ebenen – sechs davon im Untergrund. Im Glashaus kann man die Welt des Amazonas erleben – mit Fischen, Reptilien, Säugetieren, Vögeln und Pflanzen. Oder man lernt alles über die Entstehung des Universums (»Big Bang«). Dazu eine Geologische Wand und Planetarium.

2006 wurde CosmoCaixa als Europäisches Museum des Jahres ausgezeichnet (**www**.europeanmuseumforum.eu).

Torre Bellesguard ❿

Carrer de Bellesguard 16. *Avda. del Tibidabo.* *für Besucher.*

Bellesguard bedeutet »schöner Fleck«. Hier, auf halber Höhe des Collserola-Höhenzugs, befand sich das Sommerhaus der katalanischen Könige des Mittelalters. Das 1408 gebaute Schloss war die Lieblingsresidenz von Martí dem Gütigen *(siehe S. 57)*.

Das umliegende Viertel Sant Gervasi entstand im 19. Jahrhundert nach dem Bau der Eisenbahn. 1900 erbaute Gaudí das jetzige Haus auf dem Gelände der Schlossruine. Das zinnenbewehrte Gebäude mit den hohen, von der Gotik inspirierten Fenstern erinnert an das ursprüngliche Schloss, dessen Mauerreste Gaudí in den Neubau integrierte. Das Dach krönt ein für Gaudí typischer Turm. Die Fischmosaiken am Eingang stehen für Kataloniens frühere Seemacht.

Schmiedeeiserne Eingangstür von Antoni Gaudís Torre Bellesguard

Parc del Laberint d'Horta ⓫

Germans Desvalls, Passeig Castanyers. *010 (aus Barcelona).* *Mundet.* *Winter: tägl. 10–18 Uhr; Sommer: tägl. 10–21 Uhr.* *Mi u. So frei.* **www**.bcn.es/parcsijardins

Wie schon der Name sagt, handelt es sich hier um einen Irrgarten (Labyrinth) aus Zypressen. Entworfen im 18. Jahrhundert für Joan Antoni Desvalls, den Marquès de Llúpia i d'Alfarràs, bildet diese ruhige Oase im Stadtlärm das Zentrum des ältesten öffentlichen Parks in ganz Barcelona.

Vom Eingang des Parks geht es steil bergauf durch halbwilde Landschaft, entlang dem halb verfallenen alten Schloss des Marquìs. Man findet hier das gesamte Spektrum barocker Gartenkunst: klassische Tempel, z. B. ein Ariadnetempel (Ariadne half Theseus mit ihrem Faden aus dem Labyrinth des Minotaurus) oder einen Danaë-Tempel. Eine beeindruckende Treppenflucht führt zu einem neoklassizistischen Tempel. Aber es gibt auch skurrile Gartenelemente, z. B. einen Schein-Friedhof, einen »Romantikgarten« und sogar eine Einsiedelei in einer Höhle.

CaixaForum ⓬

Avinguda del Marquès de Comillas 6–8, Montjuïc. *93 476 86 00.* *Espanya.* *13, 50.* *tägl. 10–20 Uhr (im Sep bis 22 Uhr).* **www**.lacaixa.es/caixaforum

Barcelona entwickelt sich immer mehr zum Zentrum zeitgenössischer Kunst. Dazu

Teatre Nacional de Catalunya an der Plaça de les Glòries Catalanes

passt dieses neue Ausstellungszentrum gut. Die Sammlung der La-Caixa-Stiftung in der Antiga Fàbrica Casaramona umfasst über 700 Werke spanischer und internationaler Künstler, dazu eine alte Textilmühle im Stile des Modernisme. Diese Mühle stammt von Josep Puig i Cadafalch, der sie nach seinem Bau der Casa de les Punxes errichtete. Die 1911 eröffnete Anlage sollte als Musterfabrik dienen – hell, sauber und luftig. Aber schon 1920 wurde der Betrieb eingestellt. Das Gebäude wurde dann zuerst als Lager, nach dem Bürgerkrieg als Stall für Polizeipferde genutzt.

Die Sammlung wird häufig umgehängt. Als feste Installation sieht man hier den *Espai de Dolor (Schmerzraum)* von Joseph Beuys.

Estació del Nord ⓭

Avinguda de Vilanova. **Stadtplan** 6 D1. **Karte** K6. Ⓜ *Arc de Triomf.*

Von diesem alten Bahnhof sind nur die Fassade und der Eingang (1915) erhalten. Der Rest wurde zu einem Sportzentrum, Polizeirevier und Busbahnhof umgebaut. Die eleganten, blau gefliesten Skulpturen (1992) *Espiral arbrada* (»verzweigte Spirale«) und *Cel obert* (»offener Himmel«) von Beverley Pepper beherrschen den hübschen Park.

Das sorgfältig restaurierte Gebäude vor dem Bahnhof ist der Sitz von Kataloniens Elektrizitätsgesellschaft und wurde 1897 vom Architekten Pere Falqués als Elektrizitätswerk gebaut. Das Gebäude aus Eisen und Ziegelstein, dessen Inneres man leider nicht besichtigen kann, ist unverkennbar modernistisch.

Plaça de les Glòries Catalanes ⓮

Gran Via de les Corts Catalanes. **Stadtplan** 4 F5. **Karte** M5. Ⓜ *Glòries.*

Das Gebiet, in dem sich Avinguda Diagonal und die Gran Via de les Corts Catalanes kreuzen, wird z. Zt. saniert – die Avinguda Diagonal wird bis zum Meer verlängert. Damit erfüllt sich die Vision des Eixample-Planers Ildefons Cerdà *(siehe S. 71)*. An der Nordseite kontrastiert das Einkaufszentrum mit dem Flohmarkt Encants Vells *(siehe S. 155)*, der von 8 bis 20 Uhr geöffnet ist (direkt neben der Autobahn).

Südlich des Platzes liegen das neue Teatre Nacional de Catalunya, ein riesiger Kulturtempel des Architekten Ricard Bofill, sowie das Auditori de Barcelona *(siehe S. 167)* mit den zwei neuen, 1999 eröffneten Konzertsälen von Rafael Moneo. Das **Museu de la Música** (Tel. 93 256 36 50, **www**.museumusica.bcn.es) befindet sich seit 2006 im Auditori de Barcelona.

Ab 2012 wird der Sitz des neuen **Disseny Hub Barcelona** (**www**.dhub-bcn.cat) an die Placa de les Glòries Catalanes verlegt *(siehe S. 95)*.

Die Rambla del Poblenou – ein Paradies zum Bummeln

Poblenou ⓯

La Rambla del Poblenou. Ⓜ *Poblenou.*

In Poblenou, einem alten Industrie-Stadtteil, sind nun Künstler und Fotografen eingezogen. Zentrum des Viertels ist die Rambla del Poblenou, eine Allee, die sich von der Avinguda Diagonal zum Meer erstreckt. Dort säumen Palmen einen Sandstrand.

An der Kreuzung von Rambla und Carrer de Ramon Turró liegen das Casino de l'Aliança, ein Kulturzentrum, und gegenüber El Tio Che, eine beliebte Eisdiele. Bei einem Bummel durch die Seitenstraßen der Rambla sieht man alte Industriegebäude, Zeugnisse jener Zeit, als man Barcelona das »Manchester Spaniens« nannte *(Spaziergang durch Poblenou siehe S. 106f)*.

Blau geflieste Skulptur von Beverley Pepper, Parc de l'Estació del Nord

Drei Spaziergänge

An schönen Orten zum Spazierengehen mangelt es in Barcelona wahrlich nicht. Auf jeder der Detailkarten im Buch (Altstadt, Eixample und Montjuïc) finden Sie eine Routenempfehlung, die zu den wichtigen Sehenswürdigkeiten führt. Eine klassische Strecke zum Schlendern ist La Rambla *(siehe S. 60f)*, aber auch im Parc Güell *(siehe S. 96f)* kann man schön laufen. Die Spaziergänge auf den folgenden Seiten führen Sie durch weniger bekannte Viertel – jedes davon hat eine ganz eigene Atmosphäre.

Trueta-Gedenkstätte, Poblenou-Spaziergang

Beim ersten Spaziergang entdecken Sie El Born, einst eine verkommene Gegend, heute aber ein ansprechendes Viertel, in dem sich alte Straßen und schicke Läden mischen. Auf dem nächsten Spaziergang kommen Sie durch Gràcia, das »dörfliche« Barcelona: Niedrige Arbeiterhäuser wechseln sich hier mit kleinen Läden und hübschen Plätzen ab, an denen sich ein reges Nachtleben abspielt. Poblenou schließlich ist ein ehemaliges Industrieviertel, in dem viele Gebäude restauriert und umfunktioniert wurden. Nur noch ein paar wenige schlanke Schornsteine erinnern an die Fabriken.

Jeder Spaziergang vermeidet große Verkehrsstraßen und führt Sie möglichst durch kleine Fußgängerzonen und zu ruhigen Plätzen. Hier geht es weniger um Sightseeing, sondern mehr darum, die Atmosphäre des Viertels, seine Architektur sowie die kleinen Läden und Cafés zu erkunden. Start- und Endpunkt ist jeweils eine Metro-Station.

Spaziergänge auf einen Blick

Santa Maria del Mar, El Born-Spaziergang

Drei Spaziergänge

Diese Karte zeigt Ihnen die Lage und den Verlauf der drei vorgeschlagenen Spaziergänge in Barcelona.

Süßigkeitenladen, Poblenou-Spaziergang

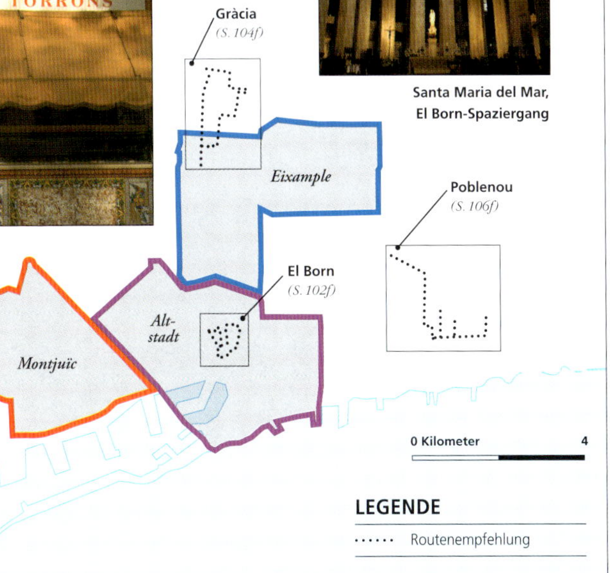

Spaziergang durch El Born (1 Std.)

Das Viertel El Born erstreckt sich vom Barri Gòtic jenseits der Via Laietana. Jahrelang wurde es vernachlässigt, heute erlebt es sein Comeback. El Born liegt nahe am Wasser, ab dem 13. Jahrhundert bauten sich hier Kaufleute ihre Häuser. Die engen Straßen tragen immer noch die Namen der Handwerker und Zünfte, die sich hier niederließen, so Carrer dels Sombrerers (Hutmacher), Carrer dels Mirallers (Spiegelmacher), Carrer de l'Argenteria (Silberschmiede). Bis heute verströmt dieses Künstlerviertel mittelalterliches Flair.

Passeig del Born, die Hauptstraße im Viertel El Born ⑮

Carrer de Montcada

Die Metro-Station Jaume I liegt an der Plaça de l'Angel ①, von dort nehmen Sie den Carrer de l'Argenteria, biegen aber bald am »Estanc« links in den Carrer del Vigatans ein. Links liegt eine Jugendherberge, beachten Sie den skulptierten Kopf in der Mauer an der Ecke zum Carrer dels Mirallers ②. Am Ende der Straße nehmen Sie links den Carrer de la Carassa, der auf den Carrer de Barra de Ferro stößt. Gehen Sie nach rechts und biegen Sie gleich wieder nach rechts in den Carrer dels Banys Vells ein. Im Haus Nr. 7 bietet der Chocolatier L'Ametller ③ herrliche Schokoladen. Am Ende der Straße stoßen Sie auf die Seitenmauern der Kirche Santa Maria del Mar ④. Biegen Sie links in den Carrer dels Sombrerers. Auf der linken Seite bei Nr. 23 steht die Casa Gispert ⑤, ein bekannter alter Laden, der frisch gerösteten Kaffee, Nüsse und Trockenobst verkauft. Wo es geradeaus nicht mehr weitergeht, biegen Sie nach links zur Placeta de Montcada, die zum Carrer de Montcada *(siehe S. 64)* wird. Hier reihen sich gotische Häuser aus dem 14. Jahrhundert aneinander, die meisten beherbergen heute Museen und Sammlungen. Die Casa Cervelló-Guidice in Nr. 25 ⑥ hat als einziges Haus in der Straße noch seine originale Fassade. Das Haus Nr. 20 gegenüber ist der Palau Dalmases ⑦. In seinem Hof sieht man eine reich geschnitzte Treppe. Die Nr. 22 daneben ist El Xampanyet *(siehe S. 152)* ⑧, eine bekannte Bar für *cava* (katalanischer moussierender Wein) und Tapas. Auf der rechten Straßenseite des Carrer de Montcada stehen fünf Museen, eines davon ist das Museu Picasso ⑨ *(siehe S. 64)*. Links sind ebenfalls zwei Museen, das erste auf Nr. 14 ist das Museu Barbier-Mueller ⑩ im Palau Nadal. Es zeigt präkolumbische Skulpturen, Keramiken und Ritualobjekte, die der Schweizer Kunstsammler Josef Mueller (1887–1977) mit seinem Schwie-

ROUTENINFOS

Start: *Plaça de l'Angel.*
Länge: *1,5 km.*
Anfahrt: *Linie 4, Metro-Station Jaume I an der Plaça de l'Angel.*
Rasten: *Unterwegs kommen Sie an vielen Bars und Esslokalen vorbei, darunter dem Café del Born (Plaça Comercial) und Origens 99.9% (Carrer Vidrieria 6–8), einem katalanischen Restaurant mit Laden. Viele Lokale sind am Carrer de l'Argenteria, berühmt für heiße Schokolade ist die Xocolateria Xador (61–63) oder Taller de Tapas (51).*

Besucher strömen zum Museu Picasso ⑨

Straßencafés an der Plaça de Comercial vor dem Mercat del Born ⑯

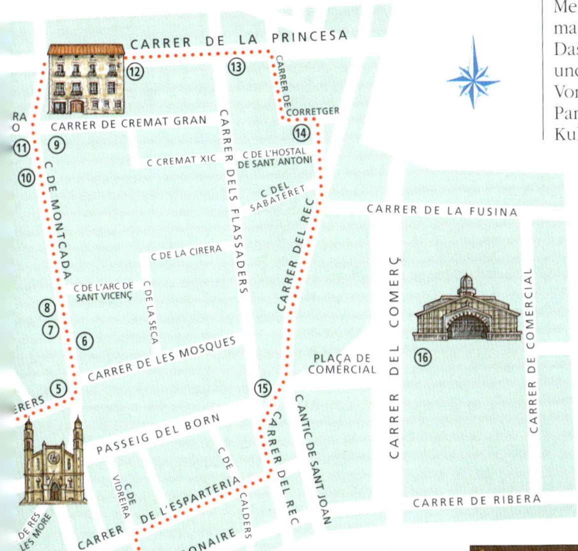

0 Meter 50

LEGENDE

• • • Routenempfehlung

M Metro-Station

gersohn Jean Paul Barbier zusammentrug. Im Hof steht die Reproduktion eines riesigen Olmeken-Kopfs aus Mexiko. Gleich dahinter kommen Sie zum neuen Museumszentrum »Disseny Hub Barcelona« (www.dhub-bcn.cat) im Palau del Marquès de Llió (oder Mora) ⑪ mit dem Museu Tèxtil i d'Indumentària. Am Ende des Carrer de Montcada biegen Sie nach rechts in den Carrer de la Princesa, wo Sie an verführerischen Läden vorbeikommen: Erst locken in Nr. 22 die Fenster des Chocolatiers Brunells ⑫, dann in Nr. 36 der 1890 gegründete Süßwarenladen La Campana ⑬, in dem Sie u.a. *turrón* (Mandelnougat) kaufen können.

Der beliebte Schokoladenladen Brunells ⑫

Passeig del Born

Biegen Sie in die nächste kleine Straße rechts ein, der Carrer del Corretger macht einen Knick. Danach nehmen Sie beim Konditor rechts den Carrer Triangle. Wo rechts der Carrer de l'Hostal de Sant Antoni ⑭ abzweigt, sehen Sie einen Bogen mit einem ungewöhnlichen hieroglyphenähnlichen Fries. Bleiben Sie auf dem Carrer Triangle, er mündet in den Carrer del Rec, nach rund 150 Metern kommen Sie zum Passeig del Born ⑮, dem Zentrum des Viertels. Hier fanden zwischen dem 13. und 17. Jahrhundert Turniere statt, was dem Viertel den Namen gab. Auf der linken Seite öffnet sich der Passeig del Born zur Plaça de Comercial mit dem Mercat del Born ⑯, den ehemaligen Großmarkthallen. Das alte Gebäude aus Eisen und Glas wurde nach dem Vorbild von Les Halles in Paris entworfen, heute ist ein Kulturzentrum darin. Gehen Sie auf dem Carrer del Rec noch ein kleines Stück weiter, an der nächsten Kreuzung biegen Sie nach rechts in den Carrer de l'Esparteria ein, dann nach links in den Carrer de Vidriera, der zur Plaça de les Olles führt. Wenden Sie sich hier nach rechts und folgen Sie dem Gehweg, der an der Plaça del Palau vorbeiführt. Sie kommen an einem alten Eisenwarenladen mit riesigen Paella-Pfannen vorbei. Wenn Sie das Café La Bolsa gegenüber der Straße La Llotja *(siehe S. 63)* ⑰ erreichen, biegen Sie nach rechts in den Carrer dels Canvis Vells ein. Über den kurzen Carrer de l'Anisadeta rechts kommen Sie zur Plaça de Santa Maria ⑱ mit der gleichnamigen Kirche *(siehe S. 64f)*. Werfen Sie einen Blick auf die katalanische Gotik im Inneren. Wenn Sie den Platz nach links überqueren, kommen Sie zum Anfang des Carrer de l'Argenteria, der lebhaften Hauptstraße, an der sich ein Lokal ans andere reiht. Diese Straße führt Sie direkt zurück zum Start, der Metro-Station an der Plaça de l'Angel.

Spaziergang durch Gràcia (1:30 Std.)

Wenn man die Avinguda Diagonal überquert und in das Gewirr der kurvenreichen Straßen und kleinen Plätze eintaucht, bekommt man den Eindruck, man sei in einem Dorf. Seit Gràcia 1897 ein Stadtteil Barcelonas wurde, hat es seine Identität und den Sinn für Unabhängigkeit nie verloren. Vor allem tagsüber fühlt man sich meilenweit entfernt von aller Hektik. Im August und an den Abenden jedoch erwartet einen hier das pralle Leben, denn das Viertel mit seinen exotischen Läden und Bars zieht viele Einwohner und Besucher an.

Die Casa Fuster, ein Modernisme-Gebäude, beherbergt heute ein Hotel ③

Passeig de Gràcia

Von der Plaça Joan Carles I ① verläuft der berühmte Passeig de Gràcia als ruhige, baumbestandene Avenida. Auf der linken Seite kommen Sie schnell zur Casa Bonaventura Ferrer ②, einem Modernisme-Gebäude von Pere Falqués I Urpi. Steinmetzarbeiten zeigen wirbelnde Blätter, eine Eisenkrone bildet den Abschluss der Fassade. Kurz danach wird die Straße enger und führt um ein anderes Modernisme-Gebäude herum, das sich neogotisch präsentiert: Casa Fuster ③, die letzte Arbeit des Architekten Lluís Domènech i Montaner, wurde in ein Hotel umgewandelt. Das Café Vienés im Erdgeschoss kann jeder besuchen.

Die kleinen Plätze von Gràcia

Wenige Schritte hinter der Casa Fuster wird der Passeig de Gràcia zum edlen Carrer Gran de Gràcia. Über der *patisseria* La Colmena ④ in Nr. 15 können Sie die hübschen *miradores* (Fenster der Beletage) bewundern. Dann gehen Sie zur Casa Fuster zurück und biegen hinter ihrer Rückseite in den Carrer Gràcia ein. Die Straße macht eine Biegung nach links, gleich danach zweigen Sie rechts in den Carrer de Domènech ab. An dessen Ende nehmen Sie links den Carrer de Francisco Giner, der Sie zur Plaça de la Vila Gràcia ⑤ führt. Hier steht ein 33 Meter hoher Glockenturm, höher noch

ROUTENINFOS

Start: *Plaça Joan Carles I.*
Länge: *2,5 km.*
Anfahrt: *Linie 3 oder FGC-Zug, Metro-Station Diagonal an der Plaça Joan Carles I.*
Rasten: *An fast jedem Platz in Gràcia gibt es Lokale. Vorschläge: Bo Restaurant (Tapas) an der Plaça de la Vila Gràcia; Café del Sol (Drinks und Musik) oder Mirasol (klassische Bar) an der Plaça del Sol; Niu Toc (Fisch) an der Plaça Revolució de Setembre de 1868 oder Virreina Bar (Sandwiches und Bier) an der Plaça de la Virreina.*

Eine Vorstellung der **castellers** während einer Fiesta ⑤

Nightlife an der Plaça del Sol ⑥

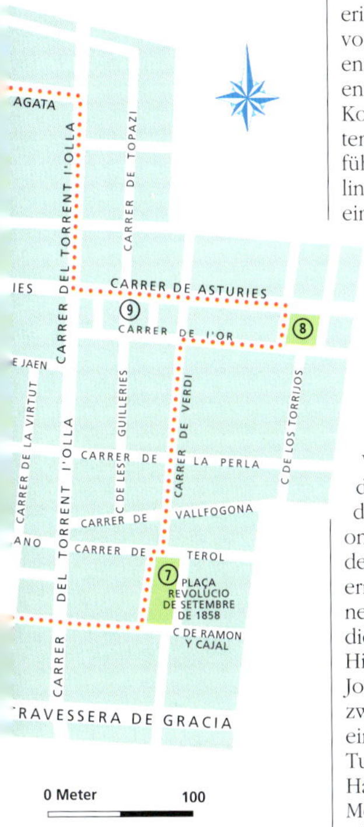

LEGENDE

• • • Routenempfehlung

M Metro-Station

erhebt sich die himmelblaue Fassade des Hauptsitzes der Lokalregierung. Eine Tafel an der Wand würdigt die Leistungen der katalanischen *castellers*, Gruppen von Amateur-Turnern, die während Fiestas in Gràcia oft Pyramiden von bis zu acht Menschen bilden. Überqueren Sie den Platz und schwenken Sie in den Carrer Mariana Pineda ein. Dann überqueren Sie die Travessera de Gràcia, eine der Einkaufsstraßen des Viertels, und gehen den Carrer dels Xiquets de Valls entlang, der nach einer Gruppe von *castellers* benannt ist. Sie kommen zur Plaça del Sol ⑥, einem Zentrum des Nachtlebens, auch Plaça dels Encants genannt. Biegen Sie links in den Carrer de Maspons. Vor Ihnen, auf der anderen Seite des Carrer del Torrent l'Olla, liegt die Plaça de la Revolució de Setembre de 1868 ⑦. Der Name erinnert an den Staatsstreich von General Prim, der Spaniens herrschende Bourbonen entmachtete, was 1873 zur Konstituierung der Ersten Spanischen Republik führte. Biegen Sie nach links in den Platz ein und verlassen Sie ihn auf dem Carrer de Verdi auf der Stirnseite. Dies ist eine lebhafte, aber nette Straße mit modernen Geschäften. Nach den Cinemes Verdi (rechts), in denen oft ausländische Filme in Originalversion laufen, biegen Sie rechts in den Carrer de l'Or ab. Bald erreichen Sie einen der angenehmsten Plätze von Gràcia, die Plaça de la Virreina ⑧. Hier steht die Kirche Sant Joan, gegenüber sehen Sie zwei schöne Gebäude: Das eine ist ein Wohnhaus mit Turm, das andere, rot-beige Haus zeigt sich in reinem Modernisme mit schmiedeeisernen Balkonen.

Miradores **über La Colmena ④**

Casa Vicens

Sie verlassen die Plaça de la Virreina auf dem schattigen Carrer d'Astúries und gehen ihn bis zur Plaça del Diamant ⑨. Hier wurde ein Bunker aus der Bürgerkriegszeit entdeckt. Nach Vereinbarung (Tel. 93 219 61 34) kann man ihn besichtigen. Gehen Sie rechts den Carrer del Torrent l'Olla hinauf und links den Carrer de Santa Agata hinunter. Nach dem Carrer Gran de Gràcia heißt die Straße Carrer de les Carolines. Auf Nr. 24 am Ende der Straße steht eine frühe Arbeit von Antoni Gaudí, Casa Vicens ⑩. Sie ist in Privatbesitz, aber auch ein Blick von außen lohnt sich. Ein Ziegelfabrikant gab sie als Sommerhaus in Auftrag, Gaudí brauchte fünf Jahre (1883–88) für den Bau. Er ließ sich von maurischer Architektur inspirieren, setzte Ornamente und Farben ein und brach mit der herkömmlichen Bauweise. Das Haus ist außen grün-weiß gefliest, man entdeckt kühne gusseiserne Verzierungen und faszinierende Tiere. Von hier gehen Sie zum Carrer Gran de Gràcia zurück. Falls Sie Lust auf mehr Gaudí haben, können Sie hinauf zur Plaça Lesseps wandern und von dort zum Parc Güell *(siehe S. 96f)*. Falls nicht, gehen Sie bergab zur Plaça Trilla ⑪. An der Station Fontana können Sie die Metro nehmen oder zum Start zurückkehren.

Innenraum mit Buntglasfenstern in der Casa Vicens ⑩

Spaziergang durch Poblenou (2 Std.)

Es ist schwer zu glauben, dass das schicke Viertel Poblenou einst die höchste Dichte von qualmenden Fabriken in ganz Katalonien hatte. In den 1960er Jahren waren sie nicht mehr lukrativ oder wurden weiter nach außen verlegt, die alten Gebäude verfielen. Die Olympischen Spiele 1992 brachten viel Aufschwung, seitdem baute man alte Hallen in schicke Ateliers um. Mit den neuen Bewohnern eröffneten neue Restaurants, Diskotheken und Hotels, und so bietet das Viertel heute eine faszinierende Mischung aus Industrie-Architektur und zeitgenössischer Kultur.

Die umstrittene Torre Agbar ③

Avinguda Diagonal

Verlassen Sie die Metro-Station Plaça de les Glòries Catalanes ① *(siehe S. 99)* am Ausgang zum Carrer de Badajoz, dann kommen Sie zur neuen, zum Meer hin verlängerten Avinguda Diagonal ②. Über Ihnen ragt bald ein ungewöhnlicher, oft kritisierter Turm auf: Die Torre Agbar ③ setzt einen neuen Akzent in der Skyline Barcelonas. Das zylindrische Hochhaus mit Kuppel hat 33 Stockwerke und wurde als umgestülpte Zigarre beschimpft. Der französische Architekt Jean Nouvel entwarf es für die Wasserwerke Aigües de Barcelona.

Gehen Sie weiter die Avinguda Diagonal hinunter, die in der Mitte einen breiten *paseo* hat. Rechts und links fahren Autos, Radfahrer und die Tram, die Glòries mit Sant Adrià del Besòs verbindet. Nach etwa 700 Metern biegen Sie rechts in die Rambla del Poblenou ④ ein, Poblenous Hauptstraße, die zum Meer führt. Sie überqueren den Carrer de Pere IV, danach wird die Rambla attraktiver. In der Mitte befindet sich das Denkmal für Dr. Josep Trueta ⑤. Der Chirurg wurde 1897 in Poblenou geboren, rettete im Bürgerkrieg viele Leben und ging nach dem Ende der Demokratie 1939 für 30 Jahre nach England ins Exil.

ROUTENINFOS

Start: *Plaça de les Glòries Catalanes.*
Länge: *3,5 km.*
Anfahrt: *Linie 1, Metro-Station Glòries.*
Rasten: *Bars gibt es an der Rambla del Poblenou, neue Restaurants am Carrer del Taulat, einige preiswertere Bars am Carrer de Maria Aguiló. Bei El Tio Che bekommen Sie leckeres Eis.*

Rambla del Poblenou

Bleiben Sie auf der Rambla, auch wenn Sie dreimal einen Kreisverkehr überqueren müssen. Am Weg liegen einige interessante Gebäude, so die Nr. 51 (rechts), ein lachsfarbenes Modernisme-Haus ⑥, das Josep Masdeu 1914 mit Blumenmotiven entwarf. Wo sich die Rambla del Poblenou mit dem Carrer del Joncar kreuzt, biegen Sie nach links ab – zwischen El Tio Che ⑦, einem 1912 gegründeten Laden für Eiscreme und *turrón* (ein spanisches Mandelgebäck), und dem Casino de l'Aliança de Poblenou ⑧, das kein Spielcasino ist, sondern ein Konzertsaal. An der ersten Kreuzung nehmen Sie rechts den Carrer de Marià

Denkmal für Dr. Josep Trueta ⑤

El Tio Che, berühmt für sein Eis und und seine *turróns* ⑦

Aguiló, eine lebhafte Fußgängerzone mit vielen Läden. In einer kurzen Straße, die links abzweigt, befindet sich der Markt des Viertels, der Mercat de la Unió ⑨. Das Jugendstilhaus daneben (Nr. 24 Plaça de la Unió) hat weiße und grüne Keramikgirlanden um die Fenster drapiert. Auf der rechten Seite des Carrer de Marià Aguiló ist in Nr. 120 ⑩ der Laden des Künstlers Chema Vidal, der Modelle von Poblenous Monumenten fertigt, den noch existierenden und den schon abgerissenen. Überqueren Sie den Carrer del Taulat (die Kreuzung ist leicht versetzt) zum Carrer del Ferrocarril, dort sehen Sie links die alte Plaça del Prim ⑪. Hier stehen vor weiß getünchten, niedrigen Häusern alte, knorrige Ombu-Bäume, eine argentinische Art, die dicke Wurzeln entwickelt. Heute fühlt man sich hier wie auf dem Land, aber dies ist das eigentliche Herz von Poblenou. Man erzählt sich, dass viele der Fischer und Arbeiter, die hier lebten, in der Mitte des 19. Jahrhunderts Anhänger der Utopie-Bewegung Icaria waren, die militant gegen den Kapitalismus vorging und eine Welt der »universellen Brüderlichkeit« erschaffen wollte.

Gehen Sie zum Carrer del Taulat zurück und von dort nach rechts. Wenn Sie den Spaziergang beenden wollen, biegen Sie nach links auf den Carrer de Bilbao ab, der Sie direkt zur Metro-Station Poblenou führt. Wenn Sie allerdings noch Energie haben, bleiben Sie auf dem Carrer de Taulat, an dem Sie zwischen modernen Wohnblocks ab und zu Grünflächen sehen. Ein kleiner Abstecher nach links in den Carrer de Ramon Turró und den Carrer Espronceda führt Sie zu einem Park ⑫, der Mahatma Gandhi gewidmet ist. Der Friedensnobelpreisträger Adolfo Pérez Esquivel schuf seine Skulptur.

Zurück auf dem Passeig del Taulat steuern Sie auf das charakteristischste Industriegebäude von Poblenou zu, die Torre de les Aigües ⑬. Biegen Sie links in den Carrer de la Selva ein, um zum Fuß des runden, 63 Meter hohen Turms aus rotem Backstein zu kommen, der in der Mitte der Plaça de Ramon Calsina steht. Er wurde als Reservoir für das Wasser gebaut, das aus dem nahen Besòs kam. Fast ganz oben verläuft eine Metalltreppe um den Turm zu einem Balkon.

Torre de les Aigües ⑬

Von hier führt der Carrer de la Selva zur Metro-Station Selva de Mar an der Kreuzung zum Carrer de Pujades. Auf dem Weg können Sie einen Abstecher auf den Carrer de Llull machen. An der Ecke zum Carrer de Provençals befindet sich der mit 65 Metern höchste Schornstein ⑭ Barcelonas, der zu den Macosa-Stahlwerken gehörte. Gehen Sie zum Carrer de la Selva und zur Metro-Station Selva de Mar zurück.

0 Meter 250

LEGENDE

Routenempfehlung

Metro-Station

Die ungewöhnlichen Ombu-Bäume auf der Plaça del Prim ⑪

Katalonien

Vier Provinzen (Lleida · Girona
Barcelona · Tarragona) und Andorra

Kataloniens vier Provinzen (Lleida, Girona, Barcelona und Tarragona) sowie das katalanischsprachige Andorra bezaubern mit felsigen Küsten, hohen Bergen, fruchtbaren Ebenen und herrlichen Sandstränden. Viele Besucher verbringen ihren Urlaub an der Küste, doch lohnen auch Abstecher ins Landesinnere.

Katalonien ist – abgesehen von Barcelona – eine meist ländliche Region mit nur wenig Industrie. Von den vier Provinzen, alle nach ihrer Hauptstadt benannt, ist *Lleida* die größte und am dünnsten besiedelte. Glanzpunkte dieser Provinz sind die romanischen Kirchen im idyllischen Boí-Tal sowie der Aigüestortes-Nationalpark.

Detail des Klosters Santa Maria in Ripoll

Berge und Meer prägen die Provinz *Girona* nahe den Ostausläufern der Pyrenäen. Attraktionen sind das zauberhafte Cerdanya-Tal und die alten Klöster Ripoll und Sant Joan de les Abadesses, mittelalterliche Dörfer, eine schöne – häufig übersehene – Hauptstadt sowie eine felsige Küste, die wunderschöne Costa Brava. Die Provinz *Barcelona* hat ihre eigenen Strände. Im Norden versperrt zwar die Bahnlinie am Meer den Zugang zum Strand, doch der Süden ist reizvoll – z. B. das Seebad Sitges. Im Hinterland locken der heilige Berg von Montserrat, das Weinbaugebiet Penedès und die Kleinstadt Vic.

Die Hauptstadt der südlichen Provinz *Tarragona* war früher das römische Zentrum der Iberischen Halbinsel. Auf sanft gewelltem Land gedeihen Obst- und Nussbäume, im Ebrotal gibt es riesige Reisfelder. Sehenswert sind die Klöster Poblet und Santes Creus.

Parc Nacional Aigüestortes y Estany Sant Maurici in den Pyrenäen (Provinz Lleida)

◁ Cadaqués *(siehe S. 120)* an der Costa Brava – ein Fischer prüft seine Netze

Überblick: Katalonien

Zu Katalonien gehört auch ein Teil der spanischen Pyrenäen, deren blumenübersäte Täler Dörfer mit romanischen Kirchen bergen. Der Parc Nacional d'Aigüestortes und das Vall d'Aran sind Paradiese für Naturliebhaber, während Baqueira-Beret bei Skifahrern beliebt ist. Sonnenanbeter können zwischen der Costa Brava oder den Sandstränden der Costa Daurada wählen. Tarragona bietet zahlreiche römische Denkmäler. Die Klöster Poblet und Santes Creus sowie die Weinberge von Penedès liegen im Landesinneren.

Idyllisch gelegene Häuser auf dem Land rund um La Seu d'Urgell

LEGENDE

- Autobahn
- Schnellstraße
- Hauptstraße
- Nebenstraße
- Panoramastraße
- Eisenbahn (Hauptstrecke)
- Eisenbahn (Nebenstrecke)
- Staatsgrenze
- Regionalgrenze
- Gipfel

In Katalonien unterwegs

Die Autobahn aus Frankreich erreicht Spanien bei La Jonquera, von Barcelona folgt sie der Küste bis Tarragona und Tortosa. (Achtung: Spanien hat seine Straßennummern geändert. Eventuell gibt es noch alte Schilder.) Die Eisenbahn-Hauptstrecke verläuft in Nord-Süd-Richtung (küstennah ab Blanes). Andere Bahnlinien verbinden Barcelona mit Vic, Lleida und Tortosa.

SIEHE AUCH

- ***Hotels*** S. 138–141
- ***Restaurants*** S. 150f

Weitere Zeichenerklärungen *siehe hintere Umschlagklappe*

Kirche am Meer bei Sitges

Weinberge bei Gandesa, westlich von Tarragona

Sehenswürdigkeiten auf einen Blick

Andorra 6
Baqueira-Beret 3
Besalú 12
Blanes 19
Cadaqués 15
Cardona 22
Costa Daurada 30
Delta de L'Ebre 33
Empúries 16
Figueres 14
Girona 13
Lleida 24
Montblanc 26
Montserrat S. 122f 20
Olot 11
Parc Nacional d'Aigüestortes 5
Peratallada 17
Poblet S. 126f 25
Puigcerdà 8
Ripoll 9
Sant Joan de les Abadesses 10
Santes Creus 27
La Seu d'Urgell 7
Sitges 29
Solsona 23
Tarragona 31
Tortosa 32
Tossa de Mar 18
Vall d'Aran 1
Vall de Boí 4
Vic 21
Vielha 2
Vilafranca del Penedès 28

Die Vall d'Aran, umgeben von den schneebedeckten Gipfeln der Pyrenäen

Schmetterlinge in der Vall d'Aran

In den Tälern und Bergen der Pyrenäen findet man zahlreiche Schmetterlings- und Mottenarten. Vor allem die abgelegene Vall d'Aran ist Heimat mehrerer einzigartiger und seltener Subspezies, die man am besten zwischen Mai und Juli beobachten kann.

Gelbwürfel-Dickkopf
(Carterocephalus palemon)

Schwarzer Apollo
(Parnassins mnemosyne)

Malven-Würfelfleckfalter
(Pyrgus malvae)

Vall d'Aran ❶

Lleida N230. *Vielha.* *Vielha.* *973 64 06 88.*

Das »Tal der Täler« – *aran* heißt wie *vall* »Tal« – ist eine schöne, 600 Quadratkilometer große Oase aus Wäldern und blumenübersäten Wiesen inmitten hoher Berge.

Der Riu Garona, der hier entspringt und in Frankreich als Garonne ins Meer mündet, formte das Tal. Bis 1924 die Straße über den Bonaigua-Pass gebaut wurde, war es fast den ganzen Winter vom übrigen Land abgeschnitten. Noch immer macht Schnee den Pass von November bis April unpassierbar, aber heute kann man das Tal leicht von El Pont de Suert aus durch den Vielha-Tunnel erreichen.

Da die Vall d'Aran nach Norden hin liegt, gleicht ihr Klima dem der Atlantikküste. Die feuchte Luft und die schattigen Hänge schaffen günstige Bedingungen für seltene Blumen und Schmetterlinge. Das Tal ist auch für zahlreiche Narzissenarten bekannt.

Entlang dem Riu Garona haben sich winzige Dörfer um romanische Kirchen angesiedelt, etwa **Bossòst**, **Salardú**, **Escunhau** und **Artíes**. Das Tal bietet auch ideale Voraussetzungen für Skifahrer und Wanderer.

Vielha ❷

Lleida. *2000.* *Carrer Sarriulera 10.* *973 64 01 10.* *Do.* *Festa de Vielha (8. Sep), Feria Vielha (8. Okt).*

Mittelalterliche Relikte sind in der größten Stadt des Vall d'Aran erhalten: Die romanische Kirche **Sant Miquel** mit achteckigem Glockenturm birgt ein Holzkruzifix (12. Jh.), den *Mig Aran Christ*, Teil eines größeren, verloren gegangenen Schnitzwerks. **Das Museu de la Vall d'Aran** zeigt volkskundliche Artefakte aus der Region.

Museu de la Vall d'Aran
Carrer Major 26. *973 64 18 15.* *Di–Sa 10–13 (nur Mitte Juni–Mitte Sep), Di–Sa 17–20 Uhr, So 11–14 Uhr.* *Feiertage.* **www**.conselharan.org

Mig Aran Christ **(12. Jh.), Kirche Sant Miquel, Vielha**

Baqueira-Beret ❸

Lleida. 100. Baqueira-Beret. 973 63 90 10. Romeria de Nostra Senyora de Montgarri (2. Juli).

Das große Wintersportgebiet – eines der besten in Spanien – ist bei der Bevölkerung und der spanischen Königsfamilie beliebt. Im Winter kann man sich darauf verlassen, dass die 40 Pisten in Höhen von 1520 bis 2470 Meter schneebedeckt sind.

Bevor Skifahren Mode wurde, waren Baqueira und Beret noch getrennte Bergdörfer, heute gehören sie beide zu einer Gemeinde.

Bereits die Römer nutzten hier die Thermalquellen, die müde Skifahrer erfrischen.

Vall de Boí ❹

Lleida N230. *La Pobla de Segur.* *Pont de Suert.* *Barruera.* *973 69 40 00.* **www**.vallboi.com

Das kleine Tal am Rande des Parc Nacional d'Aigüestortes besitzt viele kleine Dörfer mit prächtigen, katalanisch-romanischen Kirchen. Charakteristisch für diese Kirchen aus dem 11. und 12. Jahrhundert sind die hohen Glockentürme, wie der sechsstöckige Glockenturm der **Església de Santa Eulàlia** in Erill la Vall.

Die beiden Kirchen in Taüll, **Sant Climent** *(siehe S. 22)* und **Santa María**, besitzen wunderschöne Fresken – allerdings nur als Kopie. Die Originale entfernte man zwischen 1919 und 1923 zur Verwahrung in Barcelonas Museu Nacional d'Art de Catalunya *(siehe S. 88)*. Vom Turm der Sant-Climent-Kirche hat man einen großartigen Ausblick auf die Umgebung. Sehenswert sind auch die Kirchen in **Coll** (schmiedeeiserne Arbeiten), in **Barruera** und **Durro** (Glockenturm).

Am oberen Ende des Tals liegt das Dörfchen **Caldes de Boí**, geschätzt wegen seiner Thermalquellen und Skipisten. Es ist außerdem ein guter Ausgangspunkt zur Erkundung des Parc Nacional d'Aigüestortes.

Der mächtige Turm der Kirche Sant Climent in Taüll, Vall de Boí

Parc Nacional d'Aigüestortes ❺

Lleida. *La Pobla de Segur.* *Pont de Suert, La Pobla de Segur.* *Boí (973 69 61 89), Espot (973 62 40 36).*

Die Bergkulisse von Kataloniens einzigem Nationalpark zählt zu den großartigsten Landschaften der Pyrenäen. Der 1955 eröffnete Park erstreckt sich über 102 Quadratkilometer. Sein Name – Parc Nacional d'Aigüestortes y Estany de Sant Maurici – geht auf den See *(estany)* von Sant Maurici im Osten und das Gebiet Aigüestortes (»gewundene Wasser«) im Westen zurück.

Der größte Ort ist das Bergdorf Espot am Ostrand des Parks. Aber man erreicht den Park auch von Boí aus. Im Park gibt es Wasserfälle und 150 glasklare Seen, die Gletscher bis zu 50 Meter tief in den Boden schürften.

Die schönste Kulisse entfaltet sich um den Sant-Maurici-See am Fuß der Serra dels Encantats. Von hier führen Wanderwege entlang der Seenkette in nördlicher Richtung zu den steilen Gipfeln der Agulles d'Amitges. In südlicher Richtung liegt der atemberaubende Estany Negre, der höchstgelegene und tiefste Gebirgssee des Parks.

Charakteristisch für den Frühsommer in den tiefer gelegenen Tälern sind die vielen violetten und roten Rhododendronbüsche. Später im Jahr blühen wilde Lilien in den Wäldern aus Tannen, Buchen und Weißbirken.

Im Felsgeröll der Berge und auf den Wiesen leben Gämsen, in den Seen Biber und Fischotter. Einige Goldadler nisten auf Felsvorsprüngen, und in den Wäldern kann man manchmal Waldhühner und auch Auerhähne entdecken.

Im Sommer ist der Park ein beliebtes Wandergebiet, im Winter bieten die schneebedeckten Berge ideale Voraussetzungen für Skilanglauf.

Kristallklarer Bach im Parc Nacional d'Aigüestortes

Regionalkarte *siehe Seiten 110f*

Les Quatre Barres (Die vier Provinzen)

Kataloniens Nationalemblem

Die vier roten Streifen auf der *senyera*, der katalanischen Flagge, repräsentieren die Provinzen Barcelona, Girona, Lleida und Tarragona. Der Entwurf geht der Legende nach auf Guifré el Pelós, den ersten Grafen von Barcelona *(siehe S. 42)*, zurück. Auf Bitten Karls des Kahlen, König der Westfranken und Enkel Karls des Großen, griff Guifré in eine Schlacht ein, in deren Verlauf er tödlich verwundet wurde. Karl tauchte seinen Finger in das Blut des Sterbenden, fuhr damit über seinen blanken, goldenen Schild und machte ihn so zum Wappen.

Andorra 6

Fürstentum Andorra. *83 800.* *Andorra la Vella.* *Plaça de la Rotonda, Andorra la Vella.* *+376 873 101.* **www**.andorra.ad

Andorra nimmt 468 Quadratkilometer der Pyrenäen zwischen Frankreich und Spanien ein. Mit der ersten Verfassung von 1993 und den ersten Wahlen wurde Andorra offiziell unabhängig. Seit 1278 stand Andorra unter Hoheit des spanischen Bischofs von La Seu d'Urgell und des französischen Grafen von Foix (Rechtsnachfolger wurde der französische Staatspräsident). Beide bilden noch immer formal die Staatsoberhäupter.

Amtssprache ist Katalanisch (35%), man spricht aber auch Französisch (20%) und Spanisch (35%). Als offizielle Währung gilt der Euro – allerdings ohne eigene Münzprägung.

Andorra ist ein steuerfreies Shopping-Paradies. Dies zeigen die Läden der Hauptstadt **Andorra la Vella**. Les Escaldes (nahe der Hauptstadt) sowie Sant Julià de Lòria und El Pas de la Casa (die der spanischen und französischen Grenze nächsten Städte) sind ebenfalls Einkaufszentren.

Nur wenige Besucher entdecken das ländliche Andorra. Wanderwege führen zum **Cercle de Pessons**, einem Seebecken im Osten, vorbei an romanischen Kapellen wie **Sant Martí** in La Cortinada. Im Norden erstreckt sich das Sorteny-Tal, wo in traditionellen Bauernhäusern gemütliche Restaurants einladen.

La Seu d'Urgell 7

Lleida. *13 000.* *Avenida Valles de Andorra 33.* *973 35 15 11.* *Di, Sa.* *Festa major (letzte Woche im Aug).* **www**.turismeseu.com

Die Westgoten erklärten die Stadt zum Bistum (6. Jh.). Fehden zwischen den Bischöfen von Urgell und den Grafen von Foix führten zur Entstehung von Andorra (13. Jh.). Die **Kathedrale** (12. Jh.) birgt eine Statue der hl. Maria von Urgell. Das **Museu Diocesà** zeigt eine Kopie (10. Jh.) des Kommentars zur Apokalypse von Beatus von Liébana.

Museu Diocesà
Plaça del Deganat. *973 35 32 42.* *Mo–Sa 10–13 Uhr, 16–19 Uhr (Okt–Mai bis 18 Uhr).* *1. Jan, 25. Dez, Feiertage.*

Relief, Kathedrale, La Seu d'Urgell

Puigcerdà 8

Girona. *9000.* *Plaça de l'Ajuntament.* *972 88 05 42.* *So.* *Festa del l'Estany (3. So im Aug).* **www**.puigcerda.com

Das Wort *puig* ist katalanisch für »Hügel«. Puigcerdà liegt im Vergleich zu den anderen Bergen, die bis zu 2900 Meter hoch sind, auf einer kleinen Anhöhe, doch bietet es schöne Ausblicke auf das Cerdanya-Tal mit dem forellenreichen Riu Segre.

Alfonso II gründete Puigcerdà 1177 nahe der französischen Grenze als Hauptstadt der Landwirtschaftsregion Cerdanya, die Geschichte und Kultur mit der französischen Cerdagne teilt. Die spanische Enklave **Llívia**, ein Städtchen mit mittelalterlicher Apotheke, liegt hinter der Grenze.

Cerdanya ist das größte Tal in den Pyrenäen. Sein Naturreservat **Cadí-Moixeró** *(siehe S. 170)* ist ideal für lange Wanderungen.

Portal am Monestir de Santa Maria

Ripoll 9

Girona. *11 000.* *Plaça del Abat Oliba.* *972 70 23 51.* *Sa.* *Festa major (11./12. Mai), La Llana y Casament a Pagès (So nach Festa major).* **www**.elripolles.com

Einst Stützpunkt für die Angriffe gegen die Mauren, ist Ripoll heute v.a. für sein 879 gegründetes **Monestir de Santa Maria** *(siehe S. 22)* bekannt. Ripoll wird die »Wiege Kataloniens« genannt, denn das Kloster war Macht- und Kulturzentrum von Wilfried dem Behaarten, dem Gründer des Hauses Barcelona *(siehe S. 42)*, der hier begraben ist.

Im späten 12. Jahrhundert wurde das Westportal mit den schönen romanischen Skulpturen verziert. Außer dem Portal ist nur das mittelalterliche Kloster erhalten. Der Rest wurde im 19. Jahrhundert rekonstruiert.

Umgebung: In den Bergen im Westen liegt **Sant Jaume de Frontanyà** *(siehe S. 22)*, eine romanische Kirche.

Die mittelalterliche Stadt Besalú am Ufer des Riu Fluvià

Sant Joan de les Abadesses ⑩

Girona. *3600.* *Plaça de Abadia 9.* *972 72 05 99.* *So.* *Festa major (2. Wo im Sep).*
www.santjoandelesabadesses.cat

Eine schöne gotische Brücke aus dem 12. Jahrhundert führt über den Riu Ter zu dem Marktstädtchen mit sehenswertem **Kloster**.

Guifré, der erste Graf von Barcelona, schenkte die Abtei 885 seiner Tochter, der ersten Äbtissin. Die schlichte Kirche schmückt nur ein großartiges Kunstwerk, *Die Kreuzabnahme* (1150). Die Holzfigur eines Diebs verbrannte im Spanischen Bürgerkrieg, wurde aber so perfekt ersetzt, dass man die Nachahmung kaum bemerkt. Das Museum zeigt Altarbilder aus Barock und Renaissance.

Die Kreuzabnahme (12. Jh.), Kloster Sant Joan de les Abadesses

Umgebung: Im Norden liegen **Camprodon** und **Beget**, beide Städtchen mit romanischen Kirchen *(siehe S. 23)*. Camprodon bietet prächtige Häuser und sehr leckere und bekannte Würste.

Olot ⑪

Girona. *30 000.* *Carrer Hospici 8.* *972 26 01 41.* *Mo.* *Feria de Mayo (1. Mai), Fronleichnam (Juni), Festa del Tura (8. Sep), Feria de Sant Lluc (18. Okt).*
www.turismeolot.cat

Die Marktstadt liegt inmitten erloschener Vulkane. Ein Erdbeben zerstörte 1474 die Stadt und ihre mittelalterliche Vergangenheit. Im 18. Jahrhundert wurde die Oloter Schule für Textildesign *(siehe S. 28)* von Industriellen gegründet. 1783 entstand eine Zeichenschule. Viele ihrer Arbeiten wie *Les falgueres* von Joaquim Vayreda zeigt das **Museu Comarcal de la Garrotxa** (18. Jh.). Auch Werke des Modernisme-Bildhauers Miquel Blay sind zu sehen. Seine Figuren stützen den Balkon des Hauses Nr. 38 am Passeig Miquel Blay.

Museu Comarcal de la Garrotxa

Carrer Hospici 8. 972 27 11 66.
Sep–Mai: Mo–Fr 10–13, 15–18 Uhr; Juni–Aug: Mo–Fr 11–14, 16–19 Uhr; Jan–Dez: Sa 11–14, 16–19 Uhr, So 11–14 Uhr. *1. Jan, 25. Dez.*

Besalú ⑫

Girona. *2000.* *Plaça de la Llibertat 1.* *972 59 12 40.* *Di.* *Sant Vicenç (22. Jan), Festa major (Wochenende um 25. Sep).*
www.besalu.cat

Besonders eindrucksvoll ist diese mittelalterliche Stadt, wenn man sich ihr über die Brücke über den Riu Fluvià nähert. Besalú hat zwei schöne romanische Kirchen: **Sant Vicenç** und **Sant Pere** *(siehe S. 23)*, letztes Relikt eines Benediktinerklosters, das 977 gegründet und 1835 abgerissen wurde. 1964 fand man eine **Mikwah**, ein jüdisches Bad für rituelle Waschungen (erbaut 1264). Es ist eines von nur drei erhaltenen Bädern aus dieser Epoche.

Im Süden bietet der See von **Banyoles** ideale Plätze für ein Picknick. Hier fanden 1992 die Ruderwettbewerbe der Olympischen Spiele statt.

Reiches Angebot von *llonganisses* in der Bergstadt Camprodon

Girona ⓭

Girona. 96 000. *Rambla de la Llibertat 1.* 972 22 65 75. *Di, Sa.* *Sant Narcís (eine Woche ab 29. Okt).*
www.girona.cat/turisme

Am schönsten zeigt sich Girona am Ufer des Riu Onyar, wo sich die Häuser im Wasser spiegeln. In der Altstadt säumen Läden und Cafés die belebte Rambla de la Llibertat.

Diese Häuser ersetzten im 19. Jahrhundert Teile der Stadtmauer, die französische Truppen 1809 während einer siebenmonatigen Belagerung beschädigten. Der übrige Teil der Wälle, deren älteste Abschnitte die Römer bauten, ist größtenteils unversehrt und bildet nun den Passeig Arqueològic (archäologischen Rundgang) um die Stadt.

Dieser beginnt im Norden nahe der **Església de Sant Pere de Galligants** *(siehe S. 23)*, die nun die archäologische Sammlung der Stadt beherbergt. Von hier führt eine Gasse durch das Nordtor, wo noch Teile der römischen Grundmauern zu erkennen sind. Diese Mauern lassen den Verlauf der Via Augusta erkennen, die ursprünglich von Tarragona bis nach Rom führte. Der beliebteste Andachtsort Gironas ist die geschichtsträchtige **Església de Sant Feliu**, die im 14. Jahrhundert über den Gräbern der Schutzheiligen der Stadt, Felix und Narcissus, entstand. Neben dem Hochaltar sind in die Apsidenwand acht römische Sarkophage eingelassen.

Ihrem Namen zum Trotz entstanden die **Banys Àrabs**, die arabischen Bäder (Ende 12. Jh.), erst über 300 Jahre nach dem Abzug der Mauren.

Bunte Häuserfront am Ufer des Riu Onyar in Girona

Museu d'Història dels Jueus

Carrer de la Força 8. *972 21 67 61.* *Mo 10–14 Uhr; Di–Sa 10–18 Uhr (Juni–Okt bis 20.00 Uhr), So 10–14 Uhr.* *1. u. 6. Jan, 25. und 26. Dez.*
Das Zentrum zur Geschichte der Juden Gironas liegt im Gewirr der Gässchen des ehemaligen Judenviertels El Call. Hier lebten die Juden vom 9. Jahrhundert bis zu ihrer Vertreibung aus Spanien 1492.

Catedral

Apr–Okt: tägl. 10–20 Uhr; Nov–März: tägl. 10–19 Uhr.
Die Westfassade der Kathedrale ist reiner katalanischer Barock, das übrige Gebäude gotisch. Der einschiffige Innenraum (1416) von Guillem Bofill ist das breiteste gotische Kirchenschiff Europas. Hinter dem Altar steht ein Marmorthron, der »Stuhl Karls des Großen« – benannt nach dem

Hotels und Restaurants in Katalonien *siehe Seiten 138–141 und Seiten 150f*

Frankenkönig, dessen Truppen Girona im Jahr 785 einnahmen. Der Chor der Kathedrale enthält ein Altarbild aus Silber und Email (14. Jh.). Das Kathedralenmuseum zeigt romanische Gemälde und Skulpturen, eine illustrierte Abschrift des Kommentars zur Apokalypse (10. Jh.) von Beatus von Liébana und eine Statue des Katalanenkönigs Pere des Feierlichen. Glanzstück ist der Wandteppich *Die Schöpfung* mit lebendig wirkenden Figuren. Die Farben dieses Kunstwerks aus dem 11./12. Jahrhundert sind gut erhalten.

Wandteppich *Die Schöpfung*

Museu d'Art

Pujada de la Catedral 12. *972 20 38 34. Di–Sa 10–19 (Okt–Feb: 10–18 Uhr), So 10–14 Uhr. 1. u. 6. Jan, 25. u. 26. Dez.*

Dieses schöne Museum zeigt Werke von der Romanik bis heute. Die Exponate aus Kirchen, die Kriege oder Nachlässigkeit zerstörten, zeugen von vergangenem Reichtum.

Museu del Cinema

Carrer Sèquia 1. *972 41 27 77. Di–So. 1. u. 6. Jan, 25. u. 26. Dez.*

Das Museum neben der Església de Mercadel (Neustadt) zeigt Filme von der Zeit um 1850 bis zur Gegenwart.

Museu d'Història de la Ciutat

Carrer de la Força 27. *972 22 22 29. Di–So. 1. u. 6. Jan, 25. u. 26. Dez.*

Im Museum für Stadtgeschichte in einem früheren Kloster aus dem 18. Jahrhundert sind noch die Nischen zu sehen, in denen die Kapuzinermönche bestattet wurden. Gezeigt werden alte Sardana-Instrumente *(siehe S. 129)*.

Figueres 14

Girona. *44 000.* Plaça *del Sol. 972 50 31 55. Do. Santa Creu (3. Mai), Sant Pere (29. Juni).* **www**.figueresciutat.com

Figueres ist die Marktstadt der Empordà-Ebene. Neben der von Platanen gesäumten Rambla befindet sich im ehemaligen Hotel de Paris das **Museu del Joguet** (Spielzeugmuseum). Am unteren Ende der Rambla erinnert eine Statue an Narcís Monturiol i Estarriol (1819–1895), der als Erfinder des U-Boots gilt.

Figueres war Geburtsort von Salvador Dalí, der 1974 das Stadttheater in das **Teatre-Museu Dalí** verwandelte. Viele, aber nicht alle ausgestellten Werke sind von ihm.

Umgebung: Casa-Museu Castell Gala Dalí, 55 km südlich von Figueres gelegen, ist ein mittelalterliches Schloss, das Dalí in den 1970er Jahren kaufte. Es birgt zahlreiche seiner Gemälde und Zeichnungen. Weiter östlich liegt das romanische Kloster **Sant Pere de Rodes** *(siehe S. 23)*.

***Taxi im Regen*, Plastik im Garten des Teatre-Museu Dalí**

Museu del Joguet

C/Sant Pere 1. *972 50 45 85. Juni–Sep: tägl.; Okt–Mitte Jan und März–Mai: Di–So.*
www.mjc.cat

Teatre-Museu Dalí

Pl Gala-Salvador Dalí 5. *972 67 75 00. Juli–Sep: tägl.; Okt–Juni: Di–So. 1. Jan, 25. Dez.*
www.salvador-dali.org

Casa-Museu Castell Gala Dalí

Carrer Gala Dalí, Púbol (La Pera). *972 48 86 55. 15. März–31. Dez: Di–So; 15. Juni–15. Sep: tägl.*

Dalí und seine Kunst

Salvador Dalí i Domènech wurde am 11. Mai 1904 in Figueres geboren. Seine erste Ausstellung hatte er mit 15 Jahren. Nach dem Studium an der Escuela de Bellas Artes in Madrid und der Beschäftigung mit Kubismus, Futurismus und metaphysischer Malerei entdeckte er 1929 den Surrealismus als seine bevorzugte Stilrichtung. Berühmt sind seine halluzinatorischen Bilder wie *Frau-Tier-Symbiose*, die er als »handgemalte Traumfotografien« beschrieb. Dalí arbeitete auch als Schriftsteller und Filmemacher. Er war einer der größten Künstler des 20. Jahrhunderts. Dalí starb am 23. Januar 1989 in seiner Geburtsstadt Figueres.

Deckengemälde im Raum »Palast der Winde«, Teatre-Museu Dalí

Cadaqués 15

Girona. 3000. Carrer Cotxe 2. 972 25 83 15. Mo. Fiesta major de Verano (erste Wo im Sep), Santa Esperança (18. Dez).

Der hübsche Küstenort mit der Barockkirche **Església de Santa Maria** entwickelte sich in den 1960er Jahren zum »St-Tropez Spaniens«. Damals kamen viele Besucher wegen Salvador Dalí, der hier von 1930 bis zu seinem Tod 1989 sechs Monate pro Jahr lebte. Das Haus ist heute als **Casa-Museu Salvador Dalí** zugänglich. Aus einer kleinen Fischerhütte entstand durch zahlreiche Umbauten ein großes Anwesen voller einzigartiger Details aus der Hand des Meisters. Das Museum wird von der Fundació Gala-Salvador Dalí betreut.

Casa-Museu Salvador Dalí
Port Lligat. *972 25 10 15.*
tel. Anmeldung erforderlich.
1. Jan, 7. Jan–8. Feb, 25. Dez.
www.salvador-dali.org

Empúries 16

Girona. L'Escala. 972 77 02 08. Ostern, Juni–Sep: tägl. 10–20 Uhr; Okt–Mai: tägl. 10–18 Uhr. Ruinen. nach Vereinbarung.
www.mac.cat

Das Ruinenfeld der griechisch-römischen Stadt Empúries *(siehe S. 41)* am Meer umfasst insgesamt drei Siedlungen (7.–3. Jh. v. Chr.): die **Alte Stadt** (Palaiapolis), die **Neue Stadt** (Neapolis) und die 49 v. Chr. von Julius Caesar gegründete **Römische Stadt**. Die Griechen gründeten ihre Stadt 600 v. Chr. als Handelshafen auf einer Insel (Sant Martí de Empúries). Um 550 v. Chr. ersetzte eine größere Siedlung auf dem Festland, die die Griechen Emporion (»Handelsplatz«) nannten, die alte Stadt. 218 v. Chr. landeten die Römer in Empúries und errichteten daneben ihre Siedlung. Ein Museum zeigt Funde von dieser Stätte. Die besten Stücke befinden sich jedoch im Museu Arqueològic in Barcelona *(siehe S. 88)*.

Ein freigelegter römischer Pfeiler im Ruinenfeld von Empúries

Blick auf die Costa Brava südlich von Tossa de Mar

Peratallada 17

Girona. 400. Carrer Unió 3, Ajuntament de Forallac, Vulpellac. 972 64 55 22. Fira Peratallada (letztes Wochenende im Apr), Festa major (6./7. Aug), Mittelalter-Markt (erstes Wochenende im Okt).
www.forallac.com

Peratallada ist eines der spektakulärsten Dörfer im Hinterland der Costa Brava: Zusammen mit Pals und Palau bildet Peratallada das »Goldene Dreieck« mittelalterlicher Dörfer. Es liegt hoch auf einem Berg, der Blick aufs Meer ist beeindruckend. Ein verschlungenes Gewirr von Gassen führt zum zentralen Schloss und zum Wach- und Aussichtsturm (11. Jh.). Die alten Herrscher von Peratallada haben starke Verteidigungsmauern ums Dorf gezogen, die bis heute jegliche Dorfvergrößerung verhinderten, jedoch den mittelalterlichen Charakter erhielten.

Tossa de Mar 3

Girona. 6000. Av. Pelegrí 25. 972 34 01 08. Do. Festa major d'Hivern (22. Jan), Festa major d'Estiu (29. Juni).
www.infotossa.com

Die römische Stadt Turissa am Ende der kurvigen Straße gehört zu den schönsten Orten der Costa Brava. Die **Vila Vella** (Altstadt) oberhalb der modernen Stadt ist denkmalgeschützt. Die mittelalterlichen Mauern mit drei Türmen umgeben Fischerhütten und die Kirche (14. Jh.). Das **Museu Municipal** zeigt archäologische Funde.

Museu Municipal
Placa Roig y Soler 1.
972 34 07 09. Di–So.

Blanes 19

Girona. 40 000. Plaça Catalunya 21. 972 33 00 45. Mo. Santa Ana (26. Juli), Fiesta Major Petita (21. Aug). **www**.visitblanes.net

Die Hafenstadt Blanes besitzt einen der längsten Strände der Costa Brava. Die Hauptattraktion ist jedoch der **Jardí Botànic Mar i Murtra**, ein 1928 von Karl Faust entworfener Park oberhalb der Klippen. Er zeigt über 7000 mediterrane Pflanzen, darunter viele afrikanische Kakteen.

Jardí Botànic Mar i Murtra
Passeig Karl Faust 10. *972 33 08 26. tägl. 1. und 6. Jan, 25. und 26. Dez.*

◁ **Surrealistische Verzierung am Teatre-Museu Dalí in Figueres** *(siehe S. 117)*

Costa Brava

Die »Wilde Küste« (Costa Brava) erstreckt sich rund 200 Kilometer von Blanes in Richtung Norden bis zur Empordà-Region nahe der französischen Grenze. Piniengesäumte Sandbuchten, schöne Strände und Urlaubsorte wechseln sich hier ab. Die beliebtesten Orte – Lloret de Mar, Tossa de Mar und Platja d'Aro – liegen im Süden. Sant Feliu de Guíxols und Palamós werden ganzjährig besucht. Landeinwärts gibt es mittelalterliche Dörfer wie Peralada, Peratallada und Pals. Vor dem Tourismus-Boom in den 1960er Jahren lebte die Region von Wein, Oliven und Fischfang.

Cadaqués, *nur über eine einzige steile Straße erreichbar, ist noch immer abgeschieden. Es hat viel künstlerisches Flair, die kleinen, steinigen Strände sind relativ leer.*

Roses liegt am Ende einer langen Bucht. Sein Sandstrand, der längste der Costa Brava, ist ein Mekka für Wassersportler.

L'Escala ist ein kleiner, vor allem bei Katalanen beliebter Ort mit schönen Stränden und einem Hafen, in dem die Fischernetze in der Sonne trocknen.

Von L'Estartit *sind die ehemaligen Piraten-Inseln Illes Medes gut zu erreichen; diese Taucherparadiese stehen unter Naturschutz.*

Begur, ein Stück landeinwärts auf einem Hügel, bietet schöne Ausblicke auf die kleinen Buchten zu seinen Füßen.

Palamós ist eine lebhafte Hafenstadt mit modernen Hotels im Süden und abgeschiedenen Stränden und Buchten im Norden.

Llafranc ist mit seinen weiß getünchten Häusern und der Promenade nach Calella einer der hübschesten Küstenorte.

Platja d'Aro ist einer der beliebtesten Ferienorte an der Küste. Den Sandstrand säumen moderne Hotelanlagen.

Tossa de Mar bietet eine herrliche Strandbucht unterhalb der befestigten Altstadt.

Lloret de Mar *hat mehr Hotels als jeder andere Küstenort. In der Nähe sind jedoch ruhige Strände wie etwa Santa Cristina.*

Monestir de Montserrat ⓴

Benediktinermönch

Der »zersägte Berg« *(mont serrat)*, dessen höchster Gipfel 1236 Meter erreicht, bildet eine wunderbare Kulisse für Kataloniens heiligsten Ort, das von Kapellen und Einsiedlerhöhlen umgebene Kloster von Montserrat. Im 9. Jahrhundert wurde erstmals eine Kapelle erwähnt. Das im 11. Jahrhundert gegründete Kloster wurde 1409 unabhängig von Rom. Die Franzosen zerstörten es 1811 während des Unabhängigkeitskriegs *(siehe S. 45)* und töteten die Mönche. Das 1844 wiederaufgebaute Gebäude war unter Franco ein Symbol katalanischer Kultur. Noch heute leben hier Benediktinermönche. Besucher können mehrmals täglich (außer samstags, im Juli, August und in der Weihnachtszeit) in der Basilika die Montserrat-Hymne *Salve Regina i Virolai* hören (detaillierte Informationen bitte telefonisch erfragen).

Plaça de Santa Maria
Blickfang des Platzes sind zwei Flügel des gotischen Kreuzgangs (1477). Die moderne Klosterfassade entwarf Francesc Folguera.

Das Museum zeigt katalanische Gemälde (19./20. Jh.), viele italienische und französische Werke und liturgische Gegenstände aus dem Heiligen Land.

Kreuzweg
Der Pfad führt an 14 Statuen vorbei – die Stationen des Kreuzes. Er beginnt bei der Plaça de l'Abat Oliba.

NICHT VERSÄUMEN

★ Basilikafassade

★ Schwarze Madonna

Blick auf Montserrat
Der Komplex umfasst Läden, Cafés und ein Hotel. Eine zweite Seilbahn bringt Besucher zu den Wanderwegen.

★ Basilikafassade
Agapit und Venanci Vallmitjana schufen die Skulpturen von Christus und den Aposteln an der Neorenaissance-Fassade. Sie ersetzte 1900 die Renaissance-Fassade der ursprünglichen, 1592 geweihten Kirche.

INFOBOX

Montserrat (Provinz Barcelona).
93 877 77 77. Aeri de Montserrat, dann Seilbahn; Monistrol–Enllaç, dann Zahnradbahn. ab Barcelona.
Basilika *Mo–Fr 7–19.30 Uhr, Sa–So 7–20.30 Uhr (Aug: tägl. 7–20.30 Uhr). Mo–Fr 11, 12 Uhr, Sa 7.30, 11, 12 Uhr, So, Feiertage 9.30, 11, 12, 13, 19.30 Uhr.*
Museum *tägl. 10–17.45 Uhr.*
www.abadiamontserrat.cat

★ Schwarze Madonna
La Moreneta thront hinter dem Hochaltar. Die Kugel der ansonsten von Glas geschützten Figur kann berührt werden.

Innenraum der Basilika
Das Sanktuarium unter der Kuppel schmücken ein emaillierter Altar und Werke katalanischer Künstler.

Die neue Zahnradbahn (2003 eröffnet) von Monistrol de Montserrat folgt der alten Eisenbahnstrecke von 1880.

Innenhof
Gegenüber dem Baptisterium (1902) mit Skulpturen von Carles Collet führt eine Tür auf der rechten Seite die Pilger zur Madonna.

Endstation der Seilbahn vom Bahnhof Aeri de Montserrat

Die Madonna von Montserrat

Die kleine Holzstatue La Moreneta (»Die Dunkelbraune«) gilt als »Seele« Montserrats: Man sagt, der heilige Lukas habe sie gefertigt und Petrus habe sie 50 n. Chr. hierhergebracht. Jahrhunderte später soll sie in der Santa Cova (»Heilige Höhle«) vor den Mauren versteckt worden sein.

Den Rußspuren zufolge entstand die Statue jedoch erst im 12. Jahrhundert. 1881 wurde die Madonna zur Schutzpatronin von Katalonien erklärt.

Die verrußte Madonna von Montserrat

Vic 21

Barcelona. 40 000.
Carrer de la Ciutat 4. 93 886 20 91. Di, Sa. Mercat del Ram (Sa vor Ostern), Sant Miquel (5.–15. Juli), Música Viva (3 Tage Mitte Sep), Mercat medieval (6.–10. Dez). **http://**victurisme.ajvic.net

Am besten besucht man diese kleine Provinzstadt an Markttagen, wenn auf der großen gotischen Plaça Major die ausgezeichneten hiesigen Würste *(embotits)* neben anderen Erzeugnissen der Umgebung angeboten werden.

Im 3. Jh. v. Chr. war Vic Hauptstadt der Auseten. Später wurde sie von Römern kolonisiert – die Ruine eines römischen Tempels ist noch zu sehen. Im 6. Jahrhundert wurde die Stadt Bischofssitz. Im 11. Jahrhundert gab Abt Oliva den Bau des El-Cloquer-Turms in Auftrag, um den herum im 18. Jahrhundert die Kathedrale entstand. Wandmalereien von Josep Maria Sert (1876–1945; *siehe S. 29*) mit biblischen Szenen schmücken den Innenraum.

Das **Museu Episcopal de Vic** *(siehe S. 23)* neben der Kathedrale besitzt eine der schönsten romanischen Kunstsammlungen Kataloniens. Zu den meist religiösen Werken und Reliquien zählen schlichte Wandgemälde und Holzschnitzereien. Außerdem enthält die Sammlung Fresken aus dem 11. und 12. Jahrhundert und einige großartige Altarbilder.

Auf einem Hügel überragt Cardona das umliegende Land

Museu Episcopal de Vic
Plaça Bisbe Oliva 3. 93 886 93 60. Di–So. 1. und 6. Jan, 25. und 26. Dez.

Cardona 22

Barcelona. 5000. Avinguda Rastrillo. 93 869 27 98. So. Karneval (Ende Feb), Festa major (2. Wochenende im Sep). **www.**cardona.cat

Die Burg (13. Jh.) aus rötlichem Stein, ehemals Sitz der Herzöge von Cardona, thront auf einem Hügel. Sie wurde im 18. Jahrhundert umgebaut und ist heute ein luxuriöser *parador (siehe S. 132)*. Neben der Burg liegt die **Església de Sant Vicenç** (frühes 11. Jh.), in der die Herzöge von Cardona begraben sind.

Die Burg blickt auf die Stadt und die Muntanya de Sal am Riu Cardener, dessen Salzvorkommen schon die Römer nutzten.

Solsona 23

Lleida. 9000. Carretera de Basella. 973 48 23 10. Di, Fr. Karneval (Ende Feb), Sant Isidro (Wochenende um 15. Mai), Fronleichnam (Mai/Juni), Festa major (8.–10. Sep). **www.**elsolsonesinvita.com

Neun Türme und drei Tore blieben von der gewaltigen Befestigung Solsonas übrig. Die alte Stadt hat herrschaftliche Häuser und eine Kathedrale. Das **Museu Diocesà i Comarcal** zeigt archäologische Funde, das **Museu del Ganivet** präsentiert u. a. eine Messersammlung.

Museu Diocesà i Comarcal
Plaça del Palau 1. 973 48 21 01. Di–So. 1. Jan, 25., 26. Dez.

Museu del Ganivet
Trav. Sant Josep 9. 973 48 15 69. Di–So. 6. Jan, 25., 26. Dez.

Altarbild aus dem 12. Jahrhundert, Museu Episcopal de Vic

Lleida 24

Lleida. 136 000. Calle Major 31. 902 25 00 50. Do, Sa. Sant Anastasi (11. Mai), Sant Miquel (29. Sep). **http://**turisme.paeria.es/

Die Hauptstadt der einzigen Provinz Kataloniens ohne Zugang zum Meer wird von **La Suda** überragt, einer 1149 den Mauren abgetrotzten, nun aber zerstörten Festung. Die alte Kathedrale **La Seu Vella** (1203) innerhalb der Festung hoch über der Stadt wurde 1707 unter Felipe V zur Kaserne und ist heute verwahrlost. Noch immer beeindrucken die gotischen Fenster des Kreuzgangs. Ein Lift fährt von La Seu Vella hinab zur Plaça de Sant Joan. Sie liegt in der Fußgängerzone, die den Hügel umgibt. Hier stehen die neue Kathedrale und das Rathaus **Paeria** (13. Jh.).

Poblet ㉕

Siehe S. 126f.

Montblanc ㉖

Tarragona. *7000.* *Antigua Església de Sant Francesc. 977 86 17 33. Di, Fr. Festa major (8.–11. Sep), Festa medieval (2 Wo im Apr).*
www.montblancmedieval.org

Von der mittelalterlichen Größe Montblancs zeugt die gewaltige Stadtmauer, Kataloniens feinste Militärarchitektur. Am Tor **Sant Jordi** soll der heilige Georg den Drachen erschlagen haben. Das **Museu Comarcal de la Conca de Barberà** zeigt regionales Kunsthandwerk.

Museu Comarcal de la Conca de Barberà
Carrer de Josa 6. *977 86 03 49. Di–Sa, Feiertage.*

Santes Creus ㉗

Tarragona. *150.* *Plaça de Sant Bernat 1. 977 63 81 41. Sa, So. Santa Llúcia (13. Dez).*

Das schönste Kloster des »Zisterzienserdreiecks« befindet sich in Santes Creus. Die beiden anderen Klöster, Vallbona de les Monges und Poblet *(siehe S. 126f)*, sind nicht weit entfernt. Ramón Berenguer IV *(siehe S. 42)* gründete das **Monestir de Santes Creus** 1150 während der Rückeroberung Kataloniens. Den gotischen Kreuzgang schmücken Figuren, die erst unter Jaume II (1291–1327) erlaubt wurden. Sein Sarkophag steht in der Kirche aus dem 12. Jahrhundert.

Monestir de Santes Creus
977 63 83 29. Di–So, Feiertage 10–15 Uhr. 1. Jan, 25. Dez. nach Vereinbarung.

Vilafranca del Penedès ㉘

Barcelona. *38 000.* *Carrer de la Cort 14. 93 818 12 54. Sa. Fira de Mayo (2. Wochenende im Mai), Festa major (Ende Aug).* **www**.turismevilafranca.com

Diese Marktstadt liegt in einem wichtigen Weinanbaugebiet der Region. Das **Vinseum** (Weinmuseum) dokumentiert die Geschichte des Weinhandels. Die Bodegas der Region veranstalten beliebte Weinproben.

Sant Sadurní d'Anoia, Zentrum des spanischen Sekts *cava (siehe S. 32f)*, liegt acht Kilometer nördlich.

Vinseum
Plaça de Jaume I. *93 890 05 82. Di–Sa 10–14, 16–19 Uhr.*

Umgeben von Pappeln und Haselnusssträuchern: Santes Creus

Der *anxaneta* klettert zur Spitze des Turms der *castellers*

Menschentürme

Die Provinz Tarragona ist berühmt für ihre *Casteller*-Feste, bei denen Männerteams in Wettbewerben versuchen, den höchsten Menschenturm *(castell)* zu bilden. Die Anordnung hängt davon ab, wie viele Männer für die »Grundmauer« zur Verfügung stehen. Die bunt gekleideten Teilnehmer tragen die Namen ihrer Heimatorte auf ihren Hemden. Das Kind, das zur Spitze des Turms klettern und sich dort bekreuzigen muss, ist der *anxaneta*.

Casteller-Feste finden das ganze Jahr in vielen Städten der Provinz Tarragona statt: in der Weinstadt Vilafranca zum Fest des heiligen Felix (30. Aug), in Tarragona zum Fest der heiligen Thekla (23. Sep). In Valls treten die rivalisierenden Teams am Johannistag (24. Juni) an, doch den Höhepunkt bildet der Festtag der heiligen Ursula (21. Okt), an dem Teams aus ganz Katalonien auf Vics Stadtplatz gegeneinander antreten.

Monestir de Poblet ㉕

Das Kloster Santa Maria de Poblet, eine Oase der Stille und Ruhestätte mehrerer Könige, war das erste und bedeutendste der drei als »Zisterzienserdreieck« *(siehe S. 125)* bekannten Zisterzienserklöster. Nachdem Ramón Berenguer IV es von den Mauren zurückerobert hatte, half es, die Macht Kataloniens zu festigen. Während der Karlistenkriege von 1835 wurde die Abtei geplündert und durch Feuer schwer beschädigt. Die Restaurierung begann 1930, Mönche kehrten 1940 zurück.

Blick auf Poblet
Die Abtei, die seit dem Mittelalter von einer Befestigungsmauer umgeben ist, liegt in einem abgeschiedenen Tal nahe der Quelle des Riu Francolí.

Bibliothek
Das gotische Skriptorium wurde im 17. Jahrhundert zur Bibliothek, als die Familie der Cardona ihre Büchersammlung spendete.

ZEITSKALA

Königliche Gräber

- **1150** Gründung von Santes Creus, dritte Abtei des »Zisterzienserdreiecks«
- **1156** Gründung des Zisterzienserklosters in Vallbona de les Monges
- **14. Jh.** Hauptkreuzgang vollendet
- **1479** Juan II, letzter König Aragóns, wird hier begraben
- **1812** Poblet von französischen Truppen entweiht
- **1940** Rückkehr der Mönche

1100 | 1300 | 1500 | 1700 | 1900

- **1150** Ramón Berenguer IV gründet das Kloster Poblet
- **1196** Alfonso II wird als erster König hier begraben
- **1336–87** Regentschaft von Pere dem Feierlichen, der Poblet zum königlichen Pantheon erklärt
- **1788–1808** Herrschaft von Carlos IV, der das Hauptaltarbild anbringen lässt
- **1835** Säkularisierung von Klöstern *(siehe S. 45)*; Poblet geplündert
- **1952** Rekonstruktion der Gräber

Kapitelsaal
Der quadratische Raum mit Säulen hat Bankreihen für die Mönche. Den Boden bedecken Grabsteine der elf Äbte, die hier zwischen 1312 und 1623 starben.

INFOBOX

An der N240, 10 km von Montblanc. **Kloster** ☎ *977 87 00 89.* 🚆 *L'Espluga de Francolí, dann zu Fuß oder Taxi.* 🚌 *tägl. 10–12.45, 15–17.30 Uhr (15. März–15. Okt bis 18 Uhr).* ● *1. Jan, 25. u. 26. Dez.* ✝ *Juli–Sep: 8, 10, 13, 18 Uhr; Okt–Juni: 10, 18 Uhr.* **www**.poblet.cat

★ Altarbild
Hinter dem steinernen Altar, getragen von romanischen Säulen, füllt ein Alabaster-Altarbild die Apsis. Damià Forment fertigte es 1527.

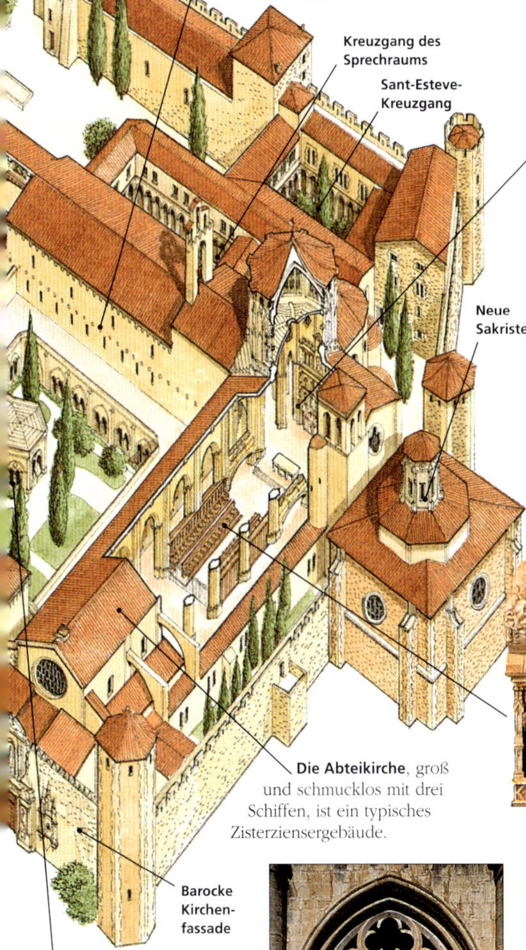

Kreuzgang des Sprechraums

Sant-Esteve-Kreuzgang

Neue Sakristei

Die Abteikirche, groß und schmucklos mit drei Schiffen, ist ein typisches Zisterziensergebäude.

Barocke Kirchenfassade

★ Königliche Gräber
1359 begann der Bau der Gräber im königlichen Pantheon, die 1952 von Frederic Marès rekonstruiert wurden.

★ Kreuzgang
Der gewölbte Kreuzgang aus dem 12. und 13. Jahrhundert bildete das Zentrum des Klosterlebens. Die Kapitelle sind mit schön gearbeiteten Voluten verziert.

NICHT VERSÄUMEN

★ Altarbild

★ Königliche Gräber

★ Kreuzgang

Palmenstrand und Sonne: Uferpromenade in Sitges

Sitges ㉙

Barcelona. 28 000. Carrer Sínia Morera 1. 93 810 93 40. Do (Sommer). Festa major (22.–27. Aug), Karneval (Feb/März). **www**.sitges.cat

Neun Strände stehen den Gästen von Sitges zur Auswahl. Sitges hat einen Ruf als Schwulen-Resort, aber auch viele Einwohner Barcelonas kommen hierher. Die Bars und Restaurants an der Uferpromenade Passeig Marítim sind äußerst einladend.

In Sitges lebte der Modernisme-Künstler Santiago Rusiñol *(siehe S. 29)*. Er stiftete seine Kunstsammlung dem **Museu Cau Ferrat**, gleich neben der Kirche **Sant Bartomeu i Santa Tecla** (17. Jh.).

Museu Cau Ferrat
Carrer del Fonollar. 93 894 03 64. Di–So. Feiertage.

Costa Daurada ㉚

Tarragona. Calafell, Sant Vicenç de Calders, Salou. Tarragona. 977 23 34 15. **www**.costadaurada.org

Die Küste Tarragonas mit ihren langen Sandstränden ist als Costa Daurada (»Goldene Küste«) bekannt. **Vilanova i la Geltrú** und **El Vendrell** sind zwei Hafenstädtchen. Sehenswert ist das **Museu Pau Casals** in Sant Salvador (El Vendrell), gewidmet dem Cellisten Pablo Casals.

Port Aventura, südlich von Tarragona, ist einer der größten Freizeitparks Europas mit Themen wie Mediterrània, Wild West, Mexiko, Polynesien oder China. **Cambrils** und **Salou** weiter südlich gelten als besonders familienfreundliche Orte für die Ferien.

Museu Pau Casals
Avinguda Palfuriana 67. 977 68 42 76. Di–So.

Port Aventura
Autovia Salou–Vilaseca. 977 77 90 00. Mitte März–6. Jan.

Tarragona ㉛

Tarragona. 140 000. Carrer Major 39. 977 25 07 95. Di, Do und So. Sant Magí (19. Aug), Santa Tecla (23. Sep). **www**.tarragonaturisme.cat

Tarragona ist heute ein Industriehafen, doch vieles ist noch erhalten aus der Zeit, als es Hauptstadt der römischen Provinz Tarraconensis war. Hier begann im 3. Jahrhundert v. Chr. die Eroberung der Iberischen Halbinsel *(siehe S. 41)*.

Die Rambla Nova endet an der Felsenspitze Balcó de Europa, die das ausgedehnte Ruinenfeld des **Amfiteatre Romà** überblickt. Hier befindet sich auch die Ruine der Kirche **Santa Maria del Miracle** (12. Jh.).

Der nahe gelegene römische Turm wurde im Mittelalter in einen Palast umgewandelt. In dem »Castell de Pilato« genannten Gebäude zeigt das **Pretori i Circ Romans** römische und mittelalterliche Funde und bietet Zugang zu dem ausgegrabenen römischen Zirkus (1. Jh.). Neben dem Prätorium liegt das **Museu Nacional Arqueològic** mit Kataloniens wichtigster Sammlung römischer Artefakte, darunter das *Haupt der Medusa*. Zu

Überreste des römischen Theaters von Tarragona

den beeindruckendsten Überresten der Stadt zählen gigantische prärömische Steine, auf denen die römische Mauer stand. Ein archäologischer Rundgang führt einen Kilometer an der Stadtmauer und ihren Türmen entlang.

Hinter der Stadtmauer erhebt sich die **Kathedrale** (12. Jh.) an der Stelle eines römischen Jupitertempels und einer späteren arabischen Moschee. Die jahrhundertelange Bautätigkeit führte zu der Stilmischung. 1434 schuf Pere Joan das Alabaster-Altarbild der heiligen Thekla im Inneren. Der Kreuzgang (13. Jh.) hat ein frühgotisches Gewölbe, das Tor ist romanisch *(siehe S. 22f)*.

Grabstein der frühchristlichen Nekropole

Umgebung: Der **Aqüeducte de les Ferreres** liegt gleich am Ausgang der Stadt (nahe der A7). Er entstand im 2. Jahrhundert, um Wasser aus dem 30 Kilometer nördlich gelegenen Riu Gaià zu befördern. Der Triumphbogen **Arc de Berà** (1. Jh.) der Via Augusta steht 20 Kilometer nordöstlich von Tarragona an der N340.

Nahe bei Tarragona liegt **Reus**. Die Stadt hat nicht nur einen günstig gelegenen Flughafen für Flüge an die Costa Daurada, hier wurde auch Antoni Gaudí geboren. Frühe Modernisme-Gebäude der Stadt stammen von ihm. Das psychiatrische Krankenhaus Pere Mata wurde von Domènech i Montaner erbaut, der auch das Hospital de la Santa Creu i de Sant Pau *(siehe S. 79)* errichtete.

Pretori i Circ Romans
Plaça del Rei. *977 230 171.*
Juni–Sep: Di–Sa 9–21 Uhr, So, Feiertage 9–15 Uhr; Okt–Mai: Di–Sa 9–17 Uhr, So, Feiertage 10–15 Uhr.

Museu Nacional Arqueològic de Tarragona
Plaça del Rei 5. *977 23 62 09.*
So, Feiertage 10–14 Uhr; Juni–Sep: Di–Sa 10–20 Uhr; Okt–Mai: Di–Sa 10–13.30, 16–19 Uhr.
www.mnat.es

Tortosa ㉜

Tarragona. *35 000.* *Plaça Carrilet 1.* *977 44 96 48.* *Mo.* *Nostra Senyora de la Cinta (1. Woche im Sep).* **www**.turismetortosa.com

Eine Burgruine und mittelalterliche Stadtmauern zeugen von der historischen Bedeutung Tortosas. Ihre Lage am Unterlauf des Ebro machte die Stadt schon für die Iberer strategisch interessant. Die Mauren herrschten hier vom 8. Jahrhundert bis 1148. Von ihrer Festung blieb nur die Burg La Zuda übrig, die in einen *parador* umgewandelt wurde *(siehe S. 141)*. Die Fundamente einer 914 erbauten Moschee dienten als Basis für die Kathedrale, die 1347 begonnen wurde. Obwohl ihr Bau zwei Jahrhunderte dauerte, ist der Stil rein gotisch.

1938/39 wurde Tortosa in einer der erbittertsten Schlachten des Bürgerkriegs *(siehe S. 46f)* stark zerstört. Damals bildete der Ebro die Frontlinie zwischen den gegnerischen Truppen.

Delta de L'Ebre ㉝

Tarragona. *Aldea.* *Deltebre, Aldea.* *Deltebre.* *977 48 96 79.* **www**.ebre.info/delta

Das Delta des Ebro ist ein wichtiges Reisanbaugebiet und eine Oase für die Tierwelt. Hier entstand das etwa 70 Quadratkilometer große Naturschutzgebiet **Parc Natural del Delta de L'Ebre**. In Deltebre gibt es ein Info-Zentrum. Ein **Eco-Museu** mit Aquarium zeigt im Delta gefundene Arten.

Die wichtigsten Städte des Deltas sind **Amposta** und **Sant Carles de la Ràpita** – beides gute Ausgangspunkte zur Erkundung des Naturschutzgebiets. Die Fauna lässt sich am besten zwischen der Punta del Fangar im Norden und der Punta de la Banya im Süden beobachten. Bis auf die Illa de Buda sind alle Stellen mit dem Auto erreichbar. Auf dieser Insel brüten Flamingos und andere Wasservögel. Man kann sie von Booten aus sehen, die ab Riumar und Deltebre verkehren.

Eco-Museu
Carrer Martí Buera 22. *977 48 96 79.* *tägl. (tel. Anmeldung empfohlen).*

Sardana

Kataloniens Nationaltanz Sardana ist recht kompliziert: Die Tänzer müssen ihre Schritte und Sprünge genau abzählen. Für die Musik sorgt die *cobla*, ein elfköpfiges Orchester mit einem leitenden Musiker, der eine dreilöchrige Flöte *(flabiol)* und eine kleine Trommel (*tamborí*) spielt, sowie mit fünf Holz- und fünf Blechbläsern. Die Sardana wird bei Festen und Zusammenkünften (*aplecs*) aufgeführt. In Barcelona wird sie jeden Samstag (18.30 Uhr) auf der Plaça de Sant Jaume und Sonntag (12 Uhr) vor der Kathedrale auf der Plaça de Catedral getanzt (Mittanzen erwünscht).

Eine in Stein verewigte Gruppe von Sardana-Tänzern

Zu Gast in Barcelona

Hotels

Katalonien verfügt über eine vorzügliche Auswahl an Unterkünften. Bei den Tourismusbüros Barcelonas und Kataloniens erhalten Sie vollständige Listen der Hotels, Landhäuser und Campingplätze sowie der Privatunterkünfte. Die Möglichkeiten sind sehr vielfältig: In Barcelona können Sie in einem der höchsten Wolkenkratzer Spaniens wohnen oder in einem stilvollen, edlen Modernisme-Bau. Eine attraktive Alternative sind die *cases de pagès*, von Familien geführte Bauern-, Dorf- oder Landhäuser. Die besten Hotels jeder Preiskategorie finden Sie im Hotelverzeichnis auf den Seiten 134–141.

Logo eines Fünf-Sterne-Hotels

Fassade des Hotels Lloret an Barcelonas Rambla de Canaletes

Hotelkategorien

Alle katalanischen Hotels haben ein blaues Schild am Eingang mit einer Anzahl von Sternen, die eher den Umfang der vorhandenen Ausstattung als die Qualität des Service verdeutlichen: *Hotels* (H) und *hotel-residències* (HR) haben ein bis fünf Sterne; *motels* (M), *hostals* (Hs) und *hostal-residències* (Hr) ein bis drei Sterne und *pensions* (P), die einfachsten Unterkünfte, ein oder zwei Sterne. Einfache Hotels, Herbergen, Pensionen und Motels verfügen üblicherweise nicht über ein eigenes Restaurant. *Hotel-residències* und *hostal-residències* besitzen keinen Speiseraum, viele bieten aber ein kleines Frühstück an.

Preise

Alle Hotels sind gesetzlich verpflichtet, ihre Preise an der Rezeption und in den Zimmern auszuhängen. Als Faustregel gilt: Je mehr Sterne, desto teurer. Die Preise gelten in der Regel pro Zimmer (bei Mahlzeiten pro Person). Ein Doppelzimmer in einem Ein-Stern-*hostal* bekommt man für 30 Euro pro Nacht, in einem Fünf-Sterne-Hotel bezahlt man über 150 Euro pro Nacht. Die Preise variieren je nach Region, Saison und Ausstattung. Die Preise auf den *Seiten 134–141* gelten für die Zwischen- und Hochsaison. Hotelpreise sind meist ohne Mehrwertsteuer (IVA, z. Zt. acht Prozent beim ermäßigten Satz) angegeben.

Reservierungen

Aufgrund der vielen Messen sind Hotels in Barcelona oft belegt, daher empfiehlt es sich zu reservieren. Im ländlichen Katalonien ist in der Nebensaison keine Reservierung erforderlich, wohl aber in der Hochsaison. Die Ferienhotels an der Costa Brava schließen oft zwischen Herbst und Frühjahr, an der wärmeren Costa Daurada manchmal nur im Winter. In der Regel wird für die Reservierung keine Anzahlung verlangt, doch häufig fragt man nach der Nummer Ihrer Kreditkarte, besonders bei Reservierungen über das Internet. Eine Stornierung sollte spätestens eine Woche vor dem gebuchten Zeitraum erfolgen. Die meisten Hotels halten Zimmer nur bis 20 Uhr frei. Kommen Sie später, sollten Sie dies dem Hotel mitteilen. Bei der Anmeldung müssen Sie – gemäß Polizeivorschriften – Ihren Ausweis vorlegen. Sie erhalten ihn zurück, nachdem die Angaben registriert worden sind. Auch Ihre Kreditkarte wird beim Check-in mitunter verlangt.

Paradores

In Katalonien gibt es sieben Paradores – in Aiguablava, Artíes, Cardona, La Seu d'Urgell, Vic, Vielha und Tortosa. Es sind erstklassige, staatlich betriebene Hotels in historischen Bauten oder in wunderschöner Umgebung gelegenen Gebäuden (dann auch Neubauten). Die Buchung kann über **Central de Reservas** in Madrid (auch im Internet) oder über ein Reisebüro erfolgen.

Eine der großzügigen Hallen des Parador in Vic

◁ **Weihnachtsmarkt vor der Kathedrale von Barcelona *(siehe S. 58f)***

Traditionelle, aus Stein gebaute katalanische Bauernhäuser

Unterkunft auf dem Land

Cases de pagès *(cases rurales)* nennt man katalanische Landhäuser. Manche bieten Zimmer mit Frühstück, andere Abendessen oder Vollpension. In Fremdenverkehrsbüros erhalten Sie den *Guia residències-casa de pagès* von der Generalitat de Catalunya. Sie können eine *casa de pagès* direkt oder über **Turisverd** (**www**.allrural.com) buchen. Die **Associació Fondes de Catalunya** ist eine Gruppe von *cases fonda* – Landhotels mit guter Regionalküche (zwei Wochen im August zu).

Die **Xarxa d'Albergs de Catalunya** betreibt Jugendherbergen, die auch Erwachsene und Familien aufnehmen, die **Federació d'Entitats Excursionistes de Catalunya** betreut zahlreiche Berghütten für Wanderurlauber.

Ferienwohnungen

An der Costa Daurada und der Costa Brava gibt es viele Häuser und Apartments, die man wochenweise mieten kann. Eine neue Unterkunftsvariante sind *aparthotels*. Alle Apartments, eingestuft mit einem bis fünf Sternen, haben eine eigene Küche; jeder Komplex bietet ein Restaurant und oft auch einen Swimmingpool. Informationen erteilen die Tourismusbüros der Generalitat de Catalunya *(siehe S. 174)* und die meisten Reisebüros.

Feriendörfer *(ciutats de vacances)* wie Cala Montjoi und das Club-Hotel Giverola an der Costa Brava sind ähnlich, doch schließt die Unterkunft in diesen Bungalows sämtliche Sport- und Unterhaltungsangebote mit ein.

Gites de Catalunya sind edle Landhäuser, die man wochenweise über **Turisverd** mieten kann. Auch viele *cases de pagès* werden als Ferienhäuser angeboten.

Camping

Katalonien bietet 300 Campingplätze, die in fünf Kategorien (L, 1–3 Sterne, Bauernhof) eingeteilt sind. Alle verfügen über Service-Angebote, Wachpersonal und einen Safe. Die Liste *Catalunya Càmpings*, veröffentlicht von der Generalitat de Catalunya *(siehe S. 174)*, ist in Tourismusbüros erhältlich. Einige Plätze bei Barcelona gehören zur **Associació de Càmpings de Barcelona** (erste drei Wochen im August geschlossen). Statt eines Personalausweises kann ein Campingausweis vorgelegt werden, der auch als Haftpflichtversicherung dient. Wildes Campen ist verboten.

Campingplatz-Schild

Behinderte Reisende

Nur wenige Hotels sind behindertengerecht ausgestattet, dagegen mehrere Jugendherbergen. Die **Federació ECOM** und **Viajes 2000** *(siehe S. 175)* beraten behinderte Reisende.

AUF EINEN BLICK

Paradores

Central de Reservas
Calle Requena 3,
28013 Madrid.
Tel. *902 547 979.*
FAX *902 525 432.*
www.parador.es

Unterkunft auf dem Land

Associació Fondes de Catalunya
C/Ramón Turró 63–65,
08005 Barcelona.
Tel. *93 300 16 26.*
FAX *93 300 16 58.*
www.casafonda.com

Federació d'Entitats Excursionistes de Catalunya
La Rambla 41,
08002 Barcelona.
Tel. *93 412 07 77.*
FAX *93 412 63 53.*
www.feec.cat

Turisverd
Plaça Sant Josep Oriol 4,
08002 Barcelona.
Tel. *93 412 69 84.*
FAX *93 412 50 16.*
www.allrural.com

Xarxa d'Albergs de Catalunya
Carrer Calàbria 147,
08015 Barcelona.
Tel. *93 483 83 41.*
FAX *93 483 83 47.*
www.tujuca.com

Camping

Associació de Càmpings de Barcelona
Gran Via de les Corts Catalanes 608, 3a,
08007 Barcelona.
Tel. *93 412 59 55.*
FAX *93 302 13 36.*
www.campingsbcn.com

Behinderte Reisende

Federació ECOM
Gran Via de les Corts Catalanes 562, 2a,
08011 Barcelona.
Tel. *93 451 55 50.*
Tel. *93 451 69 04.*
www.ecom.cat

Spanien-Info

www.spain.info

In Deutschland
Myliusstr. 14,
60323 Frankfurt a. M.
Tel. *(069) 72 50 38.*
FAX *(069) 72 53 13.*

Schubertstr. 10,
80336 München.
Tel. *(089) 530 74 60.*
FAX *(089) 530 74 620.*

In Österreich
Walfischgasse 8/14,
A-1010 Wien.
Tel. *(01) 512 95 80.*
FAX *(01) 512 95 81.*

In der Schweiz
Seefeldstr. 19,
CH-8008 Zürich.
Tel. *(044) 253 60 50.*

Hotelauswahl

Die Hotels in dieser Liste wurden aus verschiedenen Preisklassen wegen ihrer guten Ausstattung und ihrer günstigen Lage ausgewählt. Viele besitzen ein ausgezeichnetes Restaurant. Nachfolgend sind Hotels in Barcelona sowie im übrigen Katalonien aufgeführt. Die Restaurantauswahl finden Sie auf den Seiten 146–153.

PREISKATEGORIEN

Die Preise gelten für ein Doppelzimmer pro Nacht inklusive Frühstück, Service und Steuer.

€ unter 75 Euro
€€ 75–125 Euro
€€€ 125–200 Euro
€€€€ 200–275 Euro
€€€€€ über 275 Euro

Altstadt

Downtown Paraiso — €

C/Junta del Comerç 13, 08001 ☎ *93 302 61 34* FAX *93 302 61 34* ***Zimmer*** *8* ***Stadtplan*** *2 F3* ***Karte*** *P3*

Dieses ansprechende *hostal*, das sich in einem renovierten Stadthaus in einer ruhigen Straße des lebhaften Viertels El Raval befindet, ist besonders bei jungen Reisenden beliebt. Es ist durchgehend geöffnet, verfügt über Zimmer mit oder ohne eigenem Bad und eine Küche, die die Gäste mitbenutzen können. **www.downtownparaisohostel.com**

Hostal Quartier Gothic — €

Carrer d'Avinyó 42, 08002 ☎ *93 318 79 45* ***Zimmer*** *28* ***Stadtplan*** *5 A3* ***Karte*** *R4*

Dieses einfache *hostal* (Ex-Avinyó) besticht durch seine zentrale Lage nahe bei Port Vell, der Rambla und dem Picasso-Museum. Es liegt in einer schicken Einkaufsstraße mit trendigen Boutiquen, hippen Bars und Restaurants. Die Zimmer sind sehr einfach, aber sauber. In der Nebensaison noch preiswerter. **www.hostalquartiergothic.com**

Pensió 2000 — €

Carrer de Sant Pere Més Alt 6, 1. Etage, 08003 ☎ *93 310 7466* FAX *93 319 42 52* ***Zimmer*** *6* ***Stadtplan*** *5 B1* ***Karte*** *S1*

Dieses kleine nette *hostal* besticht durch seine Lage mit Blick auf den Palau de la Música. Manche der gemütlichen Zimmer müssen sich ein Bad teilen. Großer und komfortabler Gemeinschaftsraum mit Fernseher. Es gibt auch Drei- und Vierbettzimmer. **www.pensio2000.com**

Pensíon Mari-Luz — €

Carrer del Palau 4, 08002 ☎ *93 317 34 63* FAX *93 317 34 63* ***Zimmer*** *14* ***Stadtplan*** *5 A3* ***Karte*** *S1*

Diese familiengeführte Pension residiert in den oberen Stockwerken eines Herrschaftshauses aus dem 18. Jahrhundert. Die Ein-, Zwei- und Mehrbettzimmer sind sparsam möbliert. Man kann sich auch ein Selbstversorger-Apartment im Nachbarhaus mieten. Küche und WLAN-Anschluss. **www.pensionmariluz.com**

Banys Orientals — €€

Carrer de l'Argenteria 37, 08003 ☎ *93 268 84 60* FAX *93 268 84 61* ***Zimmer*** *56* ***Stadtplan*** *5 B3* ***Karte*** *S3*

Dieses preiswerte Boutique-Hotel befindet sich in einer belebten, aber fast verkehrsfreien Straße im schicken Born-Viertel. Kleine, aber gemütliche Zimmer mit geringer, aber schicker Möblierung. Die Suiten in zwei nahe gelegenen Häusern (nur einen kurzen Spaziergang entfernt) bieten weitaus mehr Platz. **www.hotelbanysorientals.com**

Gat Raval — €€

Carrer de Joaquín Costa 44, 08001 ☎ *93 481 66 70* FAX *93 342 66 97* ***Zimmer*** *24* ***Stadtplan*** *2 F1* ***Karte*** *P1*

Dieses neue hippe *hostal* bietet eine preiswerte Alternative, wenn man im angesagten Viertel El Raval übernachten möchte. Die schrillen Grüntöne sind nicht jedermanns Geschmack, die riesigen Barcelona-Fotos kommen dagegen gut. Einfache, aber nicht karge Zimmer. Internet-Zugang für alle Gäste. **www.gatrooms.es**

Gat Xino — €€

C/de l'Hospital 149–155, 08001 ☎ *93 324 88 33* ***Zimmer*** *34* ***Stadtplan*** *2 EF2* ***Karte*** *NP2*

Auch dieses *hostal* der »Gat«-Gruppe zeichnet sich durch modernes Design, einfache Zimmer und gute Preise aus. Wer etwas mehr bezahlen möchte und die Suite bucht, kann sich an einer eigenen Terrasse erfreuen. Das *hostal* verfügt auch über Familienzimmer. **www.gatrooms.es**.

Hostería Grau — €€

Carrer dels Ramalleres 27 (Ecke C. des Tallers), 08001 ☎ *93 301 81 35* FAX *93 317 68 25* ***Zimmer*** *27* ***Stadtplan*** *2 F1* ***Karte*** *Q1*

Ganz nahe am Museu d'Art Contemporani (MACBA) und dem Ausgehviertel El Raval gelegen, bietet dieses nette *hostal* einfache, aber mit Blumenmustern hübsch dekorierte Zimmer. Familien können auch Apartments buchen. Wer länger hier wohnen möchte, der bekommt Rabatt auf die Apartments. **www.hostalgrau.com**

Market — €€

Passatge Sant Antoni Abat 10, 08015 ☎ *93 325 12 05* FAX *93 424 29 65* ***Zimmer*** *52* ***Stadtplan*** *2 E2* ***Karte*** *N2*

Dieses stylische Hotel befindet sich ganz in der Nähe des Mercat de Sant Antoni. Die Zimmer sind orientalisch eingerichtet. Das Hotel verfügt über ein angesagtes Restaurant. Dort wird auch Frühstück serviert. Freies WLAN. Unbedingt früh genug buchen! **www.markethotel.com.es**

Zeichenerklärung *siehe hintere Umschlagklappe*

Metropol €€

Carrer Ample 31, 08002 ☎ *93 310 51 00* FAX *93 319 12 76* **Zimmer** *71* **Stadtplan** *5 A3* **Karte** *G7*

Dieses alte Hotel aus dem 19. Jahrhundert wurde so stilgerecht renoviert, dass der alte Charme nicht verloren ging. Da das Hotel in einer ruhigeren Straße des Barri Gòtic liegt, sind selbst die Zimmer zur Straßenseite (manche mit Balkon) nicht laut. Die Zimmer nach hinten sind ziemlich dunkel. **www.hesperia-metropol.com**

Barceló Raval €€€

Rambla del Raval 17–21, 08001 ☎ *93 320 14 90* FAX *93 320 14 94* **Zimmer** *188* **Stadtplan** *2 F3* **Karte** *P2–3*

Dieses beeindruckende Hotel passt perfekt zur Rambla del Raval. Die Dachterrasse ermöglicht sensationelle Aussichten über Raval, die großzügigen Zimmer sind chic mit Retro-Armaturen und warmem Neonlicht gestaltet. Für die Gäste gibt es Nespresso-Maschinen und iPod-Docks. **www.barcelo.com**

Barcelona Catedral €€€

Carrer dels Capellans 4, 08002 ☎ *93 304 22 55* FAX *93 304 23 66* **Zimmer** *80* **Stadtplan** *5 A3* **Karte** *R2*

Ganz im mittelalterlichen Zentrum und nahe der Kathedrale befindet sich das Barcelona Catedral. Das Hotel ist aber kein bisschen mittelalterlich: schicke Zimmer, super TV-Flachbildschirme, stimmungsvolles Licht. Das Café in der Lobby ist ein prima Treffpunkt mit kleiner Frühstückskarte. **www.barcelonacatedral.com**

Chic and Basic €€€

Carrer de la Princesa 50, 08003 ☎ *93 295 46 52* FAX *93 295 46 53* **Zimmer** *31* **Stadtplan** *5 C2* **Karte** *T3*

Dieses Hotel befindet sich in einem Stadthaus aus dem 19. Jahrhundert. Die Zimmer sind komplett in Weiß gehalten, die Badezimmer sind modern mit Glas und Stahl ausgestattet. Besonders angesagt ist die White Bar. Kostenloses WLAN. **www.chicandbasic.com**

Jazz Hotel €€€

Carrer de Pelai 3, 08001 ☎ *93 552 96 96* FAX *93 552 96 97* **Zimmer** *108* **Stadtplan** *5 A1* **Karte** *F5*

Dieses ultramoderne Hotel nahe der Plaça de Catalunya bietet weitaus mehr, als man seinen drei Sternen nach vermuten dürfte, z. B. den Pool mit Sonnenterrasse auf dem Dach. Alle Zimmer (mit Schallschutzfenstern) sind sehr chic, trendy und zeitgeistig eingerichtet. **www.hoteljazzbarcelona.com**

Montecarlo €€€

La Rambla 124, 08002 ☎ *93 412 04 04* FAX *93 318 73 23* **Zimmer** *55* **Stadtplan** *5 A2* **Karte** *Q1*

Dieses schöne Hotel direkt an La Rambla residiert in einem alten Palais des 19. Jahrhunderts. Die Lobby ist ein Traum aus Marmor und Gold, die Zimmer dagegen sind angenehm modern. Das Personal ist kompetent, hilfreich und freundlich. Auf der Website des Hotels gibt es manchmal Super-Sonderangebote. **www.montecarlobcn.com**

Nouvel €€€

Carrer de Santa Anna 18–20, 08002 ☎ *93 301 82 74* FAX *93 301 83 70* **Zimmer** *78* **Stadtplan** *5 A1* **Karte** *R1*

Dieses gut geführte, altmodische Hotel befindet sich in einer kleinen Einkaufsstraße, einer Seitenstraße von La Rambla, nahe der Plaça de Catalunya. Die Zimmer sind geschmackvoll eingerichtet. Die besten Zimmer haben Balkone im Stil des Modernisme. Tolle Lüster aus den 1920er Jahren in der netten Lounge. **www.hotelnouvel.com**

Park Hotel €€€

Av. del Marquès de l'Argentera 11, 08003 ☎ *93 319 60 00* FAX *93 319 415 19* **Zimmer** *91* **Stadtplan** *5 C3* **Karte** *H7*

Ein Juwel der Architektur der 1950er Jahre: 1951 von Antonio Moragas entworfen, 1990 von seinem Sohn preisgekrönt renoviert: Die schmale Wendeltreppe ist ein echtes Highlight. Die Zimmer sind klein, aber klug möbliert, manche haben einen Balkon. **www.parkhotelbarcelona.com**

Petit Palace Opera Garden €€€

Carrer de la Boqueria 10, 08002 ☎ *93 302 00 92* FAX *93 302 15 66* **Zimmer** *61* **Stadtplan** *5 A2* **Karte** *QR3*

Dieses nette Hotel befindet sich ganz in der Nähe der Rambla und der Oper. Die Zimmer sind farbenfroh gestaltet, und jedem ist ein musikalisches Thema zugeordnet. Es gibt einen großen, romantischen Innenhof, in dem alte Bäume Schatten spenden. **www.hthoteles.com**

1898 €€€€

La Rambla 109, 08002 ☎ *93 552 95 52* FAX *93 552 95 50* **Zimmer** *169* **Stadtplan** *5 A2* **Karte** *Q1*

Dieses schicke Hotel befindet sich in einer ehemaligen Tabakfabrik aus dem 19. Jahrhundert. Dies lässt sich teilweise noch an der Einrichtung erkennen, die jedoch mit den Annehmlichkeiten des 21. Jahrhunderts kombiniert wurde: Pool innen und außen, Spa, Fitness-Center, gutes Restaurant und Bar. **www.hotel1898.es**

Arts €€€€€

Carrer de la Marina 19–21, 08005 ☎ *93 221 10 00* FAX *93 221 10 70* **Zimmer** *483* **Stadtplan** *6 E4* **Karte** *K9*

Modernes, superluxuriöses Strandhotel am Port Olímpic in einem der höchsten Gebäude Spaniens. Riesige Zimmer bieten atemberaubende Aussichten auf Stadt und Meer, jeder erdenkliche Komfort wird hier geboten. Ganz oben gibt es Suiten, die nochmal alles überbieten: ein europäisches Spitzenhotel! **www.hotelartsbarcelona.com**

Grand Hotel Central €€€€€

Via Laietana 30, 08003 ☎ *93 295 79 00* FAX *93 268 12 15* **Zimmer** *147* **Stadtplan** *5 B2* **Karte** *S3*

Das Schönste am Grand Hotel Central ist der Pool auf dem Dach mit Blick über Born bis zum Meer. Die Zimmer sind groß, hell und haben bequeme Betten. Selbst die Standardzimmer sind mit CD-, DVD- und MP3-Playern ausgestattet. Fragen Sie nach den günstigen Angeboten für zwei Nächte. **www.grandhotelcentral.com**

Stadtplan *siehe Seiten 188–197*

Hotel W €€€€€

Ende Passeig Joan de Borbó, 08039 ☎ *93 295 2800* FAX *91 181 5000* ***Zimmer*** *473* ***Stadtplan*** *5 B4* ***Karte*** *H8–9*

Das schicke, segelförmige Hotel W am Hafen wurde von Ricardo Bofill gestaltet. Von jedem Zimmer gibt es spannende Ausblicke durch die raumhohen Fenster aufs Meer. Den Gästen stehen mehrere Hotelrestaurants, ein Spa und eine Bar auf der Dachterrasse zur Verfügung. **www.w-barcelona.com**

Le Méridien €€€€€

La Rambla 111, 08002 ☎ *93 318 62 00* FAX *93 301 77 76* ***Zimmer*** *233* ***Stadtplan*** *5 A1* ***Karte*** *Q1*

Sehr elegantes und exklusives Hotel an La Rambla, beliebt bei vielen internationalen Opern-, Musik- und Filmstars. Die Zimmer sind exzellent eingerichtet, aber auch für Geschäftsreisende geeignet. Wer will, kann die extravagante, exklusive »Presidential Suite« buchen. **www.lemeridien-barcelona.com**

Neri €€€€€

Carrer de Sant Sever 5, 08002 ☎ *93 304 06 55* FAX *93 304 03 37* ***Zimmer*** *22* ***Stadtplan*** *5 A2* ***Karte*** *R3*

Dieses bezaubernde Hotel kombiniert den Charme eines Palais aus dem 18. Jahrhundert mit zeitgenössischem Komfort: Lichte, helle und schicke Zimmer in sanften Farben, eine Dachterrasse mit tollem Ausblick zur Kathedrale, Bibliothek und Solarium sowie ein Restaurant mit mediterraner Küche erwarten die Gäste. **www.hotelneri.com**

Eixample

Hostal Eden €

Carrer de Balmes 55, 08007 ☎ *93 452 66 20* FAX *93 452 66 21* ***Zimmer*** *30* ***Stadtplan*** *3 A4–5* ***Karte*** *F4*

Diese Pension bietet ein exzellentes Preis-Leistungs-Verhältnis: Lounge mit DVD-Player, kostenloser Internet-Zugang und eine sonnige Terrasse sind weitere Pluspunkte. Die Zimmer sind schlicht und sauber. Prima Lage nahe der Attraktionen von Gaudí. **www.hostaleden.net**

Hostal San Remo €

Carrer d'Ausias March 19, 08026 ☎ *93 302 19 89* ***Zimmer*** *7* ***Stadtplan*** *5 C1* ***Karte*** *H5*

Das San Remo mit nur sieben Zimmern ist ein prima Hostal zum preiswerten Übernachten. Der freundliche Inhaber kümmert sich um alles selbst. Die Zimmer sind schlicht und recht komfortabel, haben TV, meist ein eigenes Bad und manche auch einen Balkon. Man darf aber nicht zu lärmempfindlich sein. **www.hostalsanremo.com**

Hostal Ciudad Condal €€

Carrer de Mallorca 255, 08008 ☎ *93 215 10 40* FAX *93 487 04 59* ***Zimmer*** *15* ***Stadtplan*** *3 A4* ***Karte*** *G30*

Einfaches Hostal in einem stilvollen Modernisme-Gebäude in einer der elegantesten Straßen von Eixample. Alle Zimmer haben eine Minibar, WLAN und Klimaanlage. Die Zimmer nach hinten sind deutlich leiser als die zur Straße hin gelegenen. Kein Frühstück, dafür nette Cafés gleich in der Nachbarschaft. **www.hostalciudadcondal.com**

Hostal Girona €€

Carrer de Girona 24, 08010 ☎ *93 265 02 59* FAX *93 265 85 32* ***Zimmer*** *26* ***Stadtplan*** *3 C4* ***Karte*** *H5*

Lassen Sie sich nicht von den opulenten antiken Möbeln, Samtsofas und Ölgemälden am Empfang und in der Lobby täuschen: Die Zimmer des Hostal Girona sind einfach, schlicht, von mittlerer Größe und recht karg eingerichtet – dafür aber immer sauber. **www.hostalgirona.com**

Hotel Paseo de Gracia €€

Passeig de Gràcia 102, 08008 ☎ *93 215 06 03* FAX *93 215 37 24* ***Zimmer*** *33* ***Stadtplan*** *3 A3* ***Karte*** *G3*

Es gibt nur wenige preiswerte Hotels im schicken und teuren Eixample-Viertel – dieses ist eines davon: Wunderbar gelegen an einem der beliebtesten Boulevards, nahe den viel besuchten Gaudí-Bauwerken, bietet dieses Hotel einfache Zimmer mit Blick auf die Plaça de Catalunya.

Actual €€€

Carrer del Rosselló 238, 08008 ☎ *93 552 05 50* FAX *93 552 05 55* ***Zimmer*** *29* ***Stadtplan*** *3 AB3* ***Karte*** *G3*

Die Zimmer dieses modernen Hotels sind minimalistisch chic eingerichtet: Großartig gelegen nahe Gaudís Casa Milà (»La Pedrera«), schätzen die Gäste dieses Hauses die vielen Boutiquen am Passeig de Gràcia. Das Hotel ist auf Geschäftsreisende eingerichtet – also gibt es gute Sonderangebote am Wochenende. **www.hotelactual.com**

Axel €€€

Carrer d'Aribau 33, 08011 ☎ *93 323 93 93* FAX *93 323 93 94* ***Zimmer*** *66* ***Stadtplan*** *2 F1* ***Karte*** *F4*

Dies ist Barcelonas bestes Schwulenhotel: Das Vier-Sterne-Haus bietet eine Vielzahl von Annehmlichkeiten. Die Zimmer sind modern ausgestattet, die Bar auf der Dachterrasse ist sehr beliebt. Einrichtungen für Geschäftsleute, aber auch eine Bibliothek. Dazu noch ein Pool und ein gutes Restaurant – mit Drag-Shows. **www.axelhotels.com**

Catalunya Plaza €€€

Plaça de Catalunya 7, 08002 ☎ *93 317 71 71* FAX *93 317 78 55* ***Zimmer*** *46* ***Stadtplan*** *5 A1* ***Karte*** *R1*

Dieses zuverlässige Hotel im Zentrum von Barcelona ist bei Geschäftsreisenden sehr beliebt. Die großen Aufenthaltsräume im Gebäude aus dem 19. Jahrhundert sind mit bunten Fresken geschmückt. Attraktive Zimmer mit Standardeinrichtung sowie sehr aufmerksames Personal. **www.hotelcatalunyaplaza.com**

Preiskategorien *siehe Seite 134* **Zeichenerklärung** *siehe hintere Umschlagklappe*

Granados 83 €€€

Carrer d'Enric Granados 83, 08008 Tel. *93 492 96 70* FAX *93 492 96 90* **Zimmer** *77* **Karte** *F3*

Dieses Designerhotel ist mit afrikanischem Zebraholz, dunkelbraunen Ledermöbeln sowie buddhistischen und hinduistischen Kunstwerken ausgestattet. Die Suiten verfügen über eigene Terrassen mit Blick auf den Pool. Es gibt ein exzellentes Restaurant und eine Bar auf dem Dach. **www.derbyhotels.com**

Hotel Murmuri €€€

Rambla de Catalunya 104, 08008 Tel. *93 550 06 00* FAX *93 550 06 01* **Zimmer** *53* **Stadtplan** *3 A3* **Karte** *G3*

Das Murmuri gehört zu einer kleinen Kette von Luxushotels zusammen mit dem Hotel Majestic. Die Zimmer sind sehr bequem. Die Cocktailbar gilt als legendär. Das asiatische Hotelrestaurant gehört zur Spitzenklasse. Auf einer ruhigen Terrasse bekommt man leckere Tapas serviert. **www.murmuri.com**

Hotel Soho €€€

Gran Via de les Corts Catalanes 543, 08011 Tel. *93 552 96 10* FAX *93 552 96 11* **Zimmer** *51* **Stadtplan** *2 E1* **Karte** *E5*

Das Hotel Soho ist recht chic eingerichtet, das Personal hilfreich und freundlich. Die Sonnenterrasse mit Pool und Bar ist immer sehr beliebt. Die Zimmer selbst sind gut bis sehr gut. Die Bäder sind hinter Glaswänden eingebaut. Das Hotel Soho wird sehr gerne gebucht – frühzeitige Reservierung vonnöten. **www.hotelsohobarcelona.com**

Sixtytwo €€€

Passeig de Gràcia 62, 08007 Tel. *93 272 41 80* FAX *93 272 41 81* **Zimmer** *45* **Stadtplan** *3 A4* **Karte** *G4*

Zen und Modernisme – das sind die Stilrichtungen dieses edlen Luxushotels nahe an Gaudís wichtigsten Gebäuden. Die hellen, schicken Zimmer sind exzellent ausgestattet, sogar mit Design-Fernsehern von Bang & Olufsen. Im Chill-out-Bereich »Zeroom« wartet eine Bibliothek über Kunst und Design. **www.sixtytwohotel.com**

Claris €€€€

Carrer de Pau Claris 150, 08009 Tel. *93 487 62 62* FAX *93 215 79 70* **Zimmer** *124* **Stadtplan** *3 B4* **Karte** *G4*

Antike Kelims sowie elegante englische und französische Möbel schmücken die Zimmer dieses Hotels nahe Passeig de Gràcia. Das Claris im umgebauten Vedruna-Palais glänzt mit Kunstwerken aus der ganzen Welt, gar einem Privatmuseum ägyptischer Kunst. Aussichtsterrasse mit Pool und Sonnendeck, Mietautos. **www.derbyhotels.com**

Condes de Barcelona €€€€

Passeig de Gràcia 73–75, 08008 Tel. *93 445 00 00* FAX *93 445 32 32* **Zimmer** *235* **Stadtplan** *3 A4* **Karte** *G3*

Dieses Haus nimmt zwei renovierte Modernisme-Gebäude mit Marmor-Lobby und edler Fassade ein. Die Zimmer in beiden Palais sind zeitgenössisch modern und bieten Jacuzzis. Wählen Sie, wenn möglich, ein Zimmer mit Terrasse und Blick auf Gaudís Casa Milà gleich auf der anderen Straßenseite. **www.condesdebarcelona.com**

Hispanos Siete Suiza €€€€

Carrer de Sicília 255, 08025 Tel. *93 208 20 51* FAX *93 208 20 52* **Zimmer** *19* **Stadtplan** *4 D3* **Karte** *K3*

Dieses Aparthotel liegt dicht an Gaudís Kathedrale Sagrada Família. Die 18 Doppelzimmer und die eine Suite sind traditionell eingerichtet. Der gesamte Gewinn aus dem Hotel geht an die Fundación Dr. Melchor Colet für Krebsforschung. Colets Auto-Oldtimer-Sammlung ist ständig zu sehen. **www.hispanos7suiza.com**

Majèstic €€€€

Passeig de Gràcia 68, 08007 Tel. *93 488 17 17* FAX *93 488 18 80* **Zimmer** *303* **Stadtplan** *3 A4* **Karte** *G4*

Traditionshotel in klassizistischem Palais an einer schicken Straße (gleich bei der Carrer de València). Die stilvoll möblierten Zimmer sind mit Plüsch und alten Drucken geschmückt. Alle Zimmer bieten 5-Sterne-Komfort. Dazu gibt es einige Luxussuiten und einen Pool auf der Dachterrasse mit prima Panorama. **www.hotelmajestic.es**

Omm €€€€€

Carrer del Rosselló 265, 08008 Tel. *93 445 40 00* FAX *93 445 40 04* **Zimmer** *91* **Stadtplan** *3 B3* **Karte** *G3*

Mit seiner glitzernden, ultramodernen Fassade, den raffinierten Balkonen und den Stahl-Glas-Konstruktionen bildet das Omm den Inbegriff des modernen, designbewussten Barcelona. Modische, minimalistische Zimmereinrichtung, trotzdem sehr bequem. Bar und Club sind beliebt bei Models und Möchtegern-Models. **www.hotelomm.es**

Abstecher

GRÀCIA Casa Fuster €€€€€

Passeig de Gràcia 132, 08008 Tel. *93 255 30 00* FAX *93 553 30 02* **Zimmer** *96*

Die Casa Fuster, ein luxuriöser Modernisme-Bau, wurde 1908 von Lluís Domènech i Montaner geschaffen. Nach einer ausführlichen Restaurierung wurde dieses Haus als eines der renommiertesten Luxushotels der Stadt eröffnet. Sie sollten sich auf keinen Fall den Ausblick vom Dach entgehen lassen! **www.hotelcasafuster.com**

POBLENOU Hostal Poble Nou €€

Carrer Taulat 30, 08005 Tel. *93 221 26 01* FAX *93 221 26 01* **Zimmer** *10*

Dieses charmante, kleine *hostal* in einem Stadthaus aus den 1930er Jahren ist perfekt in die traditionelle Nachbarschaft von Poblenou eingebunden. Strandnah, doch schnell ist man mit der Metro in Barcelonas City. Die Zimmer sind einfach, das im Preis enthaltene Frühstück auf der Terrasse genial. **www.hostalpoblenou.com**

Stadtplan *siehe Seiten 188–197*

SARRIA-SANT GERVASI Petit Hotel €€

Carrer de Laforja 67, 08021 Tel. *93 202 36 63* FAX *93 202 34 95* ***Zimmer** 4*

Wie der Name schon sagt, hat dieses kleine Hotel nur vier Zimmer. Im Zentrum gibt es eine gemütliche Lounge. Zwei Zimmer gehen ineinander über, nur zwei haben eigene Badezimmer. In der Gegend des Petit Hotel gibt es einige der besten Restaurants. **www.petit-hotel.net**

SARRIA-SANT GERVASI Rekord €€€€

Carrer de Muntaner 352, 08021 Tel. *93 200 19 53* FAX *93 414 50 84* ***Zimmer** 15*

Dieses kleine, moderne Hotel wird hauptsächlich von Geschäftsleuten gebucht. Die großen Zimmer sind praktisch eingerichtet mit modernen Möbeln und Nettigkeiten wie Hometrainer. Sämtliche Service-Angebote für Geschäftsleute sind umfassend und exzellent! **www.hotelrekord.com**

Katalonien

ARTIES Parador Don Gaspar de Portolà €€€

Ctra Baqueira-Beret, 25599 (Lleida) Tel. *973 64 08 01* FAX *973 64 10 01* ***Zimmer** 58*

Ein moderner, komfortabler *parador* im traditionellen Baustil der Region. Artíes ist eines der nettesten Dörfer in der Vall d'Aran. Entlang der engen Straßen findet man einige mittelalterliche Kapellen. Der perfekte Startplatz für Skifahrer in der Vall d'Aran, aber auch für Bergwanderer. **www.parador.es**

AVINYONET DE PUIGVENTÓS Mas Pau €€

Carretera de Figueres a Olot, 17742 (Girona) Tel. *972 54 61 54* ***Zimmer** 20*

Das schöne Hotel in einem burgartigen Gebäude aus dem 16. Jahrhundert liegt inmitten von Gärten und Wiesen. Viele der luxuriösen Zimmer und Suiten befinden sich in dem 25 Meter hohen Turm, von dem man eine tolle Aussicht hat. Selbst das Restaurant bietet diese spannenden Blicke. Januar bis Anfang März. **www.maspau.com**

BANYOLES Mirallac €€€

Passeig Darder 50, 17820 (Girona) Tel. *972 57 10 45* FAX *972 57 10 39* ***Zimmer** 27*

Von diesem klassisch-altmodischen Hotel überblickt man den ganzen See von Banyoles. Die konventionellen Zimmer des Hotels werden ergänzt durch einen riesigen Swimmingpool und zahlreiche Wassersportangebote. Das Restaurant bietet lokale Spezialitäten, darunter viel Fisch. **www.hotelmirallac.com**

BAQUEIRA-BERET Melía Royal Tanau €€€€

Ctra de Beret, 25598 (Lleida) Tel. *902 10 6552* FAX *973 64 43 44* ***Zimmer** 30*

Das luxuriöse Boutique-Hotel inmitten des Skigebiets Tanau bietet ein umfangreiches Verwöhnprogramm: Jacuzzis und ein eigenes Spa. Im Winter bringt der eigene Skilift die Gäste auf die Piste. Und natürlich alles, was man für zünftigen Après-Ski benötigt. Neben Zimmern auch Apartments. Geöffnet nur Jan–Mitte Apr. **www.solmelia.com**

BEGUR Aigua Blava €€€

Platja de Fornells, 17255 (Girona) Tel. *972 62 45 62* FAX *972 62 21 12* ***Zimmer** 86*

Reizendes kleines Hotel in der Fornell-Bucht, einem der schönsten Plätze der ganzen Costa Brava. Umgeben von vielen Pinien und Gärten genießt man hier wunderschöne Meeresblicke. Die Zimmer sind hell und luftig; daneben gibt es zehn Apartments mit Komplettausstattung. November bis März geschlossen. **www.aiguablava.com**

BEGUR El Convent €€€€

Carrer del Racó (Sa Riera) 2, 17255 Tel. *972 62 30 91* FAX *972 62 31 04* ***Zimmer** 25*

In wunderbar ruhiger Lage inmitten von Pinien und Eichen liegt dieses Hotel perfekt zwischen dem mittelalterlichen Begur und dem charmanten Sa Riera. In einem Konventsgebäude aus dem 18. Jahrhundert bietet man Hotelluxus in Designerqualität. Es gibt eine exzellentes Restaurant. **www.hotelconventbegur.com**

BEUDA Mas Salvanera €€

Mas Salvanera s/n, 17850 (Girona) Tel. *972 59 09 75* FAX *972 59 08 63* ***Zimmer** 10*

Dieses kleine familiengeführte Hotel befindet sich in einem umgebauten Bauernhaus aus dem 17. Jahrhundert. Neben dem hübschen Garten sind vor allem die hausgemachten Delikatessen verlockend. Vielfältige Angebote für Radtouren, zum Fischen und für Ausritte in der Gegend stehen zur Auswahl. **www.salvanera.com**

BEUDA Can Felicià €€€

Segueró, 17850 (Girona) Tel. *972 59 05 23* FAX *972 59 05 23* ***Zimmer** 8*

Die herrliche Aussicht lohnt den Aufenthalt in diesem Landhotel, das in einer ehemaligen Schule untergebracht ist. Von den hellen, farbenfrohen Zimmern blickt man in einen großen Garten. Ein perfektes Hotel für Familien mit Kindern, denn auch ein kleiner Pool fehlt nicht. Das Abendessen ist im Preis inbegriffen. **www.canfelicia.com**

BOLVIR DE CERDANYA Torre del Remei €€€€€

Camí Reial s/n, 17539 (Girona) Tel. *972 14 01 82* FAX *972 14 04 49* ***Zimmer** 20*

Vornehmes Luxushotel in wunderbarem Jugendstilgebäude, das von einem üppigen Garten umgeben ist. Die klassisch ausgestatteten Zimmer lassen wirklich keinen Wunsch offen. Dazu gibt es für die Gäste ein eigenes Spa und ein Fitness-Center. **www.torredelremei.com**

Preiskategorien *siehe Seite 134* **Zeichenerklärung** *siehe hintere Umschlagklappe*

CADAQUÉS Misty €€

Carretera Nova Port Lligat, 17488 (Girona) ☎ *972 25 89 62* FAX *972 15 90 90* ***Zimmer*** *12*

Dieses Hotel mit drei Häusern, Pool und großem Garten ist eines der schönsten an der Costa Brava: Ideal für Familien ist beispielsweise der eigene Grillplatz. Es gibt zwar kein Restaurant, dafür aber eine üppig ausgestattete Snackbar. Die Luxemburger Besitzer veranstalten häufig Grillpartys. Januar bis März geschlossen. **www.hotel-misty.com**

CARDONA Parador de Cardona €€€

Carrer de Castell s/n, 08261 (Barcelona) ☎ *93 869 12 75* FAX *93 869 16 36* ***Zimmer*** *54*

Diese mittelalterliche Burg von Cardona beherbergt heute einen der spektakulärsten *paradores* in ganz Spanien: Die Gäste des luxuriösen Hotels erwarten elegante Himmelbetten, ein katalanisches Spezialitäten-Restaurant und tolle Aussichten über das Land. **www.parador.es**

CASTELLDELFELS Gran Hotel Rey Don Jaime €€

Avinguda del Hotel 22, 08860 (Barcelona) ☎ *93 665 13 00* FAX *93 664 51 51* ***Zimmer*** *220*

Riesiges Hotel im mediterranen Stil mit gemauerten Bogen und weiß gekalkten Wänden. Es gibt moderne Zimmer oder traditionelle Zimmer im rustikalen Stil zur Auswahl. Exzellente Angebote für Sport und Aktivurlaub, darunter Squash. Vom Berg aus kann man bis zum Mittelmeer blicken. **www.hotelreydonjaime.es**

CÓLL Casa Peiró €

La Plaça 7, 25527 (Lleida) ☎ *973 29 70 02* ***Zimmer*** *8*

In diesem winzigen Bergdorf gibt es ein wunderbares, familiengeführtes kleines Hotel mit acht Zimmern zu entdecken: Alles ist noch ganz traditionell, die Zimmer, die Sauna und die angebotenen Massagen. Spezialität im Restaurant: *butifarra negra i ceps* (Würste mit Pilzen). **www.hotelcasapeiro.com**

L'ESCALA El Roser €

Carrer de l'Església 7, 17130 (Girona) ☎ *972 77 02 19* FAX *972 77 45 29* ***Zimmer*** *22*

Direkt am Strand und im historischen Zentrum von L'Escala befindet sich dieses reizende, altmodische Seehotel. Das Restaurant gilt als eines des besten in der ganzen Region. Die Zimmer sind tadellos und nett eingerichtet, alle mit Bad, Telefon und TV. Im November geschlossen. **www.elroserhostal.com**

L'ESPLUGA DEL FRANCOLÍ Hostal del Senglar €€

Plaça de Montserrat Canals 1, 43440 (Tarragona) ☎ *977 87 04 11* FAX *977 87 01 27* ***Zimmer*** *38*

Auf drei Stockwerken bietet dieses Hotel einfache Zimmer mit schlichter Möblierung. Das traditionelle Familienhotel veranstaltet häufig Grillabende im schönen Garten. Im dazugehörigen Restaurant finden sich zahlreiche Spezialitäten der Region auf der Speisekarte. **www.hostaldelsenglar.com**

FIGUERES Hotel Durán €€

Carrer de Lasauca 5, 17600 (Girona) ☎ *972 50 12 50* FAX *972 50 26 09* ***Zimmer*** *60*

Dieses ocker- und pinkfarbene Hotel beherbergt eines der besten Restaurants der ganzen Region: Es wurde 1835 gegründet und wird bis heute von derselben Familie geführt. Die Zimmer sind angenehm schlicht, aber nicht karg, viele haben schöne schmiedeeiserne Balkone auf die ruhige Straße hinaus. **www.hotelduran.com**

LA GARRIGA Gran Hotel Balneario Blancafort €€€€

Carrer Mina, 7, 08530 (Barcelona) ☎ *93 860 56 00* FAX *93 871 94 22* ***Zimmer*** *312*

Dieses nette Hotel aus dem 19. Jahrhundert steht im bekannten Badeort La Garriga nahe Barcelona: Die umfangreichen Renovierungen hoben das Haus auf 5-Sterne-Luxus-Niveau an. Die Zimmer sind klassisch mit Originaldrucken und modernen Möbeln eingerichtet. Schönheitsfarm und Garten inklusive. **www.spablancafort.com**

GIRONA Hotel Aatu €€€

Afueras s/n, Peratallada (Girona), 17113 ☎ *617 46 49 14* FAX *972 63 42 00* ***Zimmer*** *13*

Außerhalb der mittelalterlichen Stadt Peratallada in einer Gartenanlage befindet sich dies wunderbare Landhotel Aatu. Es gibt zwei Swimmingpools und viele Sportangebote wie Golf, Radtouren, Reiten und Fahrten mit einem Heißluftballon. Im Restaurant kocht man am offenen Feuer. **www.hotelaatu.net**

GIRONA Hotel Llegendes de Girona Catedral €€€

Portal de la Barça 4, 17004 (Girona) ☎ *972 22 09 05* ***Zimmer*** *15*

Dieses charmante Hotel mitten im historischen Zentrum Gironas ist in einem alten Palais aus dem 18. Jahrhundert untergebracht. Aber die Zimmer sind natürlich modern und chic eingerichtet. Besonderheit: Im Hotel gibt es ein Buch über Legenden aus Girona und besonders um die Kathedrale. **www.llegendeshotel.com**

GOMBRÈN Fonda Xesc €

Plaça Roser 1, 17531 (Girona) ☎ *972 73 04 04* ***Zimmer*** *14*

Mitten im Zentrum des alten Bergdorfes bietet dieses altmodisch wirkende Hotel einfache, aber perfekt saubere Zimmer. Im regional bekannten Restaurant serviert man katalanische Spezialitäten, beispielsweise hausgemachte *embotits*, die man auch im zugehörigen Laden kaufen kann. **www.fondaxesc.com**

GRANOLLERS Fonda Europa €€

Carrer Anselm Clavé 1, 08400 (Barcelona) ☎ *93 870 03 12* FAX *93 870 79 01* ***Zimmer*** *7*

In diesem Mini-Hotel übernachten Reisende bereits seit 1714. Bis heute wird es von derselben Familie geführt. Die Zimmer sind komplett renoviert – und weiterhin schlicht eingerichtet. Das Restaurant ist eine sehr gute Wahl: Die katalanischen Spezialitäten werden nach alten Rezepten zubereitet. **www.casafondaeuropa.com**

Regionalkarte Katalonien *siehe Seiten 110f*

LLORET DE MAR Hotel Santa Marta €€€€€

Platja Santa Cristina, 17310 (Girona) 972 36 49 04 FAX 972 36 92 80 **Zimmer** 76

Das moderne Hotel Santa Marta liegt an einer Bucht direkt neben den Ausläufern der Resorts von Lloret de Mar. Ruhige Pinienwälder und grüne Gärten erstrecken sich bis zur Küste. Vielfältige Sportangebote, darunter Tennis. Von Mitte November bis Mitte Februar geschlossen. **www.hstamarta.com**

MONTSENY Can Barrina €€

Ctra Palautorder al Montseny, 08460 (Barcelona) 938 47 30 65 FAX 938 47 31 84 **Zimmer** 14

Dieses traditionelle Landhaus liegt versteckt in den Hügeln von Montseny. Das Can Barrina ist berühmt für seine exzellente katalanische Küche. Nur wenige Restaurantgäste wissen überhaupt, dass es auch einige Gästezimmer mit antiken Möbeln gibt. Netter Garten um das Haus, kleiner Pool. **www.canbarrina.com**

MONTSENY Sant Bernat €€

Finca El Clot, Ctra Sta Ma de Palautordera a Seva, km 20,8, 08460 (Barcelona) 93 847 30 11 **Zimmer** 23

Beeindruckendes Landhaus mitten in der Serra de Montseny, das von allen Seiten mit Grün überwuchert ist. Die Zimmer und Suiten sind praktisch eingerichtet mit rustikalen Möbeln und Gemälden an der Wand. Reizvolle Umgebung mit Gärten und Teich. Vielfältiges Sportangebot. **www.hotelhusasantbernat.com**

PERAMOLA Can Boix de Peramola €€

Carrer Afores s/n, 25790 (Lleida) 973 47 02 66 FAX 973 47 02 81 **Zimmer** 41

Preiswertes Berghotel, das seit zehn Generationen von derselben Familie geführt wird. Zauberhafte Zimmer und Apartments mit atemberaubender Aussicht. Ein idealer Ausgangspunkt für Wanderungen in den Vorbergen der Pyrenäen. Von Januar bis Mitte Februar geschlossen. **www.canboix.cat**

REGENCÓS Hotel del Teatre €€€€

Plaça Major s/n, 17214 (Girona) 972 30 62 70 FAX 972 30 62 73 **Zimmer** 7

Mitten im Zentrum der beliebten mittelalterlichen Stadt Regencós hat dieses Boutique-Hotel in zwei alten renovierten Häusern des 18. Jahrhunderts seinen Platz gefunden. Gemäßigter Minimalismus, charmante Details und ziemlich schicke Möbel bestimmen hier die Zimmer. Wunderbarer Pool (mit Schatten) im Garten. **www.hoteldelteatre.com**

SA TUNA (BEGUR) Hotel Sa Tuna €€€

Platja Sa Tuna, 17255 (Girona) 972 62 21 98 FAX 972 62 41 82 **Zimmer** 5

Einfaches, weiß getünchtes kleines Hotel an einer der schönsten Buchten der Costa Brava. Die kürzlich erfolgten Renovierungen, die der Enkel des Gründers veranlasste, haben dem Hotel sehr gutgetan. Es gibt Zimmer mit eigener Terrasse mit Meerblick. Gutes Restaurant. Oktober bis März geschlossen. **www.hostalsatuna.com**

SADURNÍ D'ANOIA Sol I Vi €€

Ctra Sant Sadurní–Vilafranca, km 4, Lavern, 08739 (Barcelona) 938 99 32 04 FAX 938 99 34 35 **Zimmer** 25

Dieses traditionelle Hotel steht inmitten von Weinbergen – die ideale Lage, um die Wein- und *Cava*-Produktion der Region südwestlich Barcelonas zu erkunden. Die Zimmer sind einfach, bequem und tadellos. Das superbe Restaurant bietet traditionelle katalanische Gerichte. **www.solivi.com**

S'AGARÓ Hostal de la Gavina €€€€€

Plaça de la Rosaleda, 17248 (Girona) 972 32 11 00 FAX 972 32 15 73 **Zimmer** 74

Dieses elegante Strandhaus im mediterranen Stil steht völlig auf eigenem, exklusivem Land: Die umliegenden Gärten, der »Pool im Meer« – alles gehört zu diesem Anwesen. Die Zimmer sind edel mit Seidentapeten und antiken Möbeln ausgestattet. Luxus-Spa und Gourmet-Restaurant. **www.lagavina.com**

SANT PERE DE RIBES Els Sumidors €€

Carretera de Vilafranca, km 2,4, 18810 (Barcelona) 93 896 20 61 FAX 93 896 20 61 **Zimmer** 9

Idyllisch am Hang gelegen mit einem schönen Blick auf die Weinberge von Penèdes, bietet dieses Hotel viel Atmosphäre und Charme – dafür aber weniger Luxus. Versteckt unter wildem Wein erinnert es an die »ruhige alte Zeit« ganz ohne das glitzernde Nachtleben des benachbarten Sitges. Kein Restaurant. **www.sumidors.com**

SANTA CRISTINA D'ARO Mas Torrellas €€

Carretera Santa Cristina–Platja d'Aro, 17246 (Girona) 972 83 75 26 FAX 972 83 75 27 **Zimmer** 18

Attraktives Landhotel in einem alten Gebäude aus dem 18. Jahrhundert. Auffallend ist der große gelbe Turm, in dem sich die besten Zimmer befinden. Dazu gibt es einen Pool, Tennisplatz und die Möglichkeit zu Ausritten. Exzellentes Restaurant. Von Oktober bis März geschlossen. **www.mastorellas.com**

SANTA PAU Cal Sastre €€

Carrer de les Cases Noves, 1, 17811 (Girona) 902 99 84 79 **Zimmer** 11

Das Landhaus aus dem 18. Jahrhundert wurde geschmackvoll renoviert und bietet heute zeitgemäßen Komfort. Umgeben von einem schattigen Garten und dem mittelalterlichen Ort Santa Pau lässt es sich hier gut hinter alten Mauern wohnen. Von hier aus sind vielfältige Radtouren möglich. **www.calsastre.com**

LA SEU D'URGELL Parador de La Seu d'Urgell €€€

Carrer de Sant Domènec 6, 25700 (Lleida) 973 35 20 00 FAX 973 35 23 09 **Zimmer** 80

Nur der Kreuzgang (heute die Lounge) blieb vom alten Renaissance-Kloster noch erhalten: Der *parador* nahe der Kathedrale La Seu (12. Jh.) bietet alle modernen Annehmlichkeiten inklusive Pool mit Glasdach, schöne Zimmer und vielfältige Möglichkeiten zum Wandern und Skifahren in der Nähe Andorras. **www.parador.es**

Preiskategorien *siehe Seite 134* **Zeichenerklärung** *siehe hintere Umschlagklappe*

SITGES Romàntic €€

Carrer Sant Isidre 33, 08870 (Barcelona) 93 894 83 75 FAX 93 894 41 29 **Zimmer** 60

Das Romàntic macht seinem Namen alle Ehre: Die einfachen Zimmer sind mit viel Kunst und ausgesuchten Antiquitäten geschmückt. Der schöne schattige Garten mit Brunnen ist der ideale Platz für ausgedehnte Frühstücke und für entspannende Cocktails am Abend. November bis März geschlossen. **www.hotelromantic.com**

TARRAGONA Imperial Tarraco €€

Passeig Les Palmeres s/n, 43003 (Tarragona) 977 23 30 40 FAX 977 21 65 66 **Zimmer** 170

Das Imperial Tarraco ist die beste Wahl, die man in Tarragona treffen kann. Dieses moderne und große Hotel mit einem Traumpanorama direkt am Balconi del Mediterrani bietet großzügige, elegante Zimmer. Die Suiten haben eigene Terrassen. Die Hotel ist nicht weit vom Stadtzentrum entfernt. **www.hotelhusaimperialtarraco.com**

TARRAGONA Lauria €€

Rambla Nova 20, 43004 (Tarragona) 977 23 67 12 FAX 977 23 67 00 **Zimmer** 72

Modernes funktionales Hotel im Zentrum von Tarragona und doch nahe am Meer gelegen. Hinter dem eleganten Eingang warten geräumige Zimmer mit nicht allerneuester Einrichtung. Das Haus bietet viele Annehmlichkeiten, darunter einen Pool und Einrichtungen für Geschäftsleute. **www.hlauria.es**

TAVERTET El Jufré €

Tavertet, 08511 (Barcelona) 93 856 51 67 FAX 93 856 51 67 **Zimmer** 8

Dieses alte Bauernhaus *(casa rural)* ist seit über 800 Jahren im Besitz derselben Familie und bietet eine fantastische Sicht auf die Berge. In den ehemaligen Ställen finden sich heute gemütliche, komfortable Zimmer. Perfekter Start für Wanderungen und zur Erkundung von Osona. Die Preise sind inkl. Vollpension. **www.mundo-rural.com**

TORRENT Mas de Torrent €€€€€

Afueras, 17123 (Girona) 902 550 321 FAX 972 30 32 93 **Zimmer** 39

Ansprechend umgebautes Landhaus aus dem 18. Jahrhundert. Neben dem Hauptgebäude mit seinen zehn schönen und komfortablen Zimmern gibt es noch einige Bungalows im großen Garten. Daneben auch Luxussuiten mit eigenem Pool. Wunderbare Aussicht. **www.mastorrent.com**

TORTOSA Parador Castillo de la Zuda €€€

Castillo de la Zuda, 43500 (Tarragona) 977 44 44 50 FAX 977 44 44 58 **Zimmer** 72

Das von Mauren auf dem Berggipfel erbaute Kastell dient heute als Hotel: Dieser *parador* gewährt einen überwältigenden Ausblick auf die Stadt Tortosa und das Tal des Riu Ebre. Exzellentes Restaurant mit vielen Tischen im Freien, dazu viele Luxus-Extras und natürlich auch ein Pool. **www.parador.es**

TOSSA DE MAR Diana €€

Plaça d'Espanya 6, 17320 (Girona) 972 34 11 86 FAX 972 34 11 03 **Zimmer** 21

Eine Jugendstilvilla gibt den perfekten Rahmen für dieses großartige Hotel: Die schönsten Zimmer mit Balkon ermöglichen tolle Aussichten auf Landschaft und Tal. Die elegante Lobby mit vielen schönen Einrichtungsgegenständen ist zu einer gemütlichen Lounge umgebaut. Mitte November bis März geschlossen. **www.diana-hotel.com**

TREDÒS Hotel de Tredòs €€€

Carretera a Baqueira-Beret, km 177,5, 25598 (Lleida) 973 64 40 14 FAX 973 64 43 00 **Zimmer** 45

Dieses bei Skifahrern und Bergwanderern beliebte Hotel in der Val d'Aran bietet ein gutes Preis-Leistungs-Verhältnis: Die attraktiven Zimmer sind rustikal eingerichtet. Die gemütliche Lounge mit offenem Kamin erfreut die Wanderer, dazu ein herzförmiger Pool im Freien. Oktober, November, Mai und Juni geschlossen. **www.hoteldetredos.com**

VIC Parador de Turismo de Vic €€€

Paratge Bac de Sau, 08500 (Barcelona) 93 812 23 23 FAX 93 812 23 68 **Zimmer** 36

Dieser frisch renovierte *parador* liegt 14 Kilometer von Vic entfernt, bietet aber schöne Aussichten auf den Sau-Stausee. Ein ruhiger Platz inmitten von Pinienwäldern und Felsformationen. Der *parador* bietet komfortable Zimmer, einen Tennisplatz und einen Pool im Freien (nur im Sommer). **www.parador.es**

VIELHA (VIELLA) Parador Valle de Arán €€€

Carretera de túnel, 25530 (Lleida) 973 64 01 00 FAX 973 64 11 00 **Zimmer** 118

Das Herzstück dieses großen und modernen *parador* ist die Lounge mit dem riesigen Panoramafenster: Spektakuläre Ausblicke auf die Berglandschaft sind garantiert. Dazu gibt es ein sehr schönes Spa und ein exzellentes Restaurant. Die Zimmer sind geräumig und gut ausgestattet. **www.parador.es**

VILADRAU Hostal de la Glòria €€€

Carrer Torreventosa 12, 17406 (Girona) 938 84 90 34 FAX 938 84 94 65 **Zimmer** 26

Dieses traditionelle Hotel bietet Familienatmosphäre mitten in der Serra de Montseny. Das Restaurant hat ausgesuchte katalanische Spezialitäten auf der Karte. Der schöne Pool befindet sich mitten im eigenen Garten. Die Besitzer verleihen Fahrräder und organisieren Ausritte. **www.hoteldelagloria.com**

VILANOVA I LA GELTRÚ César €€

Carrer Isaac Peral 4, 08800 (Barcelona) 93 815 11 25 FAX 93 815 67 19 **Zimmer** 30

Ganz nahe am Ribes-Roges-Strand befindet sich dieses hübsche Hotel in einem bezaubernden Haus aus der Zeit um 1900. Zwei Schwestern betreiben das Hotel und achten sehr auf alle schönen Details: Möbel, Stoffe, Einrichtung und Schmuck sind liebevoll zusammengestellt. Gutes Restaurant und Pool im Freien. **www.hotelcesar.net**

Regionalkarte Katalonien *siehe Seiten 110f*

Restaurants

Zum Essen auszugehen ist in Katalonien allgemeiner Brauch und gesellschaftliches Ereignis zugleich. Die Katalanen sind stolz auf ihre Küche und erwarten, in Restaurants gut zu speisen. Gut besucht sind sonntags die Landrestaurants. In Barcelona gibt es unglaublich viele Restaurants. Die Speisen – vom anspruchsvollen Festessen bis zum einfachen Snack – werden in der Regel mit frischen Zutaten zubereitet. Die Restaurants und Cafés auf den Seiten 146–153 wurden wegen ihrer guten Küche und besonderen Atmosphäre ausgewählt. Auf den Seiten 30f und 144f finden Sie eine Auswahl typischer katalanischer Gerichte.

Diese Wandfliese wirbt für ein Restaurant

Innovativ: Restaurant Comerç 24 in Barcelona *(siehe S. 148)*

Restaurants und Bars

Barcelona und Katalonien verfügen über einige der besten spanischen Restaurants mit erstklassiger katalanischer Küche. Preiswerter kann man in Bars und Cafés essen, die *tapes* (Tapas) servieren. In manchen Bars, speziell in Kneipen (bis spät in die Nacht geöffnet), gibt es keine Mahlzeiten. Auch *bars i restaurants*, *hostals* und *fondes* – alte katalanische Wörter für die verschiedenen Gaststätten – servieren preisgünstiges Essen. *Xiringuitos* sind einfache Bars am Strand, die nur im Sommer geöffnet haben.

Die meisten Restaurants schließen einen Tag pro Woche (manche nur mittags oder abends), während des Jahresurlaubs und an einigen gesetzlichen Feiertagen. Die Schließungszeiten erfahren Sie auf den Seiten 146–153 am Ende des jeweiligen Restauranteintrags.

Essenszeiten

Katalanen frühstücken, wie auch die anderen Spanier, oft zweimal. Das erste, leichte Frühstück *(l'esmorzar)* besteht aus einigen Keksen oder Toasts und Marmelade sowie *cafè amb llet* (Milchkaffee). Zwischen 10 und 11 Uhr folgt das zweite Frühstück, oft in einem Café. Üblich sind ein Croissant oder eine *entrepà* (Sandwich) mit Wurst, Schinken oder Käse oder eines der berühmten *truita de patates* (Kartoffelomeletts). Dazu trinkt man Obstsaft, Kaffee oder Bier.

Logo des Tèxtil Cafè

Ab 13 Uhr strömen die Katalanen in die Bars auf ein Bier oder einen *aperitivo* mit Tapas. Um 14 Uhr trifft man sich, soweit möglich, zu Hause zum *dinar* (Mittagessen), dem Hauptgericht des Tages, oder nimmt dieses in einem Restaurant ein.

Zwischen 18 und 19 Uhr füllen sich die Cafés, *salons de te* und *pastisseries* zu *el berenar* mit Sandwiches, Gebäck, Kaffee, Tee oder Obstsaft. Snacks wie *xurros* (frittiertes Spritzgebäck) kann man auch an Ständen kaufen. Um 19 Uhr trifft man sich in den Bars zu Tapas mit Sherry, Wein oder Bier.

In Katalonien beginnt *el sopar* (das Abendessen) meist um 21 Uhr. Einige Restaurants servieren es jedoch auch früher. Im Sommer essen viele Leute oft erst gegen 23 Uhr zu Abend. An Sommerwochenenden versammeln sich viele (Groß-)Familien häufig im Restaurant zum Mittagessen, das meistens aus vielen Gängen besteht.

Etikette

Krawatte und Jackett sind zwar selten nötig, doch Katalanen besuchen Restaurants meist gut gekleidet. Tagsüber geht es vor allem in den Urlaubsorten leger zu, abends hingegen sind Shorts verpönt.

Restaurant in Barcelonas Port Olímpic, einem beliebten Ausgehbezirk

Straßentisch einer *cafeteria* in Cadaqués an der Costa Brava

Speisekarte

Außer Tapas sind die *plats combinats* und das *menú del dia* die preiswertesten Menüs in katalanischen Restaurants. *Plat combinat* (Fleisch oder Fisch mit Gemüse und Kartoffeln) gibt es nur in einfacheren Gaststätten. Viele Restaurants bieten ein dreigängiges *menú del dia* zum Festpreis an. Änderungswünsche sind nur selten möglich. Doch ist dieses Tagesmenü, das an Werktagen mittags angeboten wird, eine gute Gelegenheit, auch in teureren Restaurants ein preiswerteres Essen zu bekommen.

Das katalanische Wort für Speisekarte ist *carta*. Sie beginnt mit *sopes* (Suppen), *amanides* (Salaten), *entremesos* (Vorspeisen), *ous i truites* (Eiern und Omeletts) und *verdures i llegums* (Gemüse). Hauptgerichte sind *peix i marisc* (Fisch und Meeresfrüchte) und *carns i aus* (Fleisch und Geflügel). Tafeln an der Wand nennen die Tagesgerichte. Paella und andere Reisgerichte werden auch als erster Gang serviert. Gewöhnlich folgt auf Reis ein Fleischgericht. Nach *fuet* oder *llonganissa* (zwei Wurstsorten) bzw. Salat folgt eine Paella. Desserts heißen *postres*. Frische Früchte bekommt man überall, ansonsten ist die Auswahl nicht sehr groß – am besten sind die berühmte *crema catalana*, *flan* (Karamellcreme) und *natillas* (Pudding).

Vegetarische Gerichte sind in Katalonien (noch) selten. Einige Gemüse-, Salat- und Eiergerichte sind »vegetarisch«, können aber auch Schinken oder Fisch enthalten. Mehr und mehr bieten Restaurants echte vegetarische Speisen. Kinder sind überall willkommen und erhalten auf Anfrage kleinere Portionen.

Las Torres de Ávila *(siehe S. 163)*, eine Bar in Barcelona

Weine

Trockene Fino-Weine sind gut zu Meeresfrüchten, Oliven, Suppen und Vorspeisen. Zu Hauptgerichten trinkt man gerne Weine aus Penedès oder Terra Alta *(siehe S. 32)* oder anderen Weingebieten Spaniens wie Rioja, Ribera del Duero und Navarra. Oloroso-Weine sind nach dem Essen, *cavas (siehe S. 32f)* sonntagmittags beliebt.

Rauchen

In allen öffentlichen Räumen ist Rauchen strikt untersagt. Ausnahmen gibt es offiziell keine. Aber im Freien ist Rauchen erlaubt – auch in Restaurants und Cafés.

Preise und Rechnung

Bei Bestellungen à la carte kann es passieren, dass der Preis um einiges über dem eines *menú del dia* liegt, speziell bei Meeresfrüchten, Fisch oder *Ibèrico*-Schinken. Werden teure Fische wie Seezunge oder Schwertfisch billig angeboten, ist es meist Tiefkühlware. Seebarsch und Spezialitäten wie Garnelen, Hummer und Krabben werden nach Gewicht berechnet.

El compte (die Rechnung) beinhaltet neben dem Service möglicherweise einen kleinen Betrag für das Gedeck. Der reduzierte Mehrwertsteuersatz (IVA) von derzeit acht Prozent wird meist auf den angegebenen Preis aufgeschlagen. Die Kellner erhalten selten mehr als fünf Prozent Trinkgeld. Oft wird die Rechnung einfach aufgerundet. Schecks werden in Restaurants nie benutzt, Reiseschecks zur Not jedoch akzeptiert. Doch kann es passieren, dass man kein Wechselgeld zurückbekommt.

Die wichtigsten internationalen Kreditkarten werden in den meisten Restaurants akzeptiert, allerdings nicht in Tapas-Bars, Cafés, Kneipen, kleinen Dorfgaststätten und in vielen Bodegas.

Behinderte Reisende

Alle neuen Restaurants sind auf Rollstuhlfahrer eingerichtet, alte jedoch nicht. Fragen Sie, ob der Zugang mit Rollstuhl möglich ist.

Das Restaurant Set Portes *(siehe S. 147)*, Port Vell, Barcelona

Glossar typischer Gerichte

Oliven

Die katalanische Küche ist als *cuina de mercat* (Marktküche) bekannt. Selten findet man ein so breites Angebot wie auf Barcelonas Boqueria-Markt *(siehe S. 155)*. Die Paprika glänzt, der Fisch funkelt, es gibt Fleisch in Hülle und Fülle. Dazu werden unzählige Olivensorten angeboten. Im Frühjahr bekommt man *Calçot*-Zwiebeln und Saubohnen, ab Ostern isst man besonders gerne Erdbeeren zum *cava*. Im Herbst findet man über 30 Pilzsorten auf dem Markt.

Tapas

Wer in Barcelona abends von einer Bar zur anderen zieht, kann dabei viele leckere Tapas probieren.

Anxoves: Anchovis.
Bunyols de bacallà: Kabeljau-Teigbällchen.
Calamars a la romana: Frittierte Tintenfischringe.
Escopinyes: Herzmuscheln.
Pa amb tomàquet: Mit Tomate, Knoblauch und Olivenöl eingeriebenes Brot.
Panadons d'espinacs: Kleine Spinatpasteten.
Patates braves: Kartoffelstücke in Tomatensauce.
Peixet fregit: Bratfische.
Pernil: Schinken aus der gewürzten, getrockneten Schweinskeule.
Popets: Baby-Tintenfisch.
Truita: Omelett.
Truita de patates: Kartoffel-Zwiebel-Omelett.

La Boqueria, Barcelonas riesiger überdachter Markt an der Rambla

Pa amb tomàquet (Brot mit Tomate), oft mit Schinken serviert

Vorspeisen

Manche Vorspeisen können Sie auch als komplettes Hauptgericht bestellen.

Amanida catalana: Katalanischer Salat.
Arròs negre: »Schwarzer Reis«.
Cargols a la llauna: Schnecken in würziger Sauce.
Empedrat: Stockfisch mit weißen Bohnen.
Escalivada: Gegrillte oder gebratene Auberginen und Paprika mit Olivenöl.
Espinacs a la catalana: Spinat mit Pinienkernen, Rosinen und Schinken, manchmal auch mit Mangold *(bledes)*.
Esqueixada: Salat mit Kabeljau.
Faves a la catalana: Saubohnen mit Blutwurst, Schinken, Zwiebeln und Knoblauch.
Fideus: Nudelgericht, meist mit Fisch und Fleisch serviert.
Garotes: Rohe See-Igel, frisch von der Costa Brava, serviert mit Brot, Knoblauch oder Frühlingszwiebeln. (Für Mutige zum Ausprobieren!)
Musclos: Muscheln.
Ous remenats amb camasecs: Rührei mit Waldpilzen.
Pa de fetge: Leberpastete.
Sardines escabetxades: Eingelegte Sardinen.
Xató: Kabeljau-Thunfisch-Salat mit *Romesco*-Sauce.

Suppen

Caldereta de llagosta: Langustensuppe.
Escudella i carn d'olla: Brühe des traditionellen Eintopfs; Fleisch und Gemüse *(carn i olla)* werden als Hauptgang serviert.
Gaspatxo: Kalte Tomatensuppe mit rohem Gemüse.
Sopa de bolets: Pilzsuppe.
Sopa de farigola: Thymiansuppe.

Hauptgerichte

Zubereitungsmethoden: *a la brasa* (über offenem Feuer); *bullit* (gekocht); *cremat* (gebraten/karamellisiert); *estofat* (geschmort); *farcit* (gefüllt); *al forn* (im Ofen); *a la graella/planxa* (auf heißem Blech gebraten oder gegrillt); *a la pedra* (auf heißem Stein).

Fisch und Meeresfrüchte

Allipebre d'anguiles: Aaleintopf.
Anfós al forn: Barsch, gebacken und gefüllt.
Calamars farcits: Tintenfisch mit Schweinefleisch, Tomaten und Zwiebeln.
Cassola de peix: Fischkasserolle.
Congre amb pèsols: Meeraal mit Erbsen.
Escamarlans bullits: Gekochte Langusten.
Gambes a la planxa: Gegrillte Garnelen.
Graellada de peix: Gegrillte Meeresfrüchte.
Llagosta a la brasa: Hummer, über offener Flamme gekocht.
Llagostins amb maionesa: Riesengarnelen mit Mayonnaise.
Llobarro al forn a rodanxes: Gebackener Seebarsch.
Lluç a la planxa: Gegrillter Seehecht.
Molls a la brasa: Gegrillte Meeräsche.
Orada a la sal: Goldbrasse, im Salzmantel gebacken.
Paella valenciana: Paella mit Huhn und Meeresfrüchten.
Peix amb romesco: Meeresfrüchte mit *Romesco*-Sauce. Tarragonas *Romesco*-Hersteller wetteifern jeden Sommer.
Rap a l'all cremat: Seeteufel mit knusprigem Knoblauch.
Sarsuela: Fischsuppe mit Meeresfrüchten.

Sèpia amb pèsols: Tintenfisch mit Erbsen.
Suquet de peix: Eintopf aus viel Fisch, Tomaten, Paprika, Kartoffeln und Mandeln.
Verats a la brasa: Gegrillte Makrele.

Fleisch

Ànec amb naps: Ente mit Steckrüben; auch mit Birnen serviert *(ànec amb peres)*.
Boles de picolat: Fleischbällchen in Tomatensauce; mit Tintenfisch: *mar-i-muntanya*-Gericht.
Botifarra amb mongetes: Würstchen und Bohnen.
Bou a l'adoba: Rindfleischkasserolle.
Costelles a la brasa amb allioli: Gebratene Lammschnitzel mit Knoblauchmayonnaise.
Costelles de cabrit rostides: Gebratenes Ziegenschnitzel.
Cuixa de xai al forn: Lammhaxe.
Estofat de bou: Rindfleischeintopf mit Würstchen, Kartoffeln und würzigen Kräutern.
Estofat de quaresma: Gemüse-Eintopf.
Freginat: Kalbsleber mit Zwiebeln.
Fricandó: Geschmortes Kalbfleisch mit Waldpilzen.
Llom de porc: Schweinekoteletts.
Niu: Pikanter Fisch-Fleisch-Eintopf aus Palafrugell an der Costa Brava mit Taube, Tintenfisch, Kutteln, Schweinsfüßen, Eiern und Knoblauchmayonnaise.
Oca amb peres: Gans mit Birnen.
Peus de porc a la llauna: Schweinsfüße in Sauce.
Pollastre amb samfaina: Huhn mit *samfaina*.
Pota i tripa: Lammhaxe und Kutteln.
Tripa a la catalana: Kutteln in *sofregit* und Wein mit Pinienkernen und Mandeln.
Xai amb pèsols: Lamm mit Erbsen.

Reichhaltige Käse-Auswahl auf einem Markt Barcelonas

Wild

Zwar geht die Jagdsaison von Oktober bis Februar, doch ist Wild, vor allem Kaninchen, ganzjährig im Angebot.
Becada amb coc: Waldschnepfe im Brotteig.
Civet de llebre: Hasenpfeffer.
Conill a la brasa amb allioli: Kaninchen mit Knoblauchmayonnaise.
Conill amb cargols: Junges Kaninchen mit Schnecken.
Conill amb xocolata: Kaninchen mit Knoblauch, Leber, Mandeln, Brot, Schokolade und Wein.

Auberginen und Paprika werden viel verwendet

Estofat de porc senglar amb bolets: Wildschweinkasserolle mit Waldpilzen.
Guatlles amb salsa de magrana: Wachtel in Granatapfelsauce.
Perdiu: Rebhuhn.
Perdius amb farcellets de col: Rebhuhn mit Kohlknödeln.

Gemüse

Albergínies: Auberginen.
Bledes: Mangold.
Bolets: Pilze.
Calçots: Frische Lauchzwiebeln, über offenem Feuer gebraten und in Tomatensauce getunkt – im Frühjahr eine ganz besondere Spezialität in der Provinz Tarragona.
Carbassó arrebossat: Zucchini.
Carxofes: Artischocken.
Julivert: Petersilie.
Mongetes tendres i patates: Gartenbohnen und Kartoffeln.
Pastanagues: Karotten.
Pebrots: Rote Paprika.

Desserts

Pastisseria (Gebäck) und *dolços* (Süßigkeiten) sind in Katalonien sehr beliebt. In Restaurants gibt es jedoch oft nur Eis oder Obst: Apfel *(poma)*, Birne *(prés-sec)*, Banane *(plàtan)*, Orange *(taronja)*, Trauben *(raïm)*.
Crema catalana: Eiercreme.
Figues amb aniset: Feigen in Anis.
Flan: Karamellcreme.
Formatge: Käse.
Gelat: Eis.
Mel i mató: Frischer Ziegenkäse mit Honig, Zucker oder Marmelade.
Menjar blanc: Mandelpudding.
Peres amb vi negre: Birnen in Rotwein.
Postre de músic: Schale mit gemischten Nüssen und Trockenobst, früher der Lohn für Wandermusiker.
Recuit: Gestockte Schafs- oder Kuhmilch.

Mel i mató – traditionelles Dessert aus Weichkäse und Honig

Restaurantauswahl

Die Restaurants in dieser Auswahl umfassen alle Preiskategorien. Auswahlkriterien sind Preis-Leistungs-Verhältnis, Qualität des Essens und interessante Lage. Die Restaurants sind in Barcelona nach Stadtteilen und Preiskategorien geordnet, im Abschnitt *Katalonien* sind die Städte alphabetisch aufgelistet.

PREISKATEGORIEN

Die Preise gelten für ein Drei-Gänge-Menü inklusive einer halben Flasche Hauswein, Service und Steuern.

€ unter 20 Euro
€€ 20–35 Euro
€€€ 35–50 Euro
€€€€ über 50 Euro

Altstadt

Bar Pinotxo €

Mercat de la Boqueria (La Rambla 89), 08002 93 317 17 31 **Stadtplan** 5 A1 **Karte** Q3

Bar Pinotxo ist die berühmteste Bar in der ganzen Boqueria: Eisgekühlten *cava* gibt es hier aus großen Stahlcontainern, die Zutaten von den Marktständen aus der Nachbarschaft werden frisch zubereitet und serviert. Die Bar ist von frühmorgens an geöffnet, jedoch sonntags und an Abenden nach 18 Uhr geschlossen.

Elisabets €

C/d'Elisabets 2, 08001 93 317 58 26 **Stadtplan** 2 F2 **Karte** Q1

Eine echte Entdeckung: Hier hat man sich auf katalanische Küche spezialisiert – und kocht vom Feinsten. Wer herzhafte Mittagsgerichte sucht, der ist hier richtig. Die Tapas freitagabends sind legendär. An der Bar bekommt man jederzeit Drinks und ein Sandwich. Gute Bier-Auswahl. Drei Wochen im August geschlossen.

Organic €

C/Junta del Comerç 11, 08001 93 301 09 02 **Stadtplan** 2 F3 **Karte** P3

Geräumiges und gemütliches Restaurant, das v. a. vegetarische Spezialitäten serviert. Alle Zutaten kommen aus biologischem Anbau. Es gibt asiatische Gerichte, Lasagne, Eintöpfe und ein »All you can eat«-Salatbüffet. Das selbst gebackene Brot mit Nüssen ist lecker. Günstiges Festpreismenü. Kleiner Shop mit Biowaren anbei.

Can Culleretes €€

C/d'en Quintana 5, 08002 93 317 30 22 **Stadtplan** 5 A2 **Karte** Q3

Alle Ecken und Winkel, Fresken und Kacheln verströmen die Historie dieses ältesten Restaurants Barcelonas (gegründet 1786). Das Personal ist effektiv, das Essen billig, reichlich und sättigend. Probieren Sie Gans mit Apfel oder Ente mit Backpflaumen. Sonntagabends, montags, zwei Wochen im Aug und am 25. Dez geschlossen.

Inopia €€

Carrer de Tamarit 104, 08015 93 424 52 31 **Stadtplan** 5 D1 **Karte** D4

Feinschmecker sollten sich dieses Restaurant, das von Albert Adrià (Bruder von Ferran Adrià, Inhaber des berühmten El Bulli) geführt wird, nicht entgehen lassen. Hier bekommen Sie klassische Tapas, die aus lokalen Zutaten zubereitet werden. Albert Adrià besitzt außerdem einen Laden für süße Leckereien *(siehe S. 156)*. So–Mo geschlossen.

Kaiku €€

Plaça del Mar 1, 08003 93 221 90 82 **Stadtplan** 5 B4 **Karte** H9

Von außen betrachtet, würde man es vielleicht nicht annehmen, doch dieses Restaurant macht die wahrscheinlich beste Paella der Stadt. Sie finden sie als *arròs del xef* auf der Karte. Wenn Sie einen Platz auf der Terrasse reservieren, können Sie außerdem den Blick auf das Meer genießen. Di–So mittags geöffnet. Drei Wochen im August zu.

Mam i Teca €€

C/de la Lluna 4, 08001 93 441 33 35 **Stadtplan** 2 F2 **Karte** NP1

Kleine sonnengelbe Bar mit viel gutem Jazz, Blues und Rock. Die Tapas sind erstklassig, u.a. einheimische Käsesorten und Würste sowie Deftiges, z. B. Schinken mit Bohnen. Gute Weinauswahl, gute Bierauswahl und ein vielfältiges Angebot an schottischen Single Malt Whiskys. Dienstags, samstagmittags und zwei Wochen im August geschlossen.

Mosquito €€

C/dels Carders 46, 08003 93 268 75 69 **Stadtplan** 5 BC2 **Karte** T2–3

Diese relaxte Bar bietet prima Musik, freundliches Personal, billige Drinks und eine gute Auswahl asiatischer Köstlichkeiten wie die Chicken Tikka *brochetes, dim sum* aus Hongkong oder vielfältige chinesische Knödel. Das Mosquito ist eine willkommene Abwechslung zu all den Tapas-Bars. Dienstags und mittags geschlossen.

Pla de la Garsa €€

C/Assaonadors 13, 08003 93 315 24 13 **Stadtplan** 5 B2 **Karte** T3

Obwohl sich dieses Restaurant in den alten Ställen eines Palais aus dem 17. Jahrhundert befindet, tut dies der gemütlichen Atmosphäre keinen Abbruch. Auf zwei Etagen kann man hier einen schönen, romantischen Abend verbringen. Über 40 Sorten Käse sowie interessante Auswahl an Rotweinen. Mittags geschlossen.

Zeichenerklärung *siehe hintere Umschlagklappe*

Taller de Tapas €€
C/de l'Argenteria 51, 08003 ☎ *93 268 85 59* **Stadtplan** 5 B2 **Karte** S3–4

Backsteinwände und viel sichtbarer Stahl geben diesem Restaurant einen sehr großstädtischen Touch. Das Personal ist freundlich und professionell, die teuren Tapas alle ganz frisch zubereitet. Probieren Sie regionale Gerichte wie die an der Costa Brava so beliebten *Palamos*-Garnelen. Das Taller de Tapas kann manchmal sehr voll sein.

Agua €€€
Passeig Marítim de la Barceloneta 30, 08003 ☎ *93 225 12 72* **Stadtplan** 6 D4–5 **Karte** J9

Die Panoramafenster dieses Designer-Restaurants reichen vom Boden bis zur Decke, damit die Aussicht auf das Meer auch zur Geltung kommt. Hier gibt es ausgezeichnete Tapas, Fisch- und Reisgerichte. Spezialitäten sind Muscheln, *Butan*-Kartoffeln, gegrillter Hummer und Paella. Dazu lädt auch eine große Terrasse am Strand ein.

Biblioteca €€€
C/Junta del Comerç 28, 08001 ☎ *93 412 62 21* **Stadtplan** 2 F3 **Karte** P3

Eine seltene Kombination: ein Restaurant mit angeschlossenem Kochbuchladen. Die Gäste können in die offene Küche sehen. Es gibt hochklassige Gerichte mit Zutaten der Saison, z. B. Schwarze Spaghetti mit *calçots* (katalanische Zwiebeln) und verlorenen Eiern. Sonntags, mittags und zwei Wochen im August geschlossen.

Café de l'Academia €€€
C/dels Lledó 1, 08002 ☎ *93 319 82 53* **Stadtplan** 5 B3 **Karte** S3

Kleines intimes Restaurant im Kerzenschein und mit netter Terrasse, ganz nahe an der Plaça Sant Just, im Zentrum des Barri Gòtic gelegen. Die Speisekarte bietet superbe katalanische Gerichte, interessante Salate und hausgemachte Nudeln. Die Nachspeisen sind göttlich. Samstags, sonntags und drei Wochen im August geschlossen.

Cal Pep €€€
Plaça de les Olles 8, 08003 ☎ *93 310 79 61* **Stadtplan** 5 B3 **Karte** T4

Das Cal Pep gilt als die beste Bar für frischen Fisch und Seafood. Aber es gibt auch eine große Auswahl an Tapas. An der langen Theke wird es oft voll. Wer an einem der fünf Tische sitzen möchte, sollte frühzeitig kommen. Sie sollten den *Peixet fregit* (Bratfisch) probieren. Samstagabends, sonntags, montagmittags und im August geschlossen.

Can Majó €€€
C/de l'Almirall Aixada 23, 08003 ☎ *93 221 54 55* **Stadtplan** 5 B5 **Karte** H9

Das ist der ideale Platz für *Paella*-Liebhaber: Wer je an einem Sommerabend auf der Terrasse des Can Majó mit Meerblick die Seafood-*paella* probiert hat, wird sie nicht vergessen. Bei Schalentieren wird es schnell sehr teuer, aber sie sind ihren Preis wert. Lecker ist *suquet* (Fisch-Kartoffel-Eintopf). Sonntagabends und montags geschlossen.

El Salón €€€
C/Hostal d'en Sol 6–8, 08002 ☎ *93 315 21 59* **Stadtplan** 5 B3 **Karte** G7

Barocke Einrichtung, große Samtsessel und prächtige Lüster lassen das El Salón wie ein Boudoir des 18. Jahrhunderts erscheinen. Die Speisekarte wechselt täglich, aber immer gibt es neue und raffinierte Gerichte, oft im Stil der katalanischen oder französischen Küche. Mittags und sonntags geschlossen.

Els Quatre Gats (Els 4 Gats) €€€
C/de Montsió 3 bis, 08002 ☎ *93 302 41 40* **Stadtplan** 5 A1 **Karte** R2

In dieser Kneipe, einer Institution Barcelonas, saßen schon Picasso, Albéniz und Gaudí. Hier stellte Picasso zum ersten Mal seine Bilder aus. Das Lokal hängt voller Kunst des frühen 20. Jahrhunderts und »verströmt« seine Historie. Der große Speisesaal grenzt an Kitsch, aber es macht Spaß, hier mediterrane Gerichte zu genießen.

Euskal Etxea €€€
Placeta de Montcada 1–3, 08003 ☎ *93 310 21 85* **Stadtplan** 5 B3 **Karte** T3

Direkt im Gebäude des Baskischen Kulturinstituts befindet sich auch das Euskal Etxea, die beste Adresse Barcelonas für baskische *pintxos* (kleine Brötchen mit vielfältigen Auflagen). Hier kann man auch richtig gut *à la carte* speisen. An der Tapas-Bar ist es deutlich preiswerter als im Restaurant.

Set Portes €€€
Passeig Isabel II, 14, 08003 ☎ *93 319 30 33* **Stadtplan** 5 B3 **Karte** S4

Seit 1836 gilt das Set Portes als Institution in Barcelona. Seine Gästeliste liest sich wie das *Who's Who*: Von Che Guevara bis zu Winston Churchill, alle waren sie hier. Seine Marmorfliesen und der holzverkleidete Speisesaal sind ebenso berühmt wie die *paella*, die hier in zehn Varianten angeboten wird. Täglich bis spät in die Nacht offen.

Taxidermista €€€
Plaça Reial 8, 08002 ☎ *93 412 45 36* **Stadtplan** 5 A3 **Karte** Q3

Sanfte Farben und sehr hohe Raumdecken heben dieses Restaurant aus der Masse der Tapas-Bars am Plaça Reial heraus. Die erfindungsreichen Köche bieten vielfältige Gerichte im mediterranen Stil, darunter Ausgefallenes wie *babaganush* (Sardinentorte) und Enten-*confit*, aber auch Tapas. Montags und zwei Wochen im Januar geschlossen.

Carballeira €€€€
C/de la Reina Cristina 3, 08003 ☎ *93 310 10 06* **Stadtplan** 5 B3 **Karte** H8

Dies ist das erste galicische Fischrestaurant in Barcelona. Das Carballeira ist bekannt für gegrillten Fisch und gegrilltes Seafood, für perfekte *paellas* und für seine galicischen Spezialitäten, darunter Oktopus (Tintenfisch) mit Paprika. Sonntagmittags und montags geschlossen.

Stadtplan *siehe Seiten 188–197*

Comerç 24
€€€€

C/del Comerç 24, 08003 ☎ *93 319 21 02* **Stadtplan** *5 C3* **Karte** *U2*

Diese Designerbar mit edelgrauen Wänden und bunten Akzenten bietet neue und innovative Tapas: Wer als Gruppe mit mindestens sechs Personen kommt, kann das »Festival« der Tapas bestellen. Probieren Sie *arròs a banda (paella)* oder *tortilla de patatas* (Kartoffelomelett). Reservierung notwendig. Sonntag und Montag geschlossen.

Neri Restaurante
€€€€

Carrer de Sant Sever 5, 08002 ☎ *93 304 06 55* **Stadtplan** *5 A2* **Karte** *R3*

Das Restaurant im Neri Hotel bietet die Chance, eine erholsame Pause beim Spaziergang durch das Barri Gòtic zu machen – auch wenn Sie kein Gast des Hotels sind. Man serviert klassisch mediterrane Küche mit modernem Touch. An Werktagen gibt es ein preiswertes Mittagsmenü.

Eixample

Crêperie Bretonne
€

C/de Balmes 274, 08006 ☎ *93 217 30 48* **Stadtplan** *3 A1* **Karte** *F1*

Diese etwas kitschige Crêperie gibt es schon seit über 30 Jahren. Man bereitet die *crêpes* im Stil der Bretagne in über 250 Variationen zu – von süß bis salzig und mit allerlei Füllungen von Käse bis Schokolade. Dazu gibt es gesunde und angenehme Kräutertees. Mittags und montags und im August geschlossen.

Cata 1.81
€€

C/de València 181, 08011 ☎ *93 323 68 18* **Stadtplan** *3 A4* **Karte** *F4*

Ein langer, enger und blendend weißer Raum: So präsentiert sich diese Bar, die entscheidend zur Tapas-Revolution beigetragen hat. Hier bekommt man u. a. spanische Kartoffel-Omeletts in exzellenter Qualität. Hervorragende Weinkarte, Top-Adresse für die neue katalanische Küche. Mittags, sonntags und drei Wochen im Aug geschlossen.

Madrid-Barcelona
€€

C/d'Aragó 282, 08007 ☎ *93 215 70 27* **Stadtplan** *3 A4* **Karte** *G4*

Das schicke Restaurant auf zwei Ebenen wirkt mit seinen schmiedeeisernen Balustraden und dem polierten Holz weitaus teurer, als es in Wirklichkeit ist. Es ist sehr beliebt – wie die langen Warteschlangen beweisen (Reservierung!). Probieren Sie die *pescaditos fritos* (frittierte Fische) auf Málaga-Art und andere leckere und preiswerte Tapas.

Shibui
€€€

C/del Comte d'Urgell 272–274, 08036 ☎ *93 321 90 04* **Stadtplan** *2 E1* **Karte** *E2*

Dieses japanische Restaurant ist hell und klar eingerichtet. Im Untergeschoss kann man stilecht auf *tatamis* (Reisstrohmatten) dinieren. Dazu gibt es Diashows und freundliches Personal. Auf der Karten stehen glutenfreie Menüs – auch zum Mitnehmen. Vielleicht ein guter Platz für Ihre nächste Party? Sonntags geschlossen.

Alkimia
€€€€

C/de la Indústria 79, 08025 ☎ *93 207 61 15* **Stadtplan** *3 C2* **Karte** *K2*

Dieses Designer-Restaurant, der kommende Star in Barcelonas Gastronomieszene, will die katalanische Küche mit neuen, fremden Geschmackskombinationen wiederbeleben. Beispiel: Ochsenschwanz mit Mandarinen-Essenz und *Hortchata*-(Tigernuss-)Schaum. Preiswertes Mittagsmenü. Sa, So, drei Wochen im Aug und Ostern geschlossen.

Casa Calvet
€€€€

C/de Casp 48, 08010 ☎ *93 412 40 12* **Stadtplan** *3 B5* **Karte** *H5*

Dieses wunderbare Restaurant wurde ursprünglich von Gaudí als Wohn- und Geschäftshaus für einen reichen Textilhändler entworfen. Die bequemen Sitze, die genialen Tische und der perfekte Service erinnern an gute, längst vergangene Zeiten. Die Küche ist sehr modern und effektiv. Mittags gibt es Festpreismenüs. So und feiertags zu.

Cinc Sentits
€€€€

C/d'Aribau 58, 08011 ☎ *93 323 94 90* **Stadtplan** *2 F1* **Karte** *F4*

Das minimalistische Restaurant mit Michelin-Stern bietet einen super Service und ungewöhnliche Menüvorschläge, z. B. *sensaçiones*, die Empfehlung des Chefs. Alles wird mit einheimischen Produkten frisch zubereitet. Kinder sind nur mittags an Wochentagen willkommen. So, Mo, Ostern und zwei Wochen im Aug geschlossen.

Moo
€€€€

C/del Rosselló 265, 08008 ☎ *93 445 40 00* **Stadtplan** *3 A3* **Karte** *G3*

Die beiden Roca-Brüder haben das Moo zum vollen Erfolg geführt. Die Gerichte treffen den Nerv der Zeit, beispielsweise Garnelen mit Rosen und Lakritze, Seebarsch mit Zitronenthymian oder Desserts, die nach Parfümsorten kreiert wurden. Reservierung zwingend erforderlich. Sonntags und im August geschlossen.

Noti
€€€€

Carrer de Roger de Llúria 35–37, 08009 ☎ *93 342 66 73* **Stadtplan** *3 B4* **Karte** *H5*

Das Noti ist chic und solide zugleich: eine große Ausnahme. Die Dekoration ist so glamourös wie die Gäste, doch sie lenkt nicht von den außergewöhnlichen Gerichten der französischen und mediterranen Küche ab. Mittags gibt es Menüs zum moderaten Festpreis. Samstagmittags und sonntags geschlossen.

Preiskategorien *siehe Seite 146* **Zeichenerklärung** *siehe hintere Umschlagklappe*

Montjuïc

Rosal 34 €€
Carrer del Roser 34, 08004 ☎ *93 324 90 46* **Stadtplan** *2 D3* **Karte** *D7*

Diese Tapas-Bar hat auch einen sehr schönen Speisesaal. Hier kann man zwischen den zahlreichen klassischen und neu erfundenen Tapas-Angeboten des Chefs wählen. Den Gast erwartet eine umfangreiche und sehr gut ausgewählte Weinkarte. Sonntags und montagmittags geschlossen.

Xemei €€
Passeig de l'Exposició 85, 08004 ☎ *93 553 51 40* **Stadtplan** *1 C3* **Karte** *C7*

Dieses kleine italienische Restaurant wird von zwei Brüdern betrieben. Im Xemei bietet man dem Gast venezianische Küche, besonders die *antipasti* sind wunderbar. Im Restaurant kann es manchmal recht laut und lebhaft zugehen. Tische im Freien. Exzellenter Serviece. Dienstag geschlossen.

La Font del Gat €€€
Passeig de Santa Madrona 28, 08038 ☎ *93 289 04 04* **Stadtplan** *1 B3* **Karte** *B7*

Das La Font del Gat liegt recht nahe an der Fundació Joan Miró und den anderen Museen auf dem Montjuïc. Hier bietet man gute Salate, Suppen, Tapas und ein Mittagsmenü zu vernünftigen Preisen. Das Highlight ist die Terrasse, von der aus man eine wunderbare Aussicht hat. Abends, montags und im August geschlossen.

Abstecher

GRÀCIA Chido One €
C/de Torrijos 30, 08012 ☎ *93 285 03 35* **Stadtplan** *3 C2* **Karte** *H1*

Vollgestopft mit mexikanischem Kunsthandwerk und alten mexikanischen *Jalapeño*-Dosen, bietet dieses Restaurant auch Zeitgenössisches: preiswerte Suppengerichte, warme *posole*, leckere *enchiladas* mit Chili-Sauce, Tacos und »lebensgefährlich« starke Margaritas.

GRÀCIA Envalira €€
Plaça del Sol 13, 08012 ☎ *93 218 58 13* **Stadtplan** *3 B1* **Karte** *H1–2*

Direkt an der Plaça del Sol in Barcelona bietet dieses Restaurant viel Atmosphäre: laut und rau, aber mit viel Spaß. Man ist hier nie allein, dafür gibt es aber preiswertes und herzhaftes Essen, das den Geldbeutel nicht zu stark belastet, z. B. Reisgerichte. Sonntagabends und montags geschlossen.

GRÀCIA San Kil €€
Carrer de la Legalitat 22, 08024 ☎ *93 284 41 79* **Stadtplan** *außerhalb* **Karte** *außerhalb*

Im Stadtteil Gràcia gibt es zahlreiche ethnische Restaurants – das San Kil gehört zu den besten. Die Einrichtung ist sehr schlicht, auch läuft manchmal noch der Fernseher, aber die hervorragende koreanische Küche gleicht dies wieder aus. Spezialität: Rindfleisch, das auf der heißen Platte am Tisch gebraten wird. Sonntag geschlossen.

GRÀCIA La Rosa del Desierto €€€
Plaça de Narcís Oller 7, 08006 ☎ *93 237 45 90* **Stadtplan** *3 A2* **Karte** *G2*

Das ist Barcelonas ältestes marokkanisches Restaurant – und bis heute eines der besten. In stilechter Umgebung kann man hier *couscous* in vielen Variationen genießen. Es gibt auch zahlreiche Gerichte mit Fleisch, Suppen und Salate. Probieren Sie die arabischen Teesorten. Sonntagabends, montags, Mitte Aug bis Mitte Sep geschlossen.

GRÀCIA Botafumeiro €€€€
C/Gran de Gràcia 81, 08012 ☎ *93 218 42 30* **Stadtplan** *3 A2* **Karte** *G1*

Dieses legendäre Fischrestaurant zeigt schon am Eingang, was Sache ist: Stapelweise wird hier frischer Fisch auf Eis angeliefert. Von Woody Allen bis Madonna kommen die Stars gerne hierher. Probieren Sie unbedingt *pulpo gallego* (Tintenfisch auf galicische Art). An der Bar ist es deutlich preiswerter. Reservierung ist zwingend erforderlich.

GRÀCIA Hofmann €€€€
C/de la Granada del Penedès 16 ☎ *93 218 71 65* **Stadtplan** *5 B2* **Karte** *FG2*

Dieses Restaurant und sein Chef Mey Hofmann haben den Michelin-Stern redlich verdient: Hochklassig-raffinierte Gerichte werden vom aufmerksamen Personal serviert. Die Tageskarte bietet immer eine gute Wahl. Hofmann-Filiale in der C/dels Flassaders 44 im Stadtteil Born. Samstags, sonntags, Ostern und im August geschlossen.

GRÀCIA Roig Robí €€€€
C/de Sèneca 20, 08006 ☎ *93 218 92 22* **Stadtplan** *3 A2* **Karte** *G2*

Kleines und charmantes Restaurant mit kleinem Innenhof. Hier serviert man noch die klassische katalanische Küche. Die Speisekarte bietet eine gute Auswahl von *Bacalà*-(Stockfisch-)Gerichten bis zu vegetarischen Spezialitäten mit Bohnen und Artischocken. Samstagmittags, sonntags und drei Wochen im Aug geschlossen.

Stadtplan *siehe Seiten 188–197*

HORTA Can Travi Nou €€€€

C/de Jorge Manrique, 08035 93 428 03 01

Wohl nur wenige Menschen fahren für ihr Abendessen so weit aus der Stadt hinaus, aber dieses Bauernhaus aus dem 14. Jahrhundert ist wohl die Reise wert: Man speist in altmodischer Atmosphäre im Freien und genießt die vollkommenen Steaks, Reisgerichte und frischen Fische. Sonntagabends geschlossen.

POBLENOU Els Pescadors €€€

Plaça del Prim 1, 08005 93 225 20 18

Dieses Restaurant bietet gleich mehrere Alternativen: die Terrasse, den altmodischen Essraum oder die geflieste Cafeteria. Sie haben die Wahl. Hier gibt es tagesfrische Muscheln und andere Seafood-Köstlichkeiten. Probieren Sie die *anxoves* (Anchovis, Sardellen). Exzellente Weinkarte. Ostern und Weihnachten geschlossen.

SANT GERVASI La Balsa €€€

C/de la Infanta Isabel 4, 08022 93 211 50 48

Das angesagte In-Lokal für viele Stars, Sportler, Künstler, Schauspieler und Politiker nicht nur aus Barcelona: Es gibt wunderbare baskische, katalanische und mediterrane Gerichte, diskretes Personal und geschmackvolle Einrichtung. Sonntagabends, montagmittags und im August mittags geschlossen.

TIBIDABO El Asador de Aranda €€€

Avinguda del Tibidabo 31, 08022 93 417 01 15

Wer Fleisch liebt, der ist hier genau richtig: Hier gibt es alle Arten von Steaks, Chops und Ribs, dazu Schwein und Lamm, alles vom Grill, und als Spezialität: *burgos morcillas* (Blutwurst). Die Weinkarte führt zahlreiche Weinsorten aus La Ribera. Sonntagabends geschlossen.

Katalonien

ALTAFULLA Faristol €€

C/de Sant Martí 5 (Tarragona), 43893 977 65 00 77

In diesem alten Landhaus (18. Jh.) werden Sie von den englisch-katalanischen Besitzern herzlich empfangen. Es gibt gute katalanische Küche – und Sie sind meilenweit entfernt vom Trubel Barcelonas. Live-Musik am Wochenende. Geöffnet Mitte Sep–Mitte Juni: Fr abends bis So mittags; Mitte Juni–Mitte Sep: tägl. abends und Sa/So mittags.

ARENYS DE MAR Hispania €€€€

Carretera Reial 54, Carretera NII, 08350 93 791 04 57

Dieses berühmte Bistro hat schon manchen Preis für seine Küchenkunst eingeheimst. Die Gäste kommen von weit her gefahren, um den *suquet* (Fischeintopf) und die wunderbare *crema catalana* (Vanillepudding mit Karamellkruste) zu genießen. Sonntagabends, dienstags und im Oktober geschlossen.

BERGA Sala €€€€

Passeig de la Pau 27, 08600 93 821 11 85

Herzhafte und gesunde Gerichte mit frischen Pilzen aus den benachbarten Wäldern, das ist die Spezialität dieses Hauses. Berga ist ein wahres Pilzparadies. Dazu kombiniert die innovative Küche häufig Wild, das ganzjährig verfügbar ist. Sonntagabends und montags geschlossen.

BOLVIR DE CERDANYA Torre del Remei €€€€

Camí Reial (Girona), 17539 972 14 01 82

Eines der besten Hotels und Restaurants der ganzen Region findet sich hier in diesem Palais, das von großzügigen Gärten umgeben ist. Der Küchenchef zaubert mit frischen Produkten der Region z. B. zarte Kalbsbacken mit Früchten oder Muschelgerichte. Es gibt wunderbare Desserts und viele einheimische Käsesorten.

CAMBRILS Can Bosch €€€€

Rambla Jaume I 19, 43850 977 36 00 19

Klassisches und renommiertes Restaurant mit exzellenten Fischgerichten, Seafood und Reisspezialitäten. Berühmt ist *arroz negro* (Reis mit Tintenfischtinte). Daneben gibt es eine opulente Weinkarte. Sonntagabends, montags, eine Woche im Juni und vom 22. Dezember bis 1. Januar geschlossen.

CORÇA Botic €€€€

Ctra. C-66 Girona–Palamós, km 11,5, 17121 972 63 08 69

Dieses elegante Restaurant, 2008 von Albert »Tito« Sastreneger eröffnet, hat inzwischen einen Michelin-Stern. Es gibt ein relativ preisgünstiges Tagesmenü, das aus zwei Tapas, zwei Vorspeisen, zwei Hauptgerichten (Fisch und Fleisch) und zwei Desserts besteht. Exzellente Weinkarte. Geschlossen Mo und Di (Mitte Okt – Mitt Nov).

FIGUERES Hotel Empordà €€€€

Av. Salvador Dalí 170, 17600 972 50 05 62

Dieses seit 1961 existierende Hotelrestaurant hat entscheidenden Anteil daran, dass die katalanische Küche wieder auf die Landkarte der Gourmets zurückkehrte. Bis heute treffen sich hier die Genießer, um die Gerichte von Jaime Subirós zu feiern. Es gibt ein exzellentes Festpreismenü.

Preiskategorien *siehe Seite 146* **Zeichenerklärung** *siehe hintere Umschlagklappe*

GIRONA El Celler de Can Roca €€€€

C/ Can Sunyer 46, 17007 972 22 21 57

Celler de Can Roca bietet seinen Gästen eine Fusion von katalanischer und französischer Nouvelle Cuisine. Die Roca-Brüder brillieren mit innovativen Gerichten – und mit ihrem rapiden Tempo: Wer hier Gast ist, der wird wirklich staunen. Drei Michelin-Sterne! Sonntags, montags, die ersten beiden Juli-Wochen und Weihnachten geschlossen.

GRATALLOPS Cellers de Gratallops €€€

Piró 32 (Priorat), 43737 977 83 90 36

Dieses kleine Dorfrestaurant gehört zur Bodega Clos l'Obac, die sich als Pionier mit den Weinen des Priorats einen Namen gemacht hat. Die Menüs der Speisekarte sind stark marokkanisch beeinflusst. Wer sich auf einer Reise durch diese Weinregion befindet, der sollte hier einen Halt einlegen. Nur von donnerstags bis sonntagmittags geöffnet.

LLEIDA Gardeny €€

C/Salmerón 10, 25004 973 23 45 10

Mit seiner prima Regionalküche bezaubert dieses Restaurant immer wieder: *escalivada* (gegrillte Paprika mit Auberginen) oder Schnecken *à la llauna* (im Ofen gebacken). Spezialität ist *xatonada* (Bohnen, Pilze und Kabeljau). Geschlossen: Di (ganz), So und Mo mittags. (Das Restaurant war früher als Le Punt del Gourmet bekannt.)

MANRESA Sibar €€

C/Carrasco i Formiguera 18 (Barcelona), 08242 93 874 81 71

Im Erdgeschoss gibt es eine Cafeteria für Kaffee und Kuchen, im Keller befindet sich das Restaurant: Das riesige, legendäre *chuleton* (T-Bone-Steak) müssen Sie mindestens zu zweit ordern. Der weitere (fast unglaubliche) Hit sind Spiegeleier mit Bratkartoffeln. Dazu gibt es sehr gute und preiswerte Weine der Region. Weihnachten geschlossen.

MARTINET Boix €€€€

Carretera N260, km 204,5 (Lleida), 25724 973 51 51 01

Sehr berühmtes katalanisches Restaurant am Ufer des Riu Segre: Die gebratene Lammkeule ist so zart, dass man sie fast mit dem Löffel essen kann. Dazu gibt es genau die richtigen Weine aus der Region Costers del Segre. Geschlossen: sonntagabends, montags und zwei Wochen im Februar.

PERALADA Castell de Peralada €€€€

Hotel Castell de Peralada, C/de Sant Joan (Girona), 17491 972 53 81 25

In dem mittelalterlichen Schloss pflegt man die Küche des Empordàn, der Wein kommt aus eigenen *bodegas*. Das Restaurant befindet sich innerhalb eines Casinos, daher Zugang nur für Erwachsene. Im Juli und August wird auf der Terrasse serviert (hier sind Kinder willkommen). Geschlossen: Sep–Mai: montags und dienstags.

ROSES El Bulli €€€€

Cala Montjoi, Ap 30 (Girona), 17480 972 15 04 57

Viele Gourmets halten dieses Bistro für das beste in ganz Spanien (drei Michelin-Sterne): Küchenchef Ferran Adrià gehört zu den radikalsten Köchen unserer Zeit. Seine Gerichte sind mehr Science-Fiction denn Ernährung. Und das in schöner Strandumgebung. Reservierung ein Jahr im Voraus notwendig. Geschlossen: 21. Dez–Mitte Juni.

SANT CELONI El Racó de Can Fabes €€€€

C/de Sant Joan 6 (Barcelona), 08470 93 867 28 51

Santi Santamaría gehört sicherlich zu den bekanntesten Köchen Spaniens: Er hat aus diesem Landrestaurant – seinem Geburtshaus! – ein gastronomisches Wunderland gemacht: Fenchelcreme mit Krabben, Flugente in Kakaobohnen-Sauce. Reservierung zwingend erforderlich. Geschlossen: sonntagabends, Mo und Di und Jan.

SANT POL DE MAR Sant Pau €€€€

C/Nou 10 (Barcelona), 08395 93 760 06 62

Dieses mit drei Michelin-Sternen ausgezeichnete Restaurant ist nur eine Fahrstunde von Barcelona entfernt. Auf den Tischen stehen Zucchiniblüten als Schmuck. Besondere Spezialitäten sind *espardenyes* (Seegurken) und wilder Eber. Geschlossen: So, Mo, donnerstagmittags, drei Wochen im Mai, drei Wochen im November.

LA SEU D'URGELL El Castell €€€€

Carretera N260, km 229 (Lleida), 25700 973 35 00 00

Dieses idyllische Hotelrestaurant liegt am Fuße des Schlosses von La Seu d'Urgell. El Castell bietet seinen Gästen eine sehr moderne Variante der katalanischen Küche, dazu exzellent ausgesuchte Weine. Empfehlenswert sind die Pilzgerichte aus den Pyrenäen. Andere Speisekarte auf der Terrasse. Geschlossen: Mo, Di, 3 Wo im Jan, 3 Wo im Nov.

SITGES El Velero €€€€

Passeig de la Ribera 38 (Barcelona), 08870 93 894 20 51

Dieses Strandrestaurant bietet deutlich mehr als nur die Standards *paella* und gegrillter Fisch. Hier gibt es Seezunge auf Wildpilzen mit Krabbensauce und Lobster mit Kichererbsenmus oder *navajas* (Venusmuscheln) als Vorspeise. Geschlossen: So sowie 22. Dez bis 22. Jan.

TARRAGONA Degusta €€€

C/dels Cavallers 6, 43003 977 25 24 28

Mitten in der Altstadt gelegen, serviert dieses Restaurant klassische mediterrane Küche. Dazu gehört natürlich frischer Fisch. Aber es gibt auch ausgefallene Spezialitäten: Blumensalat mit Apfelkernen, Tatar mit *foie gras* und zum Abschluss Anis-Eis. Gute Weinkarte und sehr angenehme Terrasse. Geschlossen: So sowie 22. Feb–8. März.

Regionalkarte Katalonien *siehe Seiten 110f*

Cafés und Bars

Hier finden Sie die besten und interessantesten Cafés und Bars in Barcelona – von traditionellen über neue bis hin zu den ganz trendigen Läden. Die meisten Cafés bieten auch alkoholische Getränke an, die meisten Bars auch Kaffee, sodass der Gast überall irgendetwas nach seinem Geschmack findet.

PREISKATEGORIEN

Die Preise gelten für ein Gericht oder Tapas oder Imbiss inkl. Getränk, Service und Steuern, aber ohne Cocktails.

€ unter 20 Euro
€€ 20–35 Euro
€€€ 35–50 Euro
€€€€ über 50 Euro

Altstadt

Barcelona Rouge €

C/del Poeta Cabanyes 21, 08004 ☎ *93 442 49 85* **Stadtplan** *2 D3* **Karte** *D7*

Nur sehr wenige Menschen kennen diese Late-Night-Bar, aber wer sie kennt, will sie nicht mehr missen. Am Eingang muss man klingeln, um in den interessanten Raum eingelassen zu werden: Durch einen Gang mit Samt und Engeln kommt man in einen Raum mit gemütlichen Sofas. Es gibt kein Essen. Geschlossen: Mo und Di.

Boadas €

C/dels Tallers 1, 08001 ☎ *93 318 88 26* **Stadtplan** *2 F1* **Karte** *Q1*

Hier tranken schon Sophia Loren und viele andere Stars: An den Wänden sieht man ihre Fotos, Autogramme, Grußadressen und andere Hinterlassenschaften. Die Barkeeper in Livree mischen die coolsten Martinis für hippe Katalanen und einige Urlauber. Man kann hier nicht essen. Geschlossen: So.

Bodega La Palma €

C/de la Palma de Sant Just 7, 08002 ☎ *93 315 06 56* **Stadtplan** *5 B3* **Karte** *R3–4*

Diese altmodische, rustikale *bodega* (Weinkeller) liegt im Zentrum der Altstadt. Der Wein kommt direkt aus den alten Holzfässern, die eben nicht zur Dekoration hier stehen, und wird in Tonkrügen serviert. Die Tapas hier sind klassisch gut. Geschlossen: So, Ostern und Aug.

Caelum €

C/de la Palla 8, 08002 ☎ *93 302 69 93* **Stadtplan** *5 A2* **Karte** *R2*

Dieser elegante Teesalon befindet sich im früheren Frauenbad des Jüdischen Viertels (El Call). Der ruhige und mit sanften Farben eingerichtete Salon bietet seinen Gästen Tee, aber auch Cappuccinos und eine kleine Auswahl an Süßigkeiten wie *yemas* (süßes Eigelb), *roscos* (runde Biskuits) und Schokotrüffel. Geschlossen: Mo morgens.

Café Bliss €

Plaça Sants Just i Pastor, 08002 ☎ *93 268 10 22* **Stadtplan** *5 B2* **Karte** *R3*

Dieses entzückende Café befindet sich in einer winzigen Seitenstraße an einem der schönsten gotischen Plätze der Stadt. Innen finden Sie bequeme Sofas und internationale Zeitschriften und Zeitungen, draußen gibt es eine sonnige Terrasse. Perfekt für Kaffee und Kuchen, leichte Snacks oder einen romantischen Drink am Abend.

El Bosc de les Fades €

Passatge de la Banca 5, 08002 ☎ *93 317 26 49* **Stadtplan** *5 A3* **Karte** *Q4/F8*

Hohle Baumstämme, funkelnde Feenlichter und fliegende Bänder geben dieser besonderen Bar einen märchenhaften Touch: Hierher kommt man eher für einen Drink denn für einen Kaffee. Diese Location ist Pflicht für alle Bargänger. Entspannen Sie sich und genießen Sie Ihren Cocktail, den Wein oder Ihr Bier. Aber auch der Kaffee ist lecker.

El Xampanyet €

C/de Montcada 22, 08003 ☎ *93 319 70 03* **Stadtplan** *5 B3* **Karte** *T3*

Diese kleine Bar wird von den Menschen in Barcelona geliebt – wegen des preiswerten katalanischen *cava*, der exzellenten *montaditos* (kleine Sandwiches) und wegen der *tapas*. Es gibt wenige Sitzgelegenheiten, daher ist es meist gerammelt voll. Geschlossen: So abends, Mo und Aug.

Escribà €

La Rambla 83, 08002 ☎ *93 301 60 27* **Stadtplan** *5 A3* **Karte** *Q2*

Dieser berühmte Coffeeshop mit wunderbarer Patisserie befindet sich in einem vielfarbigen Modernisme-Gebäude am Südrand des Boqueria-Markts. Dies ist eine echte Institution Barcelonas, genau der richtige Platz, um die Atmosphäre der Stadt kennenzulernen, aber auch ideal für einen Kaffee nach Besichtigung des Boqueria-Marktes.

La Granja €

C/dels Banys Nous 4, 08002 ☎ *93 302 69 75* **Stadtplan** *5 A2* **Karte** *R3*

Das Paradies für Bohemiens: Man nennt das La Granja auch La Vaca Lechera (Die Milchkuh), denn es handelt sich dabei um eine alte Molkerei mit alten Molkereimaschinen. Die absolute Spezialität hier ist dicke, starke, heiße Schokolade. Unbedingt probieren! Der ideale Platz für frostige Wintermorgen. Geschlossen: So morgens.

Zeichenerklärung *siehe hintere Umschlagklappe*

Marsella
€

C/de Sant Pau 65, 08001 📞 *93 442 72 63* **Stadtplan** *2 E3* **Karte** *P3*

Eine der ältesten Bars im Barri Xino, dem unteren Teil von El Raval: Früher bestimmten hier Prostituierte und Kriminelle das Bild, heute wird das Viertel langsam chic. Alte Kronleuchter und historische Weinflaschen geben eine gemütliche Atmosphäre. Drink-Auswahl – hauptsächlich grüner Absinth. Keine Speisekarte. Nur abends offen.

Ginger
€€

C/de la Palma de Sant Just 1, 08002 📞 *93 310 53 09* **Stadtplan** *5 B3* **Karte** *R3–4*

Die Freunde des Ginger sind stolz auf das Geheimrezept ihrer Bar: Weinbar auf der einen, Cocktailbar auf der anderen Seite. Dazwischen stehen viele bequeme Lehnsessel. Dazu gibt es gedämpftes Licht, guten Jazz und sehr leckere Tapas. Es fällt jedem leicht, hier den ganzen Abend zu verbringen. Geschlossen: So und Mo.

Luz de Gas – Port Vell
€€

Moll del Dipòsit s/n, 08039 📞 *93 209 77 11* **Stadtplan** *5 B4* **Karte** *G8*

Das zweistöckige Boot scheint eine besondere Anziehungskraft zu besitzen: Es liegt am äußeren Rand des Hafens von Port Vell, gleich neben anderen Gin-Palästen und Luxus-Yachten, aber die Menschen kommen am liebsten hierher. Ob es am eiskalten *cava* liegt? Oder an den besonders leckeren Tapas? Geöffnet: März–Okt.

Va de Vi
€€

C/dels Banys Vells 16, 08003 📞 *93 319 29 00* **Stadtplan** *5 B2* **Karte** *S3*

Die gemauerten Steinbogen, die schönen Fliesenböden und die hölzernen Tische geben dieser Bar eine besondere Atmosphäre: Hier hält man für die Gäste mehr als 4000 Weinflaschen, *cava* und Likör vorrätig. Empfehlenswert: spanische Käsevielfalt und die *charcuterie*. Perfekt für einen Nachtimbiss. Täglich ab 18 Uhr.

Eixample

Cacao Sampaka
€

C/del Consell de Cent 292, 08007 📞 *93 272 08 33* **Stadtplan** *3 A4* **Karte** *G4*

Dieses Schokoladenparadies von Albert Adrià (Bruder von Ferran Adrià) ist Pflicht für alle Schokoladenliebhaber: Es erwarten Sie Pralinen aus verschiedenen südamerikanischen Kakaosorten, Füllungen aus Blumen oder Gewürzen und bizarre Geschmacksrichtungen wie schwarze Oliven *(siehe S. 156)*. Geschlossen: So und Aug morgens.

Laie Llibrería Cafè
€

C/de Pau Claris 85, 08010 📞 *93 302 73 10* **Stadtplan** *3 B3* **Karte** *G5*

Ein Buchladen mit Café sehr nahe der Plaça de Catalunya: Hier kann man seine Shopping-Tour bei einem guten Kaffee beenden. Nette Terrasse, leichte Abendkarte bis 21.30 Uhr, ab und zu Live-Musik. Do spielt man Live-Jazz. Vernünftiges Festpreismenü. Geschlossen: So.

Montjuïc

Quimet i Quimet
€€

C/del Poeta Cabanyes 25, 08004 📞 *93 442 31 42* **Stadtplan** *2 D3* **Karte** *D7*

Viele halten das Quimet I Quimet für Barcelonas beste Tapas-Bar. In der winzigen *bodega* stapeln sich die Weinflaschen und hängen die Schinken an der Decke. Spezialität: *montaditos* – delikate Kombinationen auf geröstetem Brot. Es gibt keine Sitzplätze, die Warteschlangen reichen bis auf die Straße. Geschlossen: So und im Aug.

Abstecher

GRÀCIA Cafè del Sol
€

Plaça del Sol 16, 08012 📞 *93 415 56 63* **Stadtplan** *außerhalb* **Karte** *H1–2*

Dieses Café, eines der beliebtesten in Gràcia, wurde früher von dem wunderbaren Pianisten Señor Ramón geleitet. Obwohl er seit einigen Jahren tot ist, füllt sein altes Klavier immer noch eine Ecke des Cafés. Leider spielt niemand mehr auf dem Instrument, dafür gibt es Rock, Punk, Reggae oder Blues von CDs. Auch Tapas werden angeboten.

TIBIDABO Mirabé
€

C/de Manuel Arnús 2, 08035 📞 *93 434 00 35* **Stadtplan** *außerhalb* **Karte** *außerhalb*

Diese elegante Lounge-Bar gleich bei der Standseilbahn-Station zum Tibidabo besticht durch ihre raumhohen Fenster, die eine wunderbare Aussicht auf die Stadt gewähren. Auf den idyllischen Terrassen kann man im Frühling und Sommer gute Drinks genießen, aber nicht essen.

Stadtplan *siehe Seiten 188–197*

Shopping

Barcelona hat sich in den letzten Jahren zu einer absoluten Top-Adresse in Sachen Shopping entwickelt. Die wichtigen Shoppingviertel sind klar voneinander zu unterscheiden: Passeig de Gràcia für schicke Designerläden, das Barri Gòtic für Antikes und Boutiquen, El Born für hochklassige Mode und El Raval für zahlreiche Märkte und Museumsläden. Obwohl dies kein starres Raster darstellt und sich immer mal wieder verändert, kann man sich mit dieser Einteilung gut orientieren. Alle Läden sind sonntags geschlossen. In Barcelona gibt es 44 Lebensmittelmärkte – in jedem Viertel gleich mehrere – und zahlreiche Flohmärkte wie in Els Encants oder die Antiquitätenmesse in Sant Cugat. Am besten fahren Sie mit öffentlichen Verkehrsmitteln oder mit dem Taxi zu den Märkten.

Schaufenster mit Auslagen

Wunderschön ausgestelltes Konfekt in der Patisserie Escribà

Delikatessen

Barcelonas Konditoreien sind schon wegen ihrer herrlichen Auslagen ein Erlebnis, doch keine *patisseria* ist verlockender oder spektakulärer als **Escribà**. Auch andere Lebensmittelläden sind interessant, vor allem **Colmado Quílez** in Eixample. In diesem schönen alten Laden finden Sie viele Schinken- und Käsesorten, Eingemachtes und eine Auswahl spanischer und ausländischer Weine und Spirituosen.

Kaufhäuser und Passagen

Die Filiale von **El Corte Inglés**, Spaniens größter Kaufhauskette, auf der Plaça de Catalunya ist ein Wahrzeichen Barcelonas. Hier findet man alles unter einem Dach, vom Adapter bis zum Schlüsseldienst. In der Stadt gibt es weitere Filialen. Auch Barcelonas Verbrauchermärkte haben ein großes Warenangebot. Da sie am Stadtrand liegen – südlich an der Gran Via Richtung Flughafen und auf der Avinguda Meridiana Richtung Norden –, erreicht man sie nur mit dem Auto.

Sehr beliebt sind beim Publikum die in den 1980er Jahren gebauten *galeries* (Modepassagen). **Bulevard Rosa** auf dem Passeig de Gràcia bietet eine riesige Vielfalt an Kleidung und Accessoires. Das **L'Illa** befindet sich an der Avinguda Diagonal. Das **Maremàgnum** mit vielen Läden und Restaurants hat an allen Tagen geöffnet.

Fashion

Mode junger Schneider, aber auch berühmter Designer findet man auf und um den Passeig de Gràcia. **Adolfo Domínguez** führt klassische Damen- und Herrenmode. **Armand Basi** verkauft Freizeit- und Sportkleidung. Reduzierte Designermode bietet **Betty B**.

Viele Geschäfte offerieren traditionell gutes Schneiderhandwerk, **Calzados Solé** in der Altstadt hat sich auf handgefertigte Schuhe und Stiefel spezialisiert.

Besondere Läden

Bei einem Bummel durch Barcelona trifft man auf wunderbare Geschäfte, die traditionelles Kunsthandwerk anbieten. **La Caixa de Fang** hat eine gute Auswahl katalanischer und spanischer Keramikwaren, wie katalanische Kochtöpfe und bunte Fliesen. **L'Estanc** bietet alles für den Raucher, einschließlich der besten Havanna-Zigarren. **La Manual Alpargatera**, ein altes Schuhgeschäft, führt Espadrilles im katalanischen Stil, die an Ort und Stelle in allen Farben handgefertigt werden.

Das älteste Geschäft in ganz Barcelona, **Cereria Subirà** *(siehe S. 54f)*, verkauft Kerzen in allen nur erdenklichen Formen und Variationen.

Abteilung für Herrenmode bei Adolfo Domínguez

Design, Kunst und Antiquitäten

Wenn Sie modernes Design oder Geschenke suchen, dann sollten Sie **Vinçon** auf dem Passeig de Gràcia besuchen, der alles für Ihr Heim, einschließlich schöner Stoffe und Möbel, führt. Modernes Design für Ihre Wohnung finden Sie auch bei **Pilma**. Dort gibt es u.a. Möbel, Accessoires für Küche und Bad, Leuchten, Teppiche, Vorhänge und Bilder von lokalen und internationalen Designern und Architekten.

Die meisten kommerziellen Kunstgalerien und Grafikhandlungen finden Sie am Carrer del Consell de Cent in Eixample, während man im Barri Gòtic – vor allem auf dem Carrer de la Palla und dem Carrer del Pi – in faszinierenden Antiquitätenläden herumstöbern kann. Neben schönen Möbeln und alten Puppen verkauft **L'Arca de l'Àvia** alte Seidengewänder und Spitze.

Stilvolle Inneneinrichtung bei Vinçon

Herrliche Obststände auf dem Markt La Boqueria

Bücher und Zeitungen

Die meisten Zeitungsstände im Zentrum Barcelonas verkaufen deutschsprachige Zeitungen. Die beste Auswahl ausländischer Zeitungen haben **L'Illa** und **Crisol** im FNAC, die auch Bücher, DVDs, CDs und Fotozubehör führen.

Märkte

Lassen Sie sich auf keinen Fall den Markt **La Boqueria** auf der Rambla entgehen, einen der schönsten Lebensmittelmärkte Europas. Antiquitäten werden donnerstags auf der Plaça Nova verkauft, Käse und Süßigkeiten jeden letzten Samstag und Sonntag eines Monats auf der Plaça del Pi, Münzen, Briefmarken und Bücher sonntagmorgens auf der Plaça Reial.

Der traditionelle Flohmarkt **Encants Vells** *(siehe S. 99)* findet montags, mittwochs, freitags und samstags an der Nordseite der Plaça de les Glòries Catalanes statt.

AUF EINEN BLICK

Delikatessen

Colmado Quílez
Rambla de Catalunya 63.
Stadtplan 3 A4.
93 215 23 56.

Escribà Pastisseries
La Rambla 83.
Stadtplan 2 F4.
93 301 60 27.
Gran Via de les Corts Catalanes 546.
Stadtplan 2 E1.
93 454 75 35.

Kaufhäuser und Passagen

Bulevard Rosa
Passeig de Gràcia 55.
Stadtplan 3 A4.
93 215 83 31.

El Corte Inglés
Avinguda Diagonal 617–19.
93 366 71 00.

L'Illa
Avinguda Diagonal 545–57.
93 444 00 00.

Maremàgnum
Moll d'Espanya.
www.maremagnum.es

Fashion

Adolfo Domínguez
P de Gràcia 89. **Stadtplan** 3 A3. *93 487 9801.*

Armand Basi
P de Gràcia 49. **Stadtplan** 3 A3. *93 215 14 21.*

Betty B
C/del Rec 58. **Stadtplan** 5 C3.

Calzados Solé
Carrer Ample 7. **Stadtplan** 5 A3. *93 301 69 84.*

Besondere Läden

La Caixa de Fang
C/Freneria 1. **Stadtplan** 5 B2. *93 315 17 04.*

Cereria Subirà
Bajada Llibreteria 7. **Stadtplan** 5 B2. *93 315 26 06.*

L'Estanc
Via Laietana 4. **Stadtplan** 5 B3. *93 310 10 34.*

La Manual Alpargatera
C/d'Avinyó 7. **Stadtplan** 5 A3. *93 301 01 72.*

Design, Kunst, Antiquitäten

L'Arca de l'Àvia
Carrer dels Banys Nous 20.
Stadtplan 5 A2.
93 302 15 98.

Pilma
Avinguda Diagonal 403.
Stadtplan 3 A2. *93 416 13 99.*

Vinçon
P de Gràcia 96. **Stadtplan** 3 B3. *93 215 60 50.*

Bücher und Zeitschriften

Crisol
Rambla de Catalunya 81.
Stadtplan 3 A4.
93 215 27 20.

Märkte

La Boqueria
La Rambla 101.
Stadtplan 5 A2

Encants Vells
C/Dos de Maig, P de les Glòries. **Stadtplan** 4 F5.

Delikatessen

Barcelona ist stolz auf sein kulinarisches Erbe – und das zu Recht: Hier in Katalonien produziert man erstklassiges Obst und Gemüse, Fleisch mit wunderbarem Geschmack und erstaunlich viele Käsesorten. Das Mittelmeer schenkt Katalonien frische Fische und Meeresfrüchte, die Weinbaugebiete Penedès und Priorat liefern einige der besten Weine der Welt.

Kaum weniger bekannt sind die *chocolatiers* und die Patisserien der Stadt: All das zusammen trägt dazu bei, dass Barcelona eine kulinarische Kultur entwickelt hat, die bald ganz vorne mitspielen wird.

Charcuterie, Käse und Delikatessen

Leider ist es schwierig, die frischen Produkte nach Hause zu transportieren, viele Delikatessen lassen sich nur hier genießen – wie wär's mit einem Picknick am Strand oder auf einem der Hügel? Einige Produkte kann man jedoch durchaus für zu Hause oder als Mitbringsel kaufen. La Boqueria, der bekannteste Lebensmittelmarkt auf La Rambla, lohnt natürlich immer einen Besuch, ruhiger können Sie in einem der wunderbaren Feinkostläden auswählen.

Origins 99.9% in El Born führt fast ausschließlich katalanische Produkte – Gläser mit kleinen Arbequina-Oliven, Sant-Joan-Salz mit Trüffelaroma, Öle und Essige, leckeres Eingemachtes und nach alten Rezepten zubereitete *charcuterie*. Gleich um die Ecke ist **La Botifarrería de Santa María**, bekannt für die *charcuterie* nach Hausmacherart. Hier gibt es eine große Auswahl an Würsten, z. B. aus Schwein mit Tintenfisch, Rind mit Roter Bete oder Lamm mit Pilzen. In der **Casa Gispert** bekommen Sie getrocknete Früchte und Nüsse sowie frisch gerösteten Kaffee. Die **Formatgeria La Seu** *(August geschlossen)* ist der einzige Käseladen in Spanien, der nur spanischen und katalanischen Käse verkauft. Alle Käsesorten kommen von kleinen Erzeugern, die Auswahl reicht von cremigem katalanischem Ziegenkäse über sechs Monate alte Manchegos bis hin zu San Simóns, die über Buchenholz geräuchert werden und die Form einer Narrenkappe haben. Für den sehr moderaten Preis von 2,50 € kann man drei Käsesorten probieren und dazu ein Glas Wein trinken. Katherine McLaughlin, die Besitzerin der Formatgeria La Seu, führt auch eine kleine Auswahl an Olivenölen.

Allgemein für Lebensmittel und besonders für spanische Konserven (die oft in schönen Verpackungen verkauft werden) empfiehlt sich **Colmado Quílez**, ein faszinierender alter Laden, der von Safran über Schinken bis hin zu Sauerkraut alles führt. Ein weiterer interessanter Ort zum Einkaufen in Eixample ist **Mantequeria Ravell**, Barcelonas erster Feinkostladen. Das Angebot ist nicht ausschließlich spanisch, aber durchweg vom Feinsten (und Teuersten) – von Himalaja-Salz bis zu eingelegten *Guindilla*-Peperoni aus dem Baskenland. Zum Laden gehört ein Feinschmeckerrestaurant im ersten Stock.

Die **Herboristeria del Rei** ist zwar kein Lebensmittelladen, führt aber eine Riesenauswahl an Kräutern, Tees und Honigsorten. Als sie 1823 eröffnete, machte Königin Isabel II sie zum Hoflieferanten. In dem hübschen Marmorbrunnen mit der Büste des Botanikers und Kräuterspezialisten Linnéo wurden früher die Blutegel aufbewahrt.

Schokolade, Pralinen und Süßes

Schicke Konditoreien und Schokoladeläden findet man hauptsächlich in Eixample, eine Ausnahme ist **Xocoa**, der überall in der Stadt Filialen hat, auch eine in El Born und eine im Barri Gòtic. Xocoa ist der trendigste *chocolatier* der Stadt, »in« sind derzeit Retro-Verpackungen und ausgefallene Formen wie Schokolade-CDs und riesige Schlüssel. **Escribà Pastisseries** ist extravaganter, er kreiert wunderbare Torten, Kuchen, Gebäck und lebensgroße Modelle berühmter Persönlichkeiten.

Am exquisitesten aber ist **Enric Rovira**, der ein wenig abseits der üblichen touristischen Routen liegt. Ihn aufzusuchen lohnt sich, schon allein wegen der *rajoles* aus Schokolade, Nachbildungen der Gaudí-Fliesen, sowie der Verpackungen, die bekannte katalanische Künstler entworfen haben.

Der Süßwarenladen **Cacao Sampaka** gehört Albert Adrià (Ferran Adriàs Bruder) und hat eine erstaunliche Auswahl ungewöhnlicher Aromen im Angebot, von traditionellen Kräutern bis hin zu Anchovis, schwarzen Oliven und Blauschimmelkäse. Traditionellere spanische Süßigkeiten führt **Antiga Casa Mauri**, so z. B. *turrón* (katalanisches Gebäck aus Nougat und Mandeln), **Caelum** bietet im Kloster hergestelltes Konfekt an, so *yemas* (aus gesüßtem Eidotter) und *mazapans* (aus Marzipan). Bei **Bubó** bekommen Sie außergewöhnliche Kuchen, köstliche Desserts und *petits-fours* von dem preisgekrönten Konditor Carles Mampel. Relativ neu ist **Papabubble**, ein riesiger Laden mit Holzpaneelen und Marmor, in dem Sie teils zusehen können, wie die Süßigkeiten hergestellt werden.

Bäckereien, Konditoreien und Patisserien

Fast jede Straße in Barcelona hat ihre eigene *panadería*. Sie hat in der Regel durchgehend geöffnet, am meisten Betrieb ist morgens und gegen 17 Uhr, wenn die Spanier gern einen Imbiss zu sich nehmen und die Kinder von der Schule nach Hause kommen. Eine der besten Bäckereien ist **Cusachs**, die seit der Eröffnung 1963 die traditionellen katalanischen *coques* herstellt. Sie können süß oder pikant sein. Ein Muss sind die *coques* am 24. Juni, dem Fest von Sant Joan *(siehe S. 35)*, und dem längsten Tag im Jahr.

Eine andere gute *panadería* ist **Foix de Sarriá** am Major de Sarriá. Sie ist in der ganzen Stadt für ihr Gebäck bekannt. Zu den Spezialitäten zählen die Sachertorte, *panellets* (runde Marzipan-Kuchen), *pasta de té* (Obsttörtchen) und *saras* (Biskuit mit Buttercreme und Mandeln).

Die beste und wohl gesündeste Auswahl an Brot hat **Barcelona Reykjavic**, wo Sie auch köstliche hausgemachte Kuchen und Pizzas bekommen. Alle Produkte werden direkt vor Ort hergestellt.

Weine und Zigarren

Schon allein der Auswahl wegen ist **Lavinia** unschlagbar. Der größte Weinladen Spaniens hat Filialen in Madrid und Paris. Er führt Tausende von Weinen aus der ganzen Welt, ist aber insgesamt nicht gerade preiswert. In El Born bietet **Vila Viniteca** eine großartige Auswahl spanischer und katalanischer Weine an: von preiswerten, aber gut trinkbaren Tafelweinen für rund 3 Euro die Flasche bis hin zu kostbaren Priorats und Riojas, für die man dann etwa 300 Euro pro Flasche rechnen muss. Aber wenn man sich schon dafür entscheidet, Flaschen aus Barcelona mitzunehmen, dann ist es fast ein Muss, den katalanische Champagner *(cava)* zu erwerben. Man bekommt ihn überall. Wer etwas ganz Besonderes will, sollte zu **Xampany** gehen, der sich auf *cavas* spezialisiert hat, die nach alten Verfahren in der Weinregion Penedès gekeltert und ausgebaut werden.

Der beste Ort für Zigarrenliebhaber und Pfeifenraucher ist **Gimeno**. Hier bekommt man alles, was im weitesten Sinne mit Tabak zu tun hat, vor allem aber eine feine Auswahl kubanischer Havanas.

AUF EINEN BLICK

Charcuterie, Käse und Delikatessen

La Botifarrería de Santa María
Carrer Santa María 4.
Stadtplan 5 B3.
☎ *93 319 97 84.*

Casa Gispert
C/de Sombrerers 23,
El Born.
Stadtplan 5 B3.
☎ *93 319 75 35.*

Colmado Quílez
Rambla de Catalunya 63,
Eixample.
Stadtplan 3 A3.
☎ *93 215 23 56.*

Formatgeria La Seu
C/Dagueria 16, Barri Gòtic.
Stadtplan 5 A2.
☎ *93 412 65 48.*

Herboristeria del Rei
C/del Vidre 1, Barri Gòtic.
Stadtplan 5 A2.
☎ *93 318 05 12.*

Mantequeria Ravell
C/d'Aragó 313.
Stadtplan 3 A4.
☎ *93 457 51 14.*

Origins 99.9%
C/Vidrieria 6–8,
El Born.
☎ *93 310 75 31.*

Schokolade, Pralinen und Süßes

Antiga Casa Mauri
C/dels Flassanders 32.
Stadtplan 5 C2.
☎ *93 310 04 58.*

Bubó
C/Caputxes 10.
Stadtplan 5 A3.
☎ *93 268 72 24.*

Cacao Sampaka
C/del Consell de Cent 292,
Eixample.
Stadtplan 3 A4.
☎ *93 272 08 33.*

Caelum
C/de la Palla 8,
Barri Gòtic.
Stadtplan 5 A2.
☎ *93 301 69 93.*

Enric Rovira
Avinguda Josep Tarradellas 113,
Eixample.
☎ *93 419 25 47.*

Escribà Pastisseries
La Rambla 83,
Barri Gòtic.
Stadtplan 5 A1.
☎ *93 301 60 27.*

Papabubble
C/Ample 28,
Barri Gòtic.
Stadtplan 5 A3.
☎ *93 268 86 25.*

Xocoa
C/Vidrieria 4,
El Born.
Stadtplan 5 B2.
☎ *93 319 79 05.*
C/de la Princesa 10,
El Born.
☎ *93 319 66 40.*
C/de Petritxol 11–13.
☎ *93 301 11 97.*

Bäckereien, Konditoreien, Patisserien

Barcelona Reykjavic
C/ del Doctor Dou 25.
Stadtplan 2 F2.
☎ *93 302 09 21.*

Cusachs
C/de Bailèn 223,
Eixample.
Stadtplan 3 C2.
☎ *93 213 77 29.*

Foix de Sarriá
Major de Sarriá 57.
☎ *93 203 07 14.*
FAX *93 280 65 56.*

Weine und Zigarren

Gimeno
La Rambla 100.
Stadtplan 5 A1.
☎ *93 318 49 47.*

Lavinia
Av. Diagonal 605,
Eixample.
Stadtplan 3 A2.
☎ *93 363 44 45.*

Vila Viniteca
C/dels Agullers 7–9,
El Born.
Stadtplan 5 B3.
☎ *93 268 32 27.*

Xampany
C/de València 200,
Eixample
Stadtplan 3 A4.
☎ *93 453 93 38.*

Stadtplan *siehe Seiten 188–197*

Mode und Accessoires

Läden mit modischer Kleidung findet man überall in Barcelona, aber selbst Modebewusste erfahren vielleicht erst hier, dass die Stadt in Sachen Mode mit New York, London oder Paris durchaus mithalten kann. Zu den interessanten katalanischen Designern gehören Antonio Miró und Custo, Ketten mit High-Street-Fashion sind Mango und Zara, unzählige Boutiquen verkaufen spanische Mode, die zur spannendsten der Welt zählt.

Schmuck, Taschen und Accessoires

Taschen, Schmuck, Hüte und andere Accessoires sind wichtig für jede Frau, die sich für Mode interessiert, und Barcelona hat unzählige kleine Läden, in denen sich das Outfit vervollkommnen lässt. **Fet amb Love** (Mit Liebe gemacht) ist ein kleiner Shop am Passeig del Born. Hier bekommen Sie handgefertigten, farbenfrohen Schmuck und Accessoires aus aller Welt. Die Besitzer des Ladens verkaufen auch selbst kreierte Stücke wie z. B. Handtaschen.

Das **Rafa Teja Atelier** ist eine Fundgrube für exquisit bestickte Jacken, Patchwork-Schals, Handtaschen mit Applikationen und handbemalte Seidentücher in vielen Farben.

Gut zu Barcelonas Straßenleben passen **Demano**-Handtaschen, es gibt sie überall in der Stadt, auch bei **Vinçon** *(siehe S. 155)* und in der Iguapop Gallery. Die innovativen Designs wurden in Zusammenarbeit mit Marcela Manrique, Liliana Andrade, Eleonora Parachini und dem Rathaus entwickelt. Dahinter steckt der Gedanke, das PVC-Abfallmaterial der Banner und Plakate für Kulturereignisse wiederzuverwenden.

0,925 ist in den Ställen des Palau Cerbello aus dem 13. Jahrhundert zu finden, wo auch das Museu Picasso zu Hause ist. Hier gibt es eine große Auswahl an handgefertigtem Schmuck aus Silber, Gold und Titan, der von rund 20 spanischen und katalanischen Designern entworfen wird. Einzelstücke entdecken Sie auch bei **Hipòtesi**. Er begann vor über 20 Jahren, heute führt der Laden Artikel von rund 650 Designern. Neben Schmuck finden Sie hier auch Schals und Taschen aus den unterschiedlichsten Materialien – von Knöpfen und Reißverschlüssen bis hin zu Weißgold und Platin. Im Laden gibt es auch Arbeiten der Massana School of Art.

Spanische und internationale Designer-Labels

Beim Designer **Josep Font**, einem der bekanntesten katalanischen Modeschöpfer, finden auch kritische Kundinnen einzigartige Kleider, Röcke und Hosen – zu durchaus bezahlbaren Preisen. In El Born gibt es viele Läden, die ein Top-Angebot von Designermarken führen, darunter **M69** für junge Männer, u. a. mit den Kollektionen von Paul Smith, Bikkembergs und Vivienne Westwood. Die Avenida Diagonal und der Passeig de Gràcia sind die Straßen für Modebewusste. Hier sind die großen Labels zu Hause, z. B. **Chanel**, **Carolina Herrera**, **Gucci** und **Yves Saint-Laurent** sowie **Loewe** für Luxus-Lederwaren und die **Pelleteria La Sibèria**, wo man Mode aus Wildleder, Nappa oder Pelz sowohl kaufen als auch maßschneidern lassen kann.

Secondhand- und Vintage-Mode

Der kleine Carrer Riera Baixa in El Raval ist Barcelonas Antwort auf die Londoner Carnaby Street. Es gibt einen Samstagsmarkt (die Öffnungszeiten sind leider unberechenbar) und einige wunderbare Läden. Der theaterorientierte Vintage Shop **Lailo** hat vielerlei im Angebot, von Kostümen aus dem Liceu-Opernhaus über alte, exklusive Kleider bis hin zu Badeanzügen aus den 1950er Jahren. Auf der anderen Straßenseite hat sich **Mies & Felj** auf Mode aus den 1960er und 1970er Jahren spezialisiert. Hier findet man auch bunt gemusterte Vorhänge, Lederjacken mit Pelzbesatz, chinesische Gewänder und Vintage-Sportkleidung.

High-Street-Fashion und Sportmode

Die bekannten spanischen Modehäuser **Zara** und **Mango** haben Filialen in der ganzen Stadt, beide Hauptläden befinden sich am Passeig de Gràcia. Hier findet man Basics, Alltagskleidung und modische Party-Outfits zu vernünftigen Preisen, es gibt auch Abteilungen für Herrenmode. Für etwas gehobenere Ansprüche führen **Massimo Dutti** und **Adolfo Domínguez** Klassisches, schicke Freizeitkleidung und Praktisches wie Krawatten und Gürtel.

Für individuellere Mode gehen Sie besser in die kleinen Läden von El Born und im Barri Gòtic. Der Carrer d'Avinyó in der Altstadt inspirierte den jungen Picasso zum Malen und die Jugend von heute zum Shoppen. Es ist eine lebendige Straße mit Markt-Atmosphäre – dazu passen die kleinen Designerläden ebenso wie das Angebot an Streetwear und Sportswear, z. B. von Adidas, Puma oder Nike. **Como Agua de Mayo** verkauft stylische Damenbekleidung und Schuhe von spanischen Designern. **Desigual** empfiehlt sich für stadtorientierte, alltagstaugliche Kleidung, **Doshaburi** hat die größte Auswahl von Vintage-Levis-Jeans in ganz Spanien, führt aber auch die neuesten japanischen Labels. **Custo**, der wohl bekannteste Designer aus Barcelona, besitzt zwei Läden in der Altstadt, beide quellen über von seinen bunt bemalten T-Shirts und den schief geschnittenen Mänteln und Röcken.

Für Fußballfans von Barça ist vielleicht der offizielle Laden des FC Barcelona interessant, die **Botiga del Barça**.

Hüte und Schuhe

Gemusterte Lederschuhe der mallorquinischen Kultmarke **Camper** kosten in Barcelona rund 25 Prozent weniger als anderswo in Spanien. **La Manual Alpargatera** ist ein anderer Kultklassiker, *Sardana*-Tänzer lieben ihn ebenso wie Berühmtheiten für seine exquisiten, individuell angepassten und handgefertigten Espadrilles und Strohhüte. **Casas Sabaters** hat einige Filialen in der Stadt, alle führen die Produkte der erstklassigen spanischen Schuhmarken, bieten aber auch oft Sonderpreise und Ausverkaufsschnäppchen.

Muxart ist die Adresse für qualitätsbewusste Kunden. Die Schuhe dieser Marke aus Barcelona findet man ausschließlich in eigenen Shops. Die außergewöhnlichen – und daher auch nicht ganz preiswerten – Modelle werden aus ausgewählten Materialien handgefertigt. **Vialis** ist eine weitere lokale Marke. Der erste Shop wurde 1998 in El Born eröffnet. Die Schuhe sind ungewöhnlich, aber hübsch gemacht und bequem.

Der solide alte Hutladen **Sombrereria Obach** führt Klassiker von Baskenmützen über Stetsons und Trilbys bis hin zu handgeflochtenen Montecristi-Panamahüten.

AUF EINEN BLICK

Schmuck, Taschen und Accessoires

0,925
C/de Montcada 25, El Born.
Stadtplan 5 B3.
☎ *93 319 43 18.*
www.albertolobo.com

Demano
C/de Pallars 94, 7, 1a.
Stadtplan 6 E2.
☎ *93 300 48 07.*
http://demano.net

Fet amb Love
Passeig del Born 2, El Born.
Stadtplan 5 B3.
☎ *93 319 66 42.*

Hipòtesi
Rambla de Catalunya 105, Eixample.
Stadtplan 3 A3.
☎ *93 215 02 98.*

Rafa Teja Atelier
C/Sta. Maria 18, El Born.
Stadtplan 5 B3.
☎ *93 310 27 85.*
FAX *93 289 28 05.*

Spanische und internationale Designer-Labels

Carolina Herrera
Passeig de Gràcia 87, Eixample.
Stadtplan 3 A3.
☎ *93 272 15 84.*

Chanel
Passeig de Gràcia 70, Eixample.
Stadtplan 3 A4.
☎ *93 488 29 23.*

Gucci
Passeig de Gràcia 76, Eixample.
Stadtplan 3 A3.
☎ *93 416 06 20.*

Josep Font
C/de Provença 304, Eixample.
Stadtplan 3 A3.
☎ *93 487 21 10.*

Loewe
Passeig de Gràcia 35.
Stadtplan 3 A4.
☎ *93 216 04 00.*

M69
C/del Rec 28. **Stadtplan** 5 C3. ☎ *93 310 42 36.*
www.m69barcelona.com

Pelleteria La Sibèria
Rambla de Catalunya 15, Eixample.
Stadtplan 3 A3.
☎ *93 317 05 83.*

Yves Saint-Laurent
Passeig de Gràcia 102.
Stadtplan 3 A3.
☎ *93 200 39 55.*

Secondhand- und Vintage-Mode

Lailo
C/de la Riera Baixa 20, El Raval.
Stadtplan 2 F2.
☎ *93 441 37 49.*

Mies & Felj
C/de la Riera Baixa 4, El Raval.
Stadtplan 2 F2.
☎ *93 442 07 55.*

High-Street-Fashion und Sportmode

Adolfo Domínguez
Passeig de Gràcia 32, Eixample.
Stadtplan 3 A5.
☎ *93 487 41 70.*

Botiga del Barça
Maremàgnum (Moll d'Espanya).
Stadtplan 5 A4.
☎ *93 225 80 45.*

Como Agua de Mayo
C/de l'Argenteria 43.
Stadtplan 5 B3.
☎ *93 310 64 41.*

Custo
Plaça de les Olles 7.
Stadtplan 5 B3.
☎ *93 268 78 93.*

Desigual
C/de l'Argenteria 65, El Born.
Stadtplan 5 B2.
☎ *93 310 30 15.*

Doshaburi
C/del Lledó 4–6, Barri Gòtic.
Stadtplan 2 F2.
☎ *93 319 96 29.*
www.doshaburi.com

Mango
Passeig de Gràcia 65.
Stadtplan 3 A4.
☎ *93 215 75 30.*

Massimo Dutti
Passeig de Gràcia (Ecke Gran Via), Eixample.
Stadtplan 3 A5.
☎ *93 412 01 05.*

Zara
Passeig de Gràcia 16, Eixample.
Stadtplan 3 A5.
☎ *93 318 76 75.*

Hüte und Schuhe

Camper
Plaça dels Àngels mit C/Elisabets, El Raval.
Stadtplan 2 F2.
☎ *93 342 41 41.*

Casas Sabaters
C/de la Portaferrissa 25.
Stadtplan 5 A2.
☎ *93 302 11 32.*

La Manual Alpargatera
C/d'Avinyó 7, Barri Gòtic.
Stadtplan 5 A3.
☎ *93 301 01 72.*

Muxart
Rambla de Catalunya 47.
Stadtplan 3 A5.
☎ *93 467 74 23.*

Sombrereria Obach
Carrer del Call 2, Barri Gòtic.
Stadtplan 5 A2.
☎ *93 318 40 94.*

Vialis
C/Vidreria 15,
Stadtplan 5 B3.
☎ *93 313 94 91.*

Spezialläden

Zu einem Barcelona-Besuch gehört es einfach, durch die Gassen der Altstadt zu schlendern oder auf den breiten Boulevards in Eixample zu promenieren. In beiden Vierteln stößt man dabei immer wieder auf Läden mit traditionellem Kunsthandwerk und handgefertigten Artikeln. Viele Läden sind eine Sehenswürdigkeit für sich. Aber auch wenn Sie eigentlich nur die Auslagen betrachten wollen, werden Sie kaum vermeiden können, dass etwas Ihr Interesse findet. Auch beim Shopping lernt man eine Stadt kennen!

Kunst und Antiquitäten

Kunstliebhaber und Antiquitätensammler werden in Barcelona leicht fündig. Auf dem **Bulevard dels Antiquaris** sind mehr als 70 Läden, die mit alten Stücken handeln. Es gibt alte Münzen und Alabaster-Statuen, Blechtrommeln und Lüster, aber natürlich auch allen möglichen Schnickschnack. Der Carrer del Call, das alte jüdische Viertel im Barri Gòtic, ist eine weitere Fundgrube für Sammler, mit plüschigen Läden wie **L'Arca de l'Àvia**, wo es alte Spitzen und Leinenstoffe, alte Puppen und schöne Möbelstücke gibt. **Heritage** führt u.a. Schmuck mit Halbedelsteinen sowie alte Seiden- und andere Stoffe, **Gemma Povo** dekorative alte Stücke aus Gusseisen.

Gleich mehrere Läden gehören **Artur Ramon** am Carrer de la Palla. Hier gibt es Glaswaren und Keramik aus dem 18. und 19. Jahrhundert sowie Gemälde, die auch schon mal aus dem 14. Jahrhundert stammen können. **Tandem** hat sich auf alte Globen spezialisiert.

Barcelonas älteste und prestigeträchtigste Kunstgalerie ist **Sala Parés**, die alte und zeitgenössische katalanische Künstler ausstellt. Bilder, die man sich auch mit kleinerem Geldbeutel leisten kann, gibt es in der **Boutique Galería Picasso**: Drucke, Lithografien, Plakate und Postkarten von den großen spanischen Meistern Miró, Picasso und Dalí. Die Galerie **Espai Ras** zeigt Architektur, zeitgenössische Kunst, Videoinstallationen und Grafik-Design. Außerdem gibt es einen Buchladen, in dem man stöbern kann.

Bücher, Musik, DVDs und Schreibwaren

Für Kleinigkeiten und Mitbringsel ist Barcelona geradezu ideal. **Papirum** ist ein altmodisch anmutender Papierwarenladen, in dem man schöne Füller, ledergebundene Notizbücher und Halter für Schreibfedern findet, aber auch originale Schreibblöcke der Boqueria-Kellner. **Altaïr** gilt als Spaniens bester Spezialist für Reiseliteratur, hier bekommt man Karten, Reiseführer und Bildbände rund um das Thema Reise. Die **Casa del Llibre** ist Barcelonas größter Buchladen für englischsprachige Literatur, auch hier gibt es Karten, Reiseführer, Magazine und schicke Bildbände.

Der Einfluss von Barcelonas jährlichem Festival für elektronische Musik, Sónar *(siehe S. 163)*, macht sich auch im Angebot der Läden bemerkbar. Im El Raval – so auch bei **Wah Wah Records** – bekommt man alte Vinyl-Platten ebenso wie die neuesten Scheiben. **Herrera Guitars** bietet handgefertigte klassische Konzertgitarren an und nimmt auch Instrumente in Kommission.

Ausgefallenes und Schnickschnack

El Born und das Barri Gòtic sind wahre Schatztruhen für alle Arten von Dingen. Bei **Sabater Hnos. Fábrica de Jabones** bekommen Sie handgemachte Seife in allen nur erdenklichen Formen und Düften – von traditionellem Lavendel bis hin zu Schokolade. **Natura** ist ideal für preiswerte, schicke Geschenke: Socken mit verrückten Motiven, Samt-Slipper, chinesische Notizbücher, Spielzeug und Nippes aus dem Orient. Für kleine und große Urlaubsabenteuer führt **La Condonería** Kondome in allen Ausführungen, Farben, Formen und Geschmacksrichtungen. **Cereria Subirà** gibt es schon seit 1761, es ist Barcelons ältester Laden, der heute Kerzen in allen Größen und Formen verkauft, von der kleinen Votivkerze bis hin zu beeindruckenden meterhohen Exemplaren. Auch **El Rei de la Màgia** ist alt, der Laden wurde 1881 gegründet und führt Zubehör für kleine und große Magier. In der Nähe verzaubert **Arlequí Màscares** die meisten Kunden, die den Laden betreten: Hier gibt es Masken aller Art – traditionelle handbemalte Papiermaché-Masken, italienische Commedia-dell'Arte-Masken, glänzende französische Partymasken und groteske katalanische *gigantes* (Riesenköpfe, die auf Festen getragen werden), Masken aus der griechischen Tragödie und dem japanischen Nō-Theater.

Lingerie und Parfüms

Die große französische Kette Sephora führt eine riesige Auswahl an Markenparfums und Kosmetikartikeln, die hier oft preiswerter sind als am Flughafen. **La Galería de Santa María Novella** ist ein Outletstore, in dem luxuriöse Parfums, Kosmetika und Kräuterprodukte verkauft werden. Die Artikel sind nicht eben billig, doch ein Besuch ist in jedem Fall ein Genuss für die Sinne: Sobald man den Laden betritt, wird man von dem Duft von Blumen, Gewürzen und Früchten gefangen genommen.

Le Boudoir wirkt wie ein Liebesnest aus dem 18. Jahrhundert mit Messingbett, vergoldeten Spiegeln, Samtdraperien und Liebesgedichten an der Wand. Zugleich aber ist es der erotischste Laden in Barcelona mit Wäsche aus Seide und Spitzen, Nachtgewändern, flauschigen Pantöffelchen und pelzigen Handschellen sowie geschmackvollem Sex-Spielzeug und Aphrodisiaka. Konventionellere Unterwäsche führt die spanische Kette **Women's Secret**, aber auch bonbonfarbene Dessous, Bademode und schicke Pyjamas.

Inneneinrichtung

Bei **L'Appartement** werden Möbel – von schicken Lampen bis zu stylischen Sesseln – ausgestellt und auch verkauft. Die Modemarke Zara eröffnete vor ein paar Jahren das Einrichtungshaus **Zara Home**. Hier finden Sie schöne Dekoartikel und Einrichtungsgegenstände zu vernünftigen Preisen. **Wa Was** ist trendiger, hier gibt es neonfarbene Lampen, Dekoartikel, Kochgeräte und Postkarten. **Vinçon** ist das Mekka all derer, die ihr Heim mit Designer-Kleinigkeiten verschönern möchten. In einem Haus, das um 1900 gebaut wurde, gibt es so ziemlich alles, von französischen Le-Creuset-Pfannen und -Brätern über baskische *Chiquito*-Becher bis hin zu seidenen Sitzsäcken und Futons. Traditionsbewusstere zieht es mehr zu **Coses de Casa**, einem schönen Laden für handgefertigte Patchwork-Decken, feminine Rosendrucke und Blumenmuster à la Laura Ashley.

AUF EINEN BLICK

Kunst und Antiquitäten

L'Arca de l'Àvia
C/dels Banys Nous 20, Barri Gòtic.
Stadtplan 5 A2.
☎ *93 302 15 98.*

Artur Ramon Antiquari
C/de la Palla 23, Barri Gòtic. **Stadtplan** 5 A2.
☎ *93 302 59 70.*

Artur Ramon Col·leccionisme
C/de la Palla 23, Barri Gòtic. **Stadtplan** 5 A2.
☎ *93 302 59 70.*

Artur Ramon Mestres Antics
C/de la Palla 10, Barri Gòtic. **Stadtplan** 5 A2.
☎ *93 301 16 48.*

Boutique Galería Picasso
C/de la Tapineria 10.
Stadtplan 5 B2.
☎ *93 310 49 57.*

Bulevard dels Antiquaris
Passeig de Gràcia.
Stadtplan 3 A2–A5.
☎ *93 215 44 99.*

Espai Ras
Doctor Dou 10.
Stadtplan 2 F2.
☎ *93 412 71 99.*
www.rasbcn.com

Gemma Povo
C/dels Banys Nous 5, Barri Gòtic.
Stadtplan 5 A2.
☎ *93 301 34 76.*

Heritage
C/dels Banys Nous 14, Barri Gòtic.
Stadtplan 5 A2.
☎ *93 317 85 15.*
http://heritagebarcelona.com

Sala Parés
C/de Petritxol 5, Barri Gòtic.
Stadtplan 5 A2.
☎ *93 318 70 20.*

Tandem
C/dels Banys Nous 19, Barri Gòtic.
Stadtplan 5 A2.
☎ *93 317 44 91.*

Bücher, Musik, DVDs und Schreibwaren

Altaïr
Gran Via 616, Eixample.
☎ *93 342 71 71.*
www.altair.es

Casa del Llibre
Passeig de Gràcia 62, Eixample.
Stadtplan 3 A4
☎ *93 272 34 80.*

Herrera Guitars
C/Marlet 6, Barri Gòtic.
Stadtplan 5 A2.
☎ *93 302 66 66.*
www.herreraguitars.com

Papirum
C/Baixada de la Llibreteria 2, Barri Gòtic.
Stadtplan 5 A2.
☎ *93 310 52 42.*
www.papirum-bcn.com

Wah Wah Records
C/de la Riera Baixa 14, El Raval.
Stadtplan 2 F2.
☎ *93 442 37 03*

Ausgefallenes und Schnickschnack

Arlequí Màscares
C/de la Princesa 7.
Stadtplan 5 B2.
☎ *93 268 27 52.*
www.arlequimask.com

Cereria Subirà
C/Baixada de la Llibreteria 7. **Stadtplan** 5 A2.
☎ *93 315 26 06.*

La Condonería
Pl. de Sant Josep Oriol 7, Barri Gòtic.
Stadtplan 5 A2.
☎ *93 302 77 21.*

Natura
C/de l'Argenteria 78, El Born. **Stadtplan** 5 B2.
☎ *93 268 25 25.*

El Rei de la Màgia
Carrer de la Princesa 11.
Stadtplan 5 B2.
☎ *93 319 39 20.*

Sabater Hnos. Fábrica de Jabones
Pl. de Sant Felip Neri 1, Barri Gòtic.
Stadtplan 5 B2.
☎ *93 301 98 32.*

Lingerie und Parfüms

Le Boudoir
C/de la Canuda 21.
Stadtplan 5 A1.
☎ *93 302 52 81.*
www.leboudoir.net

La Galería de Santa María de Novella
C/de l'Espasería 4.
Stadtplan 5 B3.
☎ *93 268 02 37*

Regia
Passeig de Gràcia 39.
Stadtplan 3 A2–A5.
☎ *93 216 01 21.*

Women's Secret
C/de la Portaferrissa 7, Barri Gòtic.
Stadtplan 5 A2.
☎ *93 318 92 42.*

Inneneinrichtung

L'Appartement
C/Enric Granados 4.
Stadtplan 3 A4
☎ *93 452 29 04.*

Coses de Casa
Plaça de Sant Josep Oriol 5, Barri Gòtic.
Stadtplan 2 F2.
☎ *93 315 26 06.*

Vinçon
Passeig de Gràcia 96.
Stadtplan 3 A2–A5.
☎ *93 215 60 50.*

Wa Was
C/ dels Carders 14, Born.
Stadtplan 5 B3.
☎ *93 319 79 92.*

Zara Home
Rambla de Catalunya 71.
Stadtplan 3 A4
☎ *93 487 49 72.*

Stadtplan *siehe Seiten 188–197*

Unterhaltung

Barcelona bietet eine der spannendsten Entertainment-Szenen in ganz Europa. Hier finden Events aller Arten und an den verschiedensten Orten statt – vom prächtigen Opernhaus Liceu bis zum Palau de la Música Catalana, der im Stil des Modernisme erbaut ist, von kleinen freien Theatern bis zu skurrilen katalanischen Comedy-Shows, vom klassischen spanischen Drama bis zu Drag-Queen-Shows. Auf den großen Boulevards wie La Rambla spielen Musiker Klassisches, Ragtime oder Jazz, Straßenkünstler locken mit kleinen Sketchen oder Akrobatik. Der Festivalkalender Barcelonas ist voll mit international besetzten Veranstaltungen, zu denen man auch Karten bekommt, ohne Monate im Voraus zu reservieren.

Musiker im Barri Gòtic

Der großartige Innenraum des Palau de la Música Catalana

Information

Eine Übersicht bietet Barcelonas *Guía del Ocio*, die donnerstags erscheint. Auch die Freitagsausgabe von *La Vanguardia* hat ihre Unterhaltungsbeilage *Què Fem?* Zudem gibt es eine katalanische Ausgabe von *Time Out*.

Tickets

Die Spielzeit der Hauptveranstaltungsorte dauert von September bis Juni. Dazwischen finden nur begrenzt Veranstaltungen statt. Insgesamt spiegelt Barcelonas Unterhaltungsangebot sein reiches multikulturelles künstlerisches Erbe wider. Im Sommer findet das Grec Festival de Barcelona *(siehe S. 35)* statt, ein Open-Air-Festival mit Musik, Theater und Tanz. Auch bei der Festa de la Mercè *(siehe S. 36)* im September gibt es eine große Auswahl an Konzerten. Karten kaufen Sie am besten am Veranstaltungsort. Tickets gibt es auch bei der Caixa de Catalunya oder der **La-Caixa-Sparkasse**. Drei Stunden vor Spielbeginn gibt es Theater-Restkarten mit 50% Rabatt bei Ticket Ramblas im Virreina-Gebäude (Rambla 99).

Oper und Theater

Das Theater **Mercat de les Flors** *(siehe S. 164f)* präsentiert zeitgenössische Tanz- und Theaterproduktionen, das **Teatre Lliure** klassische und moderne Stücke auf Katalanisch. Auch das **Teatre Nacional de Catalunya** *(siehe S. 99)* neben Auditori de Barcelona bietet Stücke auf Katalanisch.

Seit der Wiedereröffnung des **Teatre del Liceu** im Jahre 1999 haben Opern- und Ballettensembles wieder eine exzellente Spielstätte im »altneuen« Opernhaus.

Musik

Barcelonas modernistischer **Palau de la Música Catalana** *(siehe S. 63)* gehört zu den schönsten Konzertsälen der Welt. Großartig ist auch das 1999 eröffnete **L'Auditori de Barcelona** *(siehe S. 166f)* mit zwei Konzertsälen. Es ist Sitz des Orquestra Simfònica de Barcelona.

Der katastrophale Brand des **Teatre del Liceu** 1994 ist inzwischen glücklicherweise überwunden. Das berühmte Opernhaus, ein Wahrzeichen der Stadt, konnte dank großzügiger Spenden rasch wiederaufgebaut werden. Die Wiedereröffnung feierte man im Oktober 1999. Heute kommen hier wieder große Opern der Musikgeschichte zur Aufführung – Schwerpunkte sind die Opern Vicenzo Bellinis, Gaetano Donizettis und Richard Wagners.

Berühmte Musiker wie David Byrne oder auch Paul McCartney traten schon mehrfach im **Razzmatazz** *(siehe S. 166f)* auf. Wirklich guten Jazz hört man im **Harlem Jazz Club** *(siehe S. 166f)* und im **Jamboree** *(siehe S. 166f)*, Liebhaber von Salsa-Musik gehen gerne ins **Antilla Barcelona**.

Bühnenshow in einem der vielen Clubs in Barcelona

Zuschauerraum des Teatre Nacional de Catalunya

Nachtleben

Zu Barcelonas berühmtesten modernen Bauten gehören die New-Wave-Bars aus den boomenden 1980er Jahren wie das **Mirablau** mit Sicht auf die Stadt. **Las Torres de Ávila** im Poble Espanyol *(siehe S. 89)* ist der Gipfel der Postmoderne. Das **Otto Zutz** engagiert regelmäßig bekannte DJs. Im nicht ganz so schicken **Apolo** gibt es Live-Musik. **Elephant** befindet sich in einer Modernisme-Villa.

Zwei der bekanntesten Bars liegen in der Altstadt: das altehrwürdige **Boadas** und **El Xampanyet** *(siehe S. 152)*. **El Bosc de les Fades**, das Café des Wachsmuseums, erinnert mit seiner fantasievollen Einrichtung an eine Märchenhöhle.

Festivals

Im Sommer gibt es im Freien jede Menge an Festivals, Aufführungen und Musik: Das **Festival del Sónar** im Juni startete als Versuchsbühne für junge musikalische Experimente; heute ist es fast ein Muss für zeitgenössische Musik. Die Veranstaltungsserie **Clàssic als Parcs** im Juni und Juli bietet garantiert weniger Experimente.

Freizeitparks

Der Freizeitpark auf dem **Tibidabo** *(siehe S. 98)* hat an Sommerwochenenden bis in den Morgen geöffnet. Doch auch wochentags ist viel los. Besonderen Spaß macht es, mit der Straßen- oder Seilbahn dorthin zu fahren.

Fußball

Der König des katalanischen Sports, der **FC Barcelona**, besitzt das größte Fußballstadion Europas, Camp Nou, sowie begeisterte Fans *(siehe S. 95)*. Infos und Spieltermine finden Sie am einfachsten im Internet.

Volles Haus im gigantischen Stadion Camp Nou

AUF EINEN BLICK

Oper und Theater

Liceu
La Rambla 51–59.
Stadtplan 2 F3.
93 485 99 00.

Teatre Lliure
P de Santa Madrona 40–46. **Stadtplan** 1 B3.
93 289 27 70.

Teatre Nacional de Catalunya
Plaça de les Arts 1.
Stadtplan 4 F5.
93 306 57 00.

Musik

Antilla Barcelona
Carrer d'Aragó 141–143.
93 451 45 64.
www.antillasalsa.com

L'Auditori de Barcelona
Carrer de Lepant 150.
Stadtplan 6 E1.
93 247 93 00.

Palau de la Música Catalana
Carrer de Sant Pere Més s/n. **Stadtplan** 5 B1.
90 244 28 82.

Nachtleben

Apolo
Carrer Nou de la Rambla 113. **Stadtplan** 2 E3.
93 441 40 01.

Boadas
Carrer dels Tallers 1.
Stadtplan 5 A1.
93 318 88 26.

El Bosc de les Fades
Passatge de la Banca.
93 317 26 49.

Elephant
Passeig dels Til·lers 1, Tibidabo. **Stadtplan** 2 F1.
93 334 02 58.
www.elephantbcn.com

Mirablau
Plaça del Doctor Andreu.
93 418 58 79.

Otto Zutz
Carrer de Lincoln 15.
Stadtplan 3 A1.
93 238 07 22.

Las Torres de Ávila
Poble Espanyol, Avinguda del Marquès de Comillas.
Stadtplan 1 A1.
93 424 93 09.

El Xampanyet
Carrer de Montcada 22.
Stadtplan 5 B2.
93 319 70 03.

Festivals

Clàssic als Parcs
Information Parcs i Jardins.
010 (aus Barcelona).

Festival del Sónar
Palau de la Virreina.
90 288 89 02.
www.sonar.es

Grec Festival de Barcelona
www.barcelonafestival.com

ServiCaixa
90 233 22 11.
www.servicaixa.com

Telentrada
90 210 12 12.
www.telentrada.com

Freizeitparks

Tibidabo
93 211 79 42.

Fußball

FC Barcelona
Camp Nou, Avinguda Aristides Maillol.
93 496 36 00.

Film und Theater

Barcelona bietet den Kinogängern eine große Bandbreite von Kinos: große Multiplex-Häuser, aber auch viele kleine Programmkinos. Jährlich finden hier mehrere Filmfestivals statt. Doch auch die Theaterbühnen stehen bei der Vielfalt keineswegs zurück: Der Zuschauer findet alles, vom klassischen Sprechtheater bis zur provokativen neuen Inszenierung. Trotz aller sprachlichen Barrieren lohnt sich ein Besuch. Wer es etwas unterhaltsamer liebt, für den empfehlen sich die zahlreichen Dinner-Shows.

Film

Der neue spanische Film hat in den letzten Jahren einen gewaltigen Aufschwung erlebt: Regisseure wie Alejandro Amenábar *(The Others)*, die katalanische Autorin und Filmemacherin Isabel Coixet *(Mein Leben ohne mich)* und natürlich der Regie-Star Pedro Almodóvar *(Alles über meine Mutter, La Mala Educación, Volver)* feierten große Erfolge. In Barcelona haben sich inzwischen mehrere Filmfestivals etabliert. Das größte Event ist das jährlich im Oktober in Sitges stattfindende **Festival Internacional de Cinema de Catalunya**.

Zwar werden die meisten internationalen Filme spanisch oder katalanisch synchronisiert, es laufen aber auch zunehmend Originalversionen, nicht nur die Blockbuster aus Hollywood, sondern auch Streifen des *film noir* und freie, unabhängige Produktionen. Seit seiner Eröffnung 1995 hat sich das **Centre de Cultura Contemporània (CCCB)** zum wichtigen Zentrum zeitgenössischer Kunst entwickelt und dabei entscheidend zur Erneuerung von El Raval beigetragen. Das CCCB veranstaltet auch Ausstellungen, Lesungen und Filmvorführungen.

Das **Icària Yelmo Cineplex** ist das größte Multiplex-Zentrum der Stadt – integriert in ein Freizeit- und Einkaufszentrum mit Läden und Restaurants. Den größten Kinosaal mit 1832 Plätzen und einer 200 Quadratmeter großen Leinwand bietet das **Urgel**. Hier werden die großen internationalen Filme gezeigt.

Wer lieber unkonventionellere Filme sehen möchte, der sollte ins **Renoir Floridablanca** gehen. Dieses recht neue Kino an der Grenze zwischen El Raval und Eixample zeigt spannende europäische und internationale Produktionen (meist spanisch oder katalanisch untertitelt).

Im Stadtteil Gràcia veranstalten das **Verdi** und das **Verdi Park** gutes Programmkino mit ausländischen Filmen, manchmal im Rahmen von Festivals.

Im Sommer werden am **Castell de Montjuïc** *(siehe S. 89)* und in der **Piscina Bernat Picornell**, dem Olymischen Schwimmbad am Montjuïc, Open-Air-Filme gezeigt.

Das Filmmuseum der katalanischen Regierung ist die **Filmoteca de la Generalitat de Catalunya** (geschlossen im August). Hier zeigt man, wechselnd im Zwei- bis Drei-Wochen-Rhythmus, exzellente alte und neue Streifen für Kenner und Liebhaber, vom alten rekonstruierten Stummfilm über osteuropäische Produktionen bis hin zu Musicalfilmen wie Baz Luhrmanns *Moulin Rouge*. Sehr zu empfehlen.

Das **Méliès** zeigt in seinen zwei Sälen Kunst und Skurriles, alte Hollywood-Klassiker, Horrorfilme, aber auch Filme von Federico Fellini und Alfred Hitchcock.

Das **Casablanca** ist ein kleines Kino am Passeig de Gràcia. Hier werden viele Independent-Filme in Originalfassung gezeigt.

In Barcelona entstehen immer mehr sogenannte Bar-Cinemas, wo man (auf harten Stühlen) die Filme bei einem Bier oder einem Glas Wein ansehen kann. Das Kino **Void** ist zwar nicht sehr bequem, zeigt aber die meisten einheimischen neuen Produktionen in der ganzen Stadt. Natürlich ist die Filmauswahl des Void nicht immer konsensfähig.

Für Kinder und Fans empfiehlt sich das **IMAX Port Vell**, das spektakuläre Filme im 3-D-Stil auf halbrunder Leinwand zeigt, z. B. Filme von Achterbahnfahrten, Expeditionen auf den Mount Everest, Fahrten in die Tiefsee oder der Rolling-Stones-Tournee.

Am Montagabend *(dia de l'espectador)* und mittags am Wochenende gibt es reduzierte Eintrittspreise. Viele Kinos spielen ihre Filme auch zu Randzeiten, d. h. um Mitternacht oder früh am Morgen.

Theater und Tanz

Es ist ganz klar: Die meisten Theaterstücke werden auf Katalanisch oder Spanisch gespielt, alles andere ist die Ausnahme. Das **Llantiol Teatre** in El Raval spielt auf Englisch. Aber allen Sprachbarrieren zum Trotz lohnen viele Inszenierungen einen Besuch.

Theatergruppen wie **Els Comediants** und **La Cubana** bieten eine interessante Mischung aus Theater, Musik, Pantomime und Elementen der spanischen Fiesta. Auf der Bühne des kleinen **Llantiol** wechselt das Programm wöchentlich zwischen Theater, Comedy, Zauberern und bunten Unterhaltungs-Shows, die man meist auch ohne Spanisch versteht.

Ein ähnliches Programm bietet das **L'Antic Teatre**. In diesem Kulturzentrum mit Dachterrasse, Vegetarier-Restaurant und Bar gastieren viele alternative Gruppen wie z. B. die argentinische Gruppe »4D Òptic«.

Wer die Avantgarde und Musik liebt, der ist im **Mercat de les Flors** richtig. Dieser ehemalige Blumenmarkt in Montjuïc veranstaltet kleine Filmfestivals, z. B. Filme aus Asien (jeweils im Herbst).

In der Gegend um La Rambla und Paral·lel befinden sich die eher konventionelleren Theaterbühnen der Stadt. Das **Teatre Tívoli** bringt exzellente Tanz- und Musikproduktionen auf die Bühne, häufig Konzerte internationaler Musikstars und Ensembles.

Das **Teatre Poliorama** an der Rambla hat sich auf Musicals, Opernproduktionen und Flamenco-Shows (dreimal in der Woche) spezialisiert.

Das Haupttheater der Stadt ist das **Teatre Nacional de Catalunya (TNC)**. In dem beeindruckenden Gebäude mit seinen vielen Säulen, das der katalanische Architekt Ricard Bofill entwarf, arbeiten die wichtigsten Regisseure Spaniens. Gespielt werden die Inszenierungen ausschließlich auf Spanisch oder Katalanisch.

Das **Teatre Apolo** ist die richtige Adresse für schwungvolle Musicals wie Queens *We Will Rock You* und ABBAs *Mamma Mia*.

Die Menschen in Barcelona lieben den zeitgenössischen Tanz. Entsprechend viele Veranstaltungen gibt es in diesem Bereich.

Das **Teatre Victòria** in der Avinguda del Paral·lel bietet Ballett und klassische Tanzchoreografien, ebenso wie das Opernhaus **Gran Teatre del Liceu** *(siehe S. 166)*.

Wem der Sinn nach Flamenco *(siehe S. 167)* steht, der kann in Barcelona aus einer Vielzahl von Shows wählen, von traditionell bis modernsexy. Es macht Spaß, bei diesem rhythmischen andalusischen Tanz zuzuschauen. Falls Sie Glück haben und der katalanische Flamenco-Sänger Mayte Martín in der Stadt gastiert, dann sollten Sie sich unbedingt um Karten bemühen.

In Barcelona gibt es eine ganze Reihe von Dinner-Shows: Hier bietet man Ihnen ein gutes Abendessen plus eine Show, beispielsweise im **El Tablao de Carmen** *(siehe S. 167)*. **Los Tarantons** am Plaça Reial bietet täglich Flamenco-Konzerte zu sehr moderaten Eintrittspreisen (meist unter 10 Euro). Es gibt ein spannendes und vielfältiges Programm mit Konzerten und Auftritten der heimischen Flamenco-Künstler.

Salsa, Merengue und andere karibische Musikstile sind in einigen Clubs der Stadt zu hören, z. B. im **Antilla BCN Latin Club** oder im **Buenavista Salsa Club** in Eixample. Hier spielen Bands aus Puerto Rico, Kuba oder New York – und Sie erhalten dabei kostenlosen Tanzunterricht.

AUF EINEN BLICK

Film

Casablanca
Passeig de Gràcia 115, Eixample.
Stadtplan 3 A3.
93 218 43 45.

CCCB
C/de Montalegre 5.
Stadtplan 2 F2.
93 306 41 00.
www.cccb.org

Festival Internacional de Cinema de Catalunya
Sitges.
938 94 99 90.
www.cinemasitges.com

Filmoteca de la Generalitat de Catalunya
Avda Sarrià 31–33, Eixample.
93 410 75 90.

Icària Yelmo Cineplex
C/de Salvador Espriu 61, Vila Olímpica.
Stadtplan 6 E4.
93 221 75 85.
www.yelmocineplex.es

IMAX Port Vell
Moll d'Espanya, Port Vell.
Stadtplan 5 A4.
93 225 11 11.
www.imaxportwell.com

Méliès
C/de Villarroel 102, Eixample.
Stadtplan 2 E1.
93 451 00 51.

Piscina Bernat Picornell
Av. de l'Estadi 30–38.
Stadtplan 1 A3.
93 423 40 41.
www.picornell.cat

Renoir Floridablanca
C/de Floridablanca 135, Eixample.
Stadtplan 1 C1.
93 426 33 37.
www.cinesrenoir.com

Urgel
C/ del Comte d'Urgell 29.
Stadtplan 2 E1.
90 242 42 43.

Verdi
C/de Verdi 32, Gràcia.
Stadtplan 3 B1.
93 238 79 90.
www.cines-verdi.com

Verdi Park
C/de Torrijos 49, Gràcia.
Stadtplan 3 C2.
93 238 79 90.

Void
C/de Ferlandina 51.
Stadtplan 2 E1.
93 443 42 03.
www.void-bcn.com

Theater und Tanz

L'Antic Teatre
C/de Verdaguer i Callís 12, La Ribera.
Stadtplan 5 A1.
93 315 23 54.
www.lanticteatre.com

Antilla BCN Latin Club
C/d'Aragó 141, Eixample.
Stadtplan 3 A4.
93 451 45 64.
www.antillasalsa.com

Buenavista Salsa Club
C/del Rosselló 217, Eixample. **Stadtplan** 3 A3.
93 237 65 28.
www.salsabuenavista.com

Gran Teatre del Liceu (Oper)
La Rambla 51–59.
Stadtplan 5 A1.
93 485 99 00.
www.liceubarcelona.com

Llantiol
C/de la Riereta 7, El Raval.
Stadtplan 2 E2.
93 329 90 09.
www.llantiol.com

Los Tarantos
Plaça Reial 17.
Stadtplan 5 A3.
93 319 17 89.
www.masimas.com/en/tarantos

Mercat de les Flors
C/de Lleida 59.
Stadtplan 1 B2.
93 426 18 75.
www.mercatflors.org

Teatre Apolo
Av del Paral·lel 59.
Stadtplan 1 B1.
93 441 90 07.

Teatre Nacional de Catalunya (TNC)
Plaça de les Arts 1.
Stadtplan 6 F1.
93 306 57 06.
www.tnc.cat

Teatre Poliorama
La Rambla 115, Barri Gòtic. **Stadtplan** 5 A1.
93 317 75 99.
www.teatrepoliorama.com

Teatre Tívoli
C/de Casp 10–12, Eixample. **Stadtplan** 3 B5.
93 412 20 63.

Teatre Victòria
Av del Paral·lel 67–69.
Stadtplan 1 B1.
93 329 91 89.
www.teatrevictoria.com

Musik

Nur wenige Städte auf der ganzen Welt können mit einem so vielfältigen Musikangebot aufwarten wie Barcelona: Auf weltberühmten Bühnen wie dem Palau de la Música Catalana und dem Auditori de Barcelona sind die Megastars der klassischen Musikszene zu hören, die Nachwuchskünstler der Jazzszene spielen in den kleinen Jazzclubs. Daneben gibt es experimentelle elektronische Musik, Flamenco in Folkclubs, Blues und Rock in fast schon klassischen »Schuppen«.

Oper und klassische Musik

Oper und klassische Musik werden von den Menschen in Barcelona über alle Maßen geliebt. (Entsprechend schwer ist es, Tickets zu bekommen.) Nicht wenige weltberühmte Musiker stammen aus Barcelona, z. B. der Cellist Pablo Casals, der Tenor José Carreras und die Primadonna Montserrat Caballé. Zusammen mit Freddy Mercury sang Montserrat Caballé die berühmte Hymne der Stadt: *Barcelona*.

Zentrum der Opernwelt ist das prächtige, reich vergoldete Opernhaus **Gran Teatre del Liceu**, das 1847 eröffnet wurde. Zweimal brannte das gesamte Haus nieder, 1861 und 1994. Aber auch beim zweiten Mal wurde es erneut aufgebaut und erstrahlt seit 1999 wieder in altem und neuem Glanz. Das Liceu stand im Mittelpunkt des Belcanto mit Vicenzo Bellini und Gaetano Donizetti, später gehörten die Werke russischer Komponisten wie Peter Tschaikowsky und die Ballette Sergei Diaghilews zum Kernrepertoire, aber auch die Opern Richard Wagners. Immer gespielt wurden hier katalanische Komponisten wie Felip Pedrell, Amadeo Vives und Enric Granados.

Der bezaubernd schöne **Palau de la Música Catalana**, entworfen vom Meister des Modernisme Lluís Domènech i Montaner, gehört zu den Highlights Barcelonas. In diesem Konzertsaal finden Symphoniekonzerte berühmter nationaler und internationaler Orchester, Gitarrenfestivals, aber auch Jazzkonzerte statt.

Beide Spielstätten können tagsüber besichtigt werden. Schöner ist es jedoch, hier ein Konzert zu erleben.

Zwar nicht alt, aber ebenso wichtig für die katalanische Musik ist **L'Auditori de Barcelona**, das als zusätzliche moderne Musikbühne notwendig wurde. Zuerst wurden hier ausschließlich Solo-Recitals und Symphoniekonzerte gegeben; inzwischen kann man auch viel Rock, Pop und Jazz hören.

In Barcelonas Kirchen wird eine oft vernachlässigte Musikform intensiv gepflegt, die Chormusik. Die besten Chancen auf ein Konzert haben Sie in der Iglesia Santa Maria del Pi, der Hauptkathedrale an der Plaça del Pi, und in der Iglesia Santa Maria del Mar.

Traditionelle katalanische Musik und Tänze *(saradanes)* hört man am Wochenende auf dem Platz vor der Kathedrale.

Live-Musik: Blues, Rock und Jazz

Welcher Musikstar auch immer seine Welttournee macht, ein Konzert in Barcelona ist auf jeden Fall immer dabei. Das gilt für die Rolling Stones, Bob Dylan, Rod Stewart und AC/DC ebenso wie für Madonna, Kylie Minogue oder Jazz-Ensembles wie das Brad-Mehldau-Quartett. Wer Erfolg sucht, den führt es bald nach Barcelona. Hierher kommen sie alle, die alten Rock 'n' Roller, die Country- und Folkmusiker, die Hip-Hopper, Rapper, Groover und DJs jeglicher Provenienz.

Im **Jamboree**, einem Club an der Plaça Reial, gastieren Jazzgrößen aus aller Welt und Solisten wie der Saxofonist Billy McHenry. Ein anderer guter Platz für Musik ist der **JazzSí Club Taller de Músics**. Hierher kommen die »Aficionados« des guten Jazz. Oft treffen sich hier Studenten einer Musikschule zu wirklich guten Jam-Sessions. Das berühmte La Cova del Drac schloss zwar 2004 seine Türen, eröffnete aber erneut unter dem Namen **Jazz Room**, nun als Tanzclub mit einigen guten Live-Auftritten pro Monat.

Die Auftritte von Musikbands in Clubs sind häufig kostenlos oder doch zumindest sehr billig. Im **Harlem Jazz Club** ist es zwar sehr eng und verraucht, dafür kann man aber hier neue und z. T. sehr innovative Jazz-Combos hören. Wer auf sanften Jazz steht, der wird sich im **Little Italy** wohlfühlen, das Dinner mit leiser Klaviermusik und gezupftem Kontrabass anbietet. Ein zweites Little Italy gibt es an der Avenida Marquès de l'Argenteria. Mittwochs und donnerstags spielt man Blues, Jazz und Bossa Nova.

Im **Heliogàbal**, einer kleinen Bar in Gràcia, spielt man viel und gerne Jazz.

Ziemlich berühmt für seinen Jazz ist das »freie« Theater Barcelonas, das **Teatre Lliure** in Montjuïc. Hier hören Sie zeitgenössischen Jazz, neue Orchester und experimentelle Grooves – wie z. B. die Musiker aus Eric Mingus' »Sun Ra Arkestra« unter Marshall Allen.

Eine der beiden Hauptbühnen für alle Rock- und Pop-Auftritte ist das **Bikini**. 1953 eröffnet, entwickelte es sich zum »Studio 54« für Barcelona. Dieser echte »Oldtimer« der Musikszene, der erst um Mitternacht öffnet, ist noch immer sehr gut besucht – sowohl von guten Bands als auch von Zuhörern.

Die andere (und wahrscheinlich wichtigste) Hauptbühne Barcelonas für Rock und Pop ist das **Razzmatazz**. Hier hört man beispielsweise Independent-Gruppen der 1990er Jahre wie Blur und Pulp oder walisische Rapper wie Goldie Lookin Chain. Die Clubabende im Lolita erstrecken sich bis in den frühen Morgen – und gehen manchmal noch im benachbarten **The Loft** viele Stunden weiter. Das sehr trendige Loft veranstaltet an mehreren Abenden der Woche Rock- und Jazzkonzerte.

Wer es gerne altmodisch und mit Stil mag, der sollte das **Luz de Gas** besuchen: Schirmlämpchen stehen auf den Tischen dieses glitzernden Ballsaals mit Lüstern. Musikalisch feiert man hier mit den Titeln der 1970er und 1980er Jahre.

Zwar kein klassisches Cabaret, aber doch kabarettistisch: Im **El Cangrejo** zeigen sich Drag Queens von ihrer schrillsten Seite. In diesem Drag-Cabaret kopieren die Darsteller z. B. das spanische Sexsymbol Sara Montiel und unterhalten ihr Publikum mit vielfältigen Gags (Spanischkenntnisse sind hilfreich).

Wem der Sinn nach französischen Chansons und Liebesliedern steht, der sollte in die **Bar Pastis** gehen. In dieser kleinen Bar singt man französische Balladen.

Die großen internationalen Stars wie Eric Clapton, Madonna, Beyoncé oder Coldplay treten in den großen Arenen **Estadi Olímpic** auf Montjuïc und im **Palau Sant Jordi** *(siehe S. 89)* auf.

Flamenco

Obwohl der Flamenco ursprünglich aus Andalusien stammt, ist er doch auch in Barcelona und in ganz Spanien sehr beliebt.

Das **El Tablao de Carmen** ist einer der besten Plätze, um guten Flamenco zu erleben. Auf der Karte des schicken Restaurants im Poble Espanyol stehen spanische und katalanische Gerichte. Das Lokal ist benannt nach Carmen Amaya, einer berühmten Flamenco-Tänzerin, die im Jahr 1929 vor König Alfonso XIII auftrat. Hier werden auch mehrere Dinner-Shows geboten.

Etwas gemütlicher geht es im **Los Tarantos** an der Plaça Reial zu. Dieses Lokal bietet jeden Abend Live-Flamenco und lateinamerikanische Musik in sehr angenehmer Atmosphäre.

Im **JazzSí Club Taller de Músics** *(siehe S. 166)* werden freitags traditionelle Flamenco-Konzerte veranstaltet. Oftmals treten hier auch bekannte Gastmusiker auf.

AUF EINEN BLICK

Oper und klassische Musik

L'Auditori de Barcelona
C/de Lepant 150, Eixample.
Stadtplan 4 E1.
93 247 93 00.
www.auditori.com

Gran Teatre del Liceu
La Rambla 51, Barri Gòtic.
Stadtplan 2 F3.
93 485 99 00.
www.liceubarcelona.com

Palau de la Música Catalana
C/de Sant Pere Més Alt s/n. **Stadtplan** 5 B1.
902 442 882.
www.palaumusica.org

Live-Musik: Blues, Rock und Jazz

Bar Pastis
C/de Santa Mònica 4, El Raval.
Stadtplan 2 F4.
93 318 79 80.

Bikini
Deu i Mata 105, Les Corts.
93 322 08 00.
www.bikinibcn.com

Harlem Jazz Club
C/Comtessa de Sobradiel 8, Barri Gòtic.
93 310 07 55.
www.harlemjazzclub.es

Heliogàbal
C/de Ramón y Cajal 80, Gràcia.
Stadtplan 3 C2.
www.heliogabal.com

Jamboree
Plaça Reial 17, Barri Gòtic.
Stadtplan 5 A3.
93 319 17 89.
www.masimas.com

Jazz Room
C/Vallmajor 33,
93 200 02 08.
www.masimas.com

JazzSí Club Taller de Músics
C/Requesens 2, El Raval.
93 329 00 20.
www.tallerdemusics.com

Little Italy
C/del Rec 30, El Born.
Stadtplan 5 C3.
93 319 79 73.
Av. Marquès de l'Argenteria 19, El Born.
Stadtplan 5 B3.
93 268 76 33.

Luz de Gas
C/de Muntaner 246, Eixample.
Stadtplan 2 F1.
93 209 77 11.
www.luzdegas.com

Razzmatazz
C/de Pamplona 88, Poblenou.
Stadtplan 4 F5.
93 320 82 00.
www.salsarazzmatazz.com

Teatre Lliure
Plaça Margarida Xirgu 1, Montjuïc.
Stadtplan (außerhalb des Kartenausschnitts).
93 289 27 70.
www.teatrelliure.com

Flamenco

El Tablao de Carmen
C/dels Arcs 9, Poble Espanyol.
Stadtplan 1 B1.
933 25 68 95.
www.tablaodecarmen.com

Los Tarantos
Plaça Reial 17.
Stadtplan 5 A3.
933 19 17 89.

Konzertsäle

L'Auditori de Barcelona
C/de Lepant 150, Eixample.
Stadtplan 4 E1.
93 247 93 00.
www.auditori.com

Espai Lliure
Plaça Margarida Xirgu 1, Montjuïc.
93 289 27 70.

Sala Fabià Puigserver
Passeig de Santa Madrona 40–46, Montjuïc.
Stadtplan 1 B3.
93 289 27 70.

Nachtleben

Von New York spricht man als der »Stadt, die niemals schläft«. Analog wäre Barcelona die »Stadt, die nie zu Bett geht«. Wer will, kann hier die ganze Nacht hindurch Partys feiern. Das vielfältige Nachtleben bietet jedem etwas nach seinem Geschmack – vom altmodischen Ballsaal über Musik-Clubs bis hin zu Techno-Diskotheken. Jedes *barrio* (Stadtviertel) bietet seinen speziellen Stil an Nachtleben.

Nachtleben

Im warmen Sommer verwandeln sich die Strände der Stadt in Party-Meilen, wenn die *xiringuitos* (Strandbars) geöffnet haben. Auf der Strecke vom Platja de Sant Sebastià in Barceloneta bis nach Bogatell finden sich Dutzende von Strandpartys mit Menschen, die barfuß im Sand tanzen, trinken und feiern. Wer sich in Richtung Innenstadt bewegt (über Diagonal), der sieht die schicken Terrassencafés mit all den vielen Gästen. Dagegen finden die Partys im Barri Gòtic schlicht auf der Straße statt: Wer auch immer Lust hat, bleibt, trinkt und tanzt mit. Wer mag, kann auch mit den Einheimischen in El Raval feiern. Dieses Viertel ist schon lange nicht mehr gefährlich, sondern »Fun Area«. Daneben gibt es noch die sogenannten »Underground«-Bars, winzig kleine Bars, wo die Menschen bis in den frühen Morgen trinken. Der Stadtteil Gràcia ist stark von Studenten und den Bohemiens geprägt. Wer die alternative Szene sucht, der wird in Poble Sec kreisende Joints und Drum 'n' Bass-Clubs finden, z. B. das **Plataforma**.

Barcelonas Schwulenszene hat ihr Ausgehzentrum in Eixample Esquerra, das man auch »Gayxample« nennt. Hier finden sich viele Kneipen, die bis spät in die Nacht offen haben, Discos, Saunen und Cabarets für das anspruchsvolle internationale Gay-Publikum.

Barri Gòtic

Die Plaça Reial ist voller Gäste aus aller Welt, laut und bunt. Wer aber etwas Besseres sucht, der sollte in den **Fantástico Club** gehen. Hier gibt es Pop und Elektrobeats, die das stylische Publikum ebenso anlocken wie die knallbunte Dekoration.

»Underground und Weltoffenheit« – so lässt sich die Atmosphäre und die Klientel des **Club Fellini** am besten beschreiben. Es gibt drei Bereiche mit jeweils unterschiedlicher Musik und individueller Dekoration.

Ganz im Gegensatz dazu hat der Nachtclub **New York** die Lounge-Welle der letzten Jahre gut überstanden. Heute bietet man hier ein kommerziell erfolgreiches Programm. Die Musik klingt aber ganz nach Disco.

El Raval

Heutzutage sind in Barcelona Designerclubs angesagt – besonders im schicken Stadtteil El Raval. Doch testen Sie einmal das Ambiente des **Marsella**: Dieser schon 1820 gegründete Club ist bis heute für seinen grünen Absinth berühmt. In der altertümlichen Einrichtung aus dem 19. Jahrhundert mit Marmortischen, Kronleuchtern und Spiegeln waren schon Berühmtheiten wie Picasso, Hemingway und Miró zu Gast.

Einer der optisch ansprechendsten Clubs dieser Gegend ist das **Zentraus**, das in Rot, Weiß und Schwarz gehalten ist. Bis Mitternacht, wenn die DJs ihre Sessions beginnen, fungiert das Zentraus auch als Restaurant.

Wer mehr Abenteuerlust mitbringt, für den empfiehlt sich das **Moog** mit extrem hartem und lautem Techno. Die Einrichtung zeugt von der industriellen Vergangenheit des Hauses. Der gesamte Club wirkt wie ein New Yorker Nightclub aus den 1990er Jahren.

Port Vell und Port Olímpic

Neben all den Strandpartys gibt es in diesen Vierteln reichlich Nachtleben. Schon Port Olímpic ist nicht nur voller Boote, sondern bietet Bars in Hülle und Fülle. Das **Maremàgnum** offeriert seinen Gästen eine Reihe eleganter Clubs. Direkt unter dem Arts Hotel befindet sich das **Catwalk**, einer der besten Clubs für Hip-Hop und Rhythm 'n' Blues.

Auch dem **C.D.L.C.**, gleich gegenüber dem Hotel Arts, gelingt es, Stars und Sternchen anzulocken. Gleich neben dem C.D.L.C. befindet sich das Restaurant und die Lounge **Shôko**.

Eixample

Eine der beliebtesten Diskotheken Barcelonas ist die **City Hall**. Auf mehreren Etagen kann man tanzen, trinken und entspannen. Jeder Abend ist ein Themenabend – von »Saturday Night Fever« bis zum sonntäglichen Chill-out.

Das **Buda Barcelona** ist dagegen eine Glitzer- und Glamour-Disco, bevorzugter Treffpunkt für Models und deren Entourage. Hier ist alles erlaubt und möglich, ob »mann« nun auf der Bar oder »frau« oben ohne tanzt.

Für gepflegten Glamour empfiehlt sich das **Opium**. Es befindet sich in einem alten Kino und hat daher die besten Projektoren der Stadt.

Das **Dow Jones** hat ein einzigartiges »Stock Exchange«-System eingeführt. Dementsprechend fallen und steigen die Preise der Drinks mit der Nachfrage.

Poble Sec

Auch wenn »Sec« eigentlich Trockenes verspricht, bieten die Bars von Poble Sec genügend Getränke. Das **Apolo** ist ein altmodischer Musikladen, aber mit interessanteren DJs und Musikern. Hier spielen Folk-Musiker aus Marseille ebenso wie Keb Darge mit seinem Funk.

Das **Mau Mau** ist eine Kombination aus alternativem Club und Stadtteil-Kulturzentrum. Hier legen die neuesten DJs auf, spielen japanische Musiker wie die Cinema Dub Monks, oder es gibt Filme und Multimedia-Installationen. Dabei passt sich das Mau Mau schnell den neuen Trends an.

Für alle Fans von Hardcore- und Highspeed-Garage gibt es das **Plataforma**, Barcelonas einzigen ernst zu nehmenden Drum 'n' Bass-Club in einem riesigen Lagerhaus aus Beton.

Gràcia und Tibidabo

Die kleine **Mond Bar** ist immer gerammelt voll, kommen doch die Musikfans von weit her, um hier zuzuhören. Die Haus-DJs begeistern die Zuhörer immer wieder mit ihrer Musik der 1970er Jahre, einer Mischung aus Motown Music und Northern Soul.

Das **Elephant** bietet den besten House-Clubbing-Stil weit und breit. Dazu gibt es Chill-out-Lounges, zwei Tanzflächen, einen VIP-Bereich und nette Terrassen – aber alles zu wirklich sehr hohen Preisen.

Abstecher

Die Mega-Clubs befinden sich nicht im Stadtzentrum, sondern weit außerhalb. Die wirklich großen Discos sind in Poble Espanyol, wo man bis in den späten Morgen feiern kann.

La Terrazza ist nur im Sommer geöffnet, dann aber ein Zentrum für Rave-Partys. Der Name der Disco bezieht sich auf seine gigantische Terrasse.

Die große **Discothèque** ist der Nachfolger des »Space« an der gleichen Adresse. Der Laden im Ibiza-Stil ist so hyper-chic, dass sich manche noch gar nicht hinzugehen trauen. Ohne entsprechend schickes Outfit kommt hier niemand rein.

Der zur Zeit angesagteste Club der Region ist sicherlich das **Oshum**. Neben mehreren Tanzflächen und dem Restaurant gibt es eine große Lounge-Terrasse. Auch im Oshum pflegt man das beliebte Ibiza-Feeling.

Eine Alternative zum überlaufenen Oshum ist das **Liquid**, der einzige Club der Stadt mit einem Swimmingpool. Zurzeit ist das Liquid auch sehr populär, d.h., es ist schwer reinzukommen – und noch schwerer, ein Taxi für die Rückfahrt zu finden.

AUF EINEN BLICK

Barri Gòtic

Club Fellini
La Rambla 27, Barri Gòtic. **Stadtplan** 2 F3.
☎ *93 272 49 80.*
www.clubfellini.com

Fantástico Club
Passatge dels Escudellers 3, Barri Gòtic.
☎ *93 317 54 11.*

New York
C/dels Escudellers 5, Barri Gòtic.
Stadtplan 5 A3.
☎ *93 318 87 30.*

El Raval

Marsella
C/de Sant Pau 65, El Raval.
Stadtplan 2 F3.
☎ *93 442 72 63.*

Moog
C/de l'Arc del Teatre 3, El Raval.
Stadtplan 2 F4.
☎ *93 319 17 89.*
www.masimas.com

Zentraus
Rambla del Raval 41, El Raval.
Stadtplan 2 F3.
☎ *93 443 80 78.*
www.zentraus.com

Port Vell und Port Olímpic

Catwalk
C/de Ramón Trias Fargas 2–4, Port Olímpic.
Stadtplan 6 E4.
☎ *93 224 07 40.*
www.clubcatwalk.net

C.D.L.C.
Passeig Marítim 32, Port Olímpic.
Stadtplan 6 E4.
☎ *93 224 04 70.*
www.cdlcbarcelona.com

Shôko
Passeig Marítim 36, Port Olímpic.
Stadtplan 6 E4.
☎ *93 225 92 00.*
www.shoko.biz

Eixample

Buda Barcelona
C/de Pau Claris 92, Eixample.
Stadtplan 3 B3.
☎ *93 318 42 52.*
www.budarestaurante.com

City Hall
Rambla de Catalunya 2–4, Eixample.
Stadtplan 3 A3.
☎ *93 317 21 77.*
www.cityhall-bcn.com

Dow Jones
C/del Bruc 97, Eixample.
Stadtplan 3 B4.
☎ *93 207 60 45.*

Opium
C/Paris 193, Eixample.
☎ *93 414 63 62.*
www.grupocostaeste.com

Poble Sec

Apolo
C/Nou de la Rambla 113, Poble Sec. **Stadtplan** 2 D4. ☎ *93 441 40 01.*
www.sala-apolo.com

Mau Mau
C/d'En Fontrodona 33, Poble Sec. **Stadtplan** 2 D3. ☎ *93 441 80 15.*
www.maumauunderground.com

Plataforma
C/Nou de la Rambla 145, Poble Sec. **Stadtplan** 2 D4. ☎ *93 329 00 29.*

Gràcia und Tibidabo

Elephant
Passeig dels Til·lers 1, Tibidabo.
☎ *93 203 75 46.*
www.elephantbcn.com

Mond Bar
Plaça del Sol 21, Gràcia.
☎ *93 272 09 10.*
Stadtplan 3 B1.
www.mondclub.com

Abstecher

Discothèque
C/de Tarragona 141–147.
☎ *902 023 865.*
www.discotheque.info

La Terrrazza
Poble Espanyol, Avda Marquès de Comillas.
Stadtplan 1 B1.
☎ *93 272 49 80*
http://laterrazza.com

Liquid
Complex Esportiu Hospitalet Nord, Av. Manuel Azaña, Hospitalet.
☎ *65 009 14 79.*
www.liquidbcn.com

Oshum
Av. Doctor Marañón 17.
☎ *93 118 86 01.*
www.oshumclub.com

Sport und Aktivurlaub

Kataloniens landschaftliche Vielfalt (Berge und Meer) bietet viele Möglichkeiten, das Leben im Freien zu genießen. In den heißen Sommern locken Aktivitäten wie Angeln oder Wildwasserfahren, im Winter zieht es die Skifahrer in die Berge. Naturliebhaber finden eine herrliche Tierwelt vor, selbst Barcelona bietet wunderbare Palmenstrände und viele Sportanlagen.

Anlagen in der Stadt

Barcelona bietet neben seinem Palmenstrand am Meer rund 30 öffentliche Schwimmbäder *(piscines municipales)*, darunter die **Piscines Bernat Picornell** neben dem **Estadi Olímpic** und die Schwimmhalle im **Palau Sant Jordi** auf dem Montjuïc. 1992 fanden hier die Olympischen Schwimmwettbewerbe statt. Im Estadi Olímpic, einem Leichtathletikstadion, gibt es oft Konzerte.

Der Palau Sant Jordi wird für Hallensport, Musik und Freizeitaktivitäten genutzt. Für Tennisfans ist im **Centre Municipal de Tennis Vall d'Hebron** gut gesorgt. Die **Pista de Gel del FC Barcelona** leiht Schlittschuhe aus. Leicht erreichbare Golfplätze sind **Golf Sant Cugat** und **Golf El Prat**.

Von den vielen Reitställen ermöglicht die **Escola Hípica** in Sant Cugat Tagesausflüge in die Collserola-Berge. Fahrräder kann man stunden- oder gleich tageweise mieten. **Bike Tours Barcelona** organisiert gute Fahrradtouren durch die Stadt Barcelona.

Ausflüge in die Luft

An mehreren kleinen Flugplätzen kann man Flugzeuge leihen und Fallschirm springen. Ein bekannter Sportflugclub ist der **Aeroclub** in Sabadell.

Paragliding ist beliebt: **Esports 10** bietet alle möglichen Arten an Abenteuersport – auch Bungee-Springen und Ballonfahren als aufregende Alternative für Mutige und Sportliche.

Gänsegeier

Vogelbeobachtung

Katalonien ist ein Paradies für Vogelbeobachter. Vor allem Nordeuropäer sind von den Wiedehopfen, Bienenfressern, Pirolen und Brachschwalben begeistert. Zwei große Feuchtgebiete, in denen auch Flamingos leben, sind das **Ebrodelta** *(siehe S. 129)* südlich von Tarragona mit einem Besucherzentrum in Deltebre und **Aiguamolls de l'Empordà** bei Sant Pere Pescador in der Bucht von Roses. Beide sind leicht erreichbar. Die Besucherzentren leihen Ferngläser aus und bieten Führungen an.

Paragliding über der Vall d'Aran in den östlichen Pyrenäen

Die günstigsten Zeiten zur Vogelbeobachtung sind der frühe Morgen und Abend. In den Pyrenäen leben Raubvögel wie Stein- und Habichtadler sowie Aas-, Gänse- und Bartgeier. Der **Parc Natural del Cadí-Moixeró** *(siehe S. 114)* am Fuß der Pyrenäen hat ein Besucherzentrum in Bagà. In diesem Park können Sie Alpendohlen, Mauerläufer, Wanderfalken sowie Schwarzspechte beobachten.

Ein Anglerparadies – Forellenfang in herrlicher Landschaft

Jagen und Angeln

Überall im Meer kann man ohne, in den Flüssen nur mit Genehmigung *(permís)* angeln, welche die Fremdenverkehrsämter erteilen.

Noguera Pallaresa und Segre eignen sich hervorragend für den Forellenfang von Mitte März bis Ende August. Die Jagdsaison dauert in der Regel von Oktober bis März. Eine Jagderlaubnis erhält man bei **Federació Catalana de Caça** in Barcelona oder einem regionalen Jagdsportverein *(associació de caça)*. Auch einige auf Jagd- und Angelurlaub spezialisierte Reisebüros liefern diese Lizenzen gleich mit.

Wandern

Alle Nationalparks veröffentlichen Karten und Wandervorschläge. Gute Gebiete nahe Barcelona sind die Collserola-Berge und die Kastanienwälder von Montseny. In ganz Katalonien gibt es gute Fernwanderwege *(Gran Recorrido)*. Besonders gute

In rasender Fahrt über die Stromschnellen des Riu Noguera Pallaresa

Wandermöglichkeiten bieten der **Parc Nacional d'Aigüestortes** *(siehe S. 113)* und die Pyrenäen, wo es auch Berghütten für Wanderer gibt *(siehe S. 133)*. Rat und Informationen erteilt das **Centre Excursionista de Catalunya**. Die **Llibreria Quera** im Carrer de Petritxol (Nr. 2) in Barcelonas Barri Gòtic ist der beste Buchladen für Wanderkarten und Bücher. Für alle, die sich in die Wildnis aufmachen wollen, gilt: Wetterbericht beachten, geeignete Kleidung und ausreichend Verpflegung mitnehmen. Informieren Sie immer jemanden, wohin Sie gehen.

Wassersport

An Kataloniens 580 Kilometer langer Küste gibt es rund 40 Yachthäfen und eine große Bandbreite an Wassersportmöglichkeiten.

In Barcelona selbst erteilt das **Centre Municipal de Vela Port Olímpic**, das über eine Auswahl an Booten verfügt, Segelunterricht. Die Costa Brava eignet sich hervorragend zum Sporttauchen, vor allem das Gebiet um die Illes Medes *(siehe S. 121)* vom Ferienort L'Estartit aus. Bei Cadaqués, Begur und Calella de Palafrugell, Ausgangshafen zu den Illes Ullastres, gibt es auch Tauchschulen.

Die Stadt Sort am Riu Noguera Pallaresa bildet das Zentrum für alle Formen von Wildwasser-, Kanu- und Kajakfahren sowie Höhlentauchen. Buchungen für diese Sportarten und Touren können Sie über **Yetiemotions** vornehmen.

Wintersport

Nur zwei oder drei Autostunden von Barcelona entfernt, kann man im Winter in etwa 20 Skigebieten in den Pyrenäen wunderbar Ski fahren. La Molina eignet sich gut für Anfänger, in Baqueira-Beret *(siehe S. 113)* treibt die Königsfamilie Wintersport. Puigcerdà *(siehe S. 114)* im Cerdanya-Tal ist ein guter Ausgangspunkt für Ski alpin und Langlauf, denn von dort erreicht man 15 Skistationen in Katalonien, Andorra und Frankreich. Die **Associació Catalana d'Estacions d'Esquí i Activitats de Muntanya (ACEM)** informiert über Orte, **Teletiempo** über das Wetter. In Barcelona gibt es neben den Piscines Bernat Picornell auf dem Montjuïc eine kleine künstliche Skipiste.

Skifahren in einem der vielen, von Barcelona aus gut erreichbaren Skiorte

AUF EINEN BLICK

ACEM
☎ 93 416 01 94.
www.catneu.net

Aeroclub de Sabadell
☎ 93 710 19 52.
www.aeroclub.es

Aiguamolls de l'Empordà
☎ 972 45 42 22.
www.aiguamolls.org

Bike Tours Barcelona
☎ 93 268 21 05.

Centre Excursionista de Catalunya
☎ 93 315 23 11.
www.cec.cat

Centre Municipal de Tennis Vall d'Hebron
☎ 93 427 65 00.

Centre Municipal de Vela Port Olímpic
☎ 93 225 79 40.
www.vela-barcelona.com

Delta de L'Ebre
☎ 977 482 181.
www.hipicasantcugat.es

Escola Hípica
☎ 93 674 83 85.

Esports 10
☎ 90 233 31 10.
www.esports10.com

Estadi Olímpic/ Palau Sant Jordi
☎ 93 426 20 89.

Federació Catalana de Caça
☎ 93 268 23 07.
www.federcat.com

Golf El Prat
☎ 93 728 1000.
www.rcgep.com

Golf Sant Cugat
☎ 93 674 39 08.
www.golfsantcugat.com

Llibreria Quera
☎ 93 318 07 43.

Parc Nacional d'Aigüestortes
☎ 973 62 40 36.

Parc Natural del Cadí-Moixeró
☎ 93 824 41 51.

Piscines Bernat Picornell
☎ 93 423 40 41.
www.picornell.cat

Pista de Gel del FC Barcelona
☎ 93 496 36 30.

Teletiempo
☎ 807 17 03 65 (Spanien).

Yetiemotions
☎ 97 362 22 01
www.yetiemotions.com

Grund-
informationen

Praktische Hinweise

Katalonien bietet eine ausgezeichnete Infrastruktur: In fast jeder Stadt informieren Touristeninfos über Unterkünfte, Restaurants und Aktivitäten. Meist gibt es Broschüren in mehreren Sprachen. In Barcelona fühlen sich Gäste aus aller Welt besonders wohl. Im August ist Hochsaison, auch Spanier machen dann Urlaub: Viele Läden sind den ganzen Monat geschlossen. Informieren Sie sich über örtliche Feiertage. Während der Siesta zwischen 14 und 16 Uhr können Sie sich Zeit für ein gemütliches Mittagessen nehmen.

Schild für Tourist-Info

Information

Barcelona hat drei große von **Turisme de Barcelona** geführte *oficines de turisme*, die über die Attraktionen, Hotels, Restaurants und öffentlichen Verkehrsmittel der Stadt informieren.

Ein viertes Fremdenverkehrsamt auf dem Passeig de Gràcia, **Turisme de Catalunya**, hält Informationsmaterial über ganz Katalonien bereit. Die Fremdenverkehrsämter in anderen größeren Städten verteilen die von der Provinzregierung und der Provinzverwaltung *(patronat)* herausgegebenen Broschüren.

Nationale Touristeninformationsstellen gibt es in fast allen größeren Städten.

Im Sommer beantworten junge, als »Rotjacken« bekannte Mitarbeiter, die in der Regel Englisch sprechen, in den Straßen des Barri Gòtic, auf der Rambla und auf dem Passeig de Gràcia den Besuchern der Stadt alle ihre Fragen zu Barcelona.

Einreise und Zoll

Bürger aus EU-Staaten (Schengengruppe) und aus der Schweiz benötigen kein Visum: Reisepass oder Personalausweis genügen. Bürger anderer Ländern (wie Norwegen, Neuseeland, Australien, Kanada oder USA) benötigen für die Einreise nur dann ein Visum, wenn sie länger als drei Monate bleiben wollen. Die *Oficina d'estrangers de Barcelona* bearbeitet Verlängerungsanträge.

Die Zollbestimmungen entsprechen den üblichen Normen in der EU mit freiem Im- und Export aller Waren zum privaten Verbrauch.

Sprache

Praktisch alle Einheimischen in Barcelona und Katalonien sprechen beide Amtssprachen Katalanisch *(català)* und Spanisch *(español* bzw. *castellano)*. Wenn Sie auf Spanisch fragen, erhalten Sie Ihre Antwort immer auch in Spanisch. Alle offiziellen Schilder und Dokumente sind zweisprachig gehalten.

Im kosmopolitischen Barcelona sprechen sehr viele Menschen auch Englisch. Sie werden keinerlei Probleme haben, sich auf Englisch zu verständigen. Die meisten Broschüren für Urlauber gibt es auch auf Englisch und auf Deutsch.

Besucherinnen studieren ratlos ihren Stadtplan von Barcelona

Etikette

Katalanen grüßen gerne und viel – an Bushaltestellen, im Lift oder in Läden, selbst wenn sie sich gar nicht kennen. Auch Händeschütteln ist weitverbreitet. Frauen geben sich einen Begrüßungskuss auf die Wange, Freunde oder Familienmitglieder küssen oder umarmen sich.

Öffnungszeiten

Die meisten Museen haben montags geschlossen, an anderen Wochentagen sind sie von 10 bis 14 Uhr und manchmal von 16 oder 17 bis 20 Uhr offen. Manche Kirchen öffnen nur zu Gottesdiensten. In kleinen Städten sind die Kirchen und Burgen meistens geschlossen. Man kann sich aber den Schlüssel *(la clau)* beim Verwalter in der Nachbarschaft, im Rathaus *(ajuntament)* oder in einer Bar holen.

Die meisten Museen verlangen Eintritt. Manche gewähren jedoch an örtlichen oder nationalen Feiertagen freien Einlass.

Barcelona für wenig Geld

Fast alle Restaurants bieten mittags ein kleines Menu *(menú del día)* mit einem Glas Wein für ca. 9 Euro.

Bei Übernachtungen gibt es drei offizielle Kategorien: Ein *hostal* oder eine *pensión* ist deutlich preiswerter als jedes *hotel*. Die Qualität ist sehr verschieden – schauen Sie sich also die Zimmer an.

Mit einem internationalen Studentenausweis (ISIC: International Student Identity Card) bekommen Studenten ermäßigten Eintritt in Museen sowie verbilligte Fahrscheine für öffentliche Verkehrsmittel. Infos erteilen alle nationalen Studentenorganisationen und in Barcelona **Viatgeteca**. **Unlimited Youth Student Travel** hat sich auf preiswerte Studentenreisen spezialisiert.

Viele Museen gewähren auch Senioren freien oder ermäßigten Eintritt. Hier brauchen Sie nur Ihr Alter nachzuweisen.

◁ **Boote in Barcelonas Port Olímpic *(siehe S. 67)* mit dem Montjuïc im Hintergrund**

Mit Kindern reisen

Barcelona ist eine der kinderfreundlichsten Städte Europas. Es gibt viele Parks, Strände und Kinderaktivitäten. Auch im restlichen Katalonien werden Familien mit Kindern nie Probleme bekommen. Kinder sind in Restaurants willkommen – auch abends.

Alle Kinder unter 1,35 Meter Größe müssen in Autos in Kindersitzen sitzen (Ausnahme: Taxi). Kinder unter vier Jahren kosten in Metro und Zügen nichts, von vier bis 13 Jahren nur den Kindertarif.

Das MACBA *(siehe S. 62)* gewährt Studenten ermäßigten Eintritt

Behinderte Reisende

Kataloniens Behinderten-Hilfsorganisation, die **Federació ECOM** *(siehe S. 133)*, gibt Hotelverzeichnisse und Ratgeber heraus. **Disabled Accessible Travel** organisiert Touren und Ausflüge und gibt Informationen über behindertengerechte Hotels und Restaurants in Barcelona und in Katalonien.

Zeichen für Rollstuhlzugang

Die Reiseagentur **Viajes 2000** hat sich auf Reisen für Behinderte spezialisiert. In Barcelona haben es Behinderte viel leichter als im ländlichen Raum von Katalonien.

Mehrwertsteuer-erstattung

Eine Erstattung der Mehrwertsteuer (IVA) ist nur für Nicht-EU-Bürger und nicht für alle Produkte möglich (Ausnahme z. B. Nahrung, Medikamente, Autos). Details finden Sie in Läden mit dem »Tax-free for Tourists«-Zeichen.

Schwule und lesbische Reisende

Barcelona ist ein beliebtes Ziel von schwulen und lesbischen Reisenden. Das Zentrum schwul-lesbischer Bars, Hotels, Restaurants und Läden liegt sich in Eixample – daher manchmal auch als »Gayxample« apostophiert.

Ein weiteres, sehr populäres Ziel unter Schwulen ist der Badeort Sitges *(siehe S. 128)* – nur eine kurze Auto- oder Zugfahrt von Barcelona entfernt.

Auch in Barcelona selbst gibt es einige Strände (oder Strandabschnitte) für Schwule und Lesben: Platja Mar Bella offeriert einen Gay Beach. Platja de Sant Sebastià am Rande des Stadtteils Barceloneta bietet einen Schwulenstrand mit gemischter Zone (FKK oder bekleidet).

Umweltbewusst reisen

Auch in Katalonien trat ein umweltbewusster Reisestil in den letzten Jahren immer stärker zutage. Im Zentrum stehen die zahlreichen *Casas rurales*. Diese kleinen, unabhängigen Bauernhäuser werden von Privatleuten (und machemal noch den alten Bauern) betrieben. Hier gibt es die Zimmer meist mitten in der Natur – also nicht in den Städten. Es ist der bekannten Form »Urlaub auf dem Bauernhof« nicht ganz unähnlich, wenn auch manche *Casas rurales* nicht mehr bewirtschaftet werden.

Die Agentur **ASETUR** hat sich in Spanien auf diese Form des Tourismus spezialisiert. Auf deren Website (www.ecoturismorural.com) finden Sie viele nützliche Informationen, auch über andere grüne Initiativen und Aktivitäten in mehreren katalonischen Regionen.

In Katalonien gibt es noch viele kleine Lebensmittelläden, die (Bio-)Produkte aus der Region anbieten. Hier ist das Angebot zwar kleiner, aber eben örtlich verwurzelt und spezifischer als in einem Supermarkt oder Discounter, der nur (s)eine Bio-Produktreihe führt.

Zeit

Barcelona und ganz Katalonien liegen in Mitteleuropäischen Zeitzone. Es gilt die MEZ – und im Sommer (letzter März- bis letzter Oktobersonntag) die MESZ (Mitteleuropäische Sommerzeit).

Zeit ist auch ein soziales Phänomen: *El matí* (Morgen) dauert bis 13 Uhr, die *migdia* (Mittagszeit) bis gegen 16 Uhr. *La tarda* umfasst den Nachmittag und *el vespre* den Abend. *La nit* ist die Nacht.

Elektrizität

Wie in ganz Europa beträgt die Netzspannung in Spanien 230 Volt, 50 Hertz. Flache Zwei-Pin-Stecker passen immer und überall.

AUF EINEN BLICK

Information

Turisme de Barcelona
www.barcelonaturisme.com
Plaça de Catalunya 17, subterrani. **Stadtplan** 5 A1.
☎ *93 285 38 34.*
Plaça de Sant Jaume, C/Ciutat 2 (Ajuntament). **Stadtplan** 5 A2.
☎ *93 285 38 34.*
Estació Sants, Pl Països dels Catalans. ☎ *93 285 38 34.*

Turisme de Catalunya
Palau Robert, Pg de Gràcia 105. **Stadtplan** 3 A3.
☎ *93 484 99 00.*
www.catalunyaturisme.com

Behinderte Reisende

Disabled Accessible Travel
☎ *(+34) 60 591 87 69.*
www.disabledaccessibletravel.com

Viajes 2000
C/d'Aribau 123. **Stadtplan** 2 F1
☎ *93 323 96 60.*
www.viajes2000.com

Studenten

Viatgeteca
C/de Rocafort 116–122, 08015 Barcelona. ☎ *93 483 83 41.*

Unlimited Youth Student Travel & Viatgeteca
C/de Calàbria 147. **Stadtplan** 2 D1. ☎ *93 483 83 41.*

Umweltbewusst reisen

ASETUR
Travessera de les Corts 131–159.
www.ecoturismorural.com

Stadtplan *siehe Seiten 188–197*

Sicherheit und Gesundheit

Apothekenkreuz in Spanien

Barcelona und Katalonien sind sichere Feriengebiete. Trotzdem nehmen leider auch hier die Vorfälle mit aufgebrochenen Autos, Taschen- und Trickdieben zu: Tragen Sie Geld und Wertgegenstände am Körper und lassen Sie nichts sichtbar im Auto liegen. Wenn Sie krank sind, dann wenden Sie sich an eine *farmàcia* (Apotheke). Melden Sie den Verlust von Dokumenten Ihrem Konsulat *(siehe S. 177)* sowie der katalanischen Polizei *Mossos d'Esquadra*. Notrufnummern finden Sie auf der gegenüber liegenden Seite 177.

Kataloniens Polizei

Die spanische Polizei hat drei Organisationen: Die *Guàrdia Civil* (paramilitärischer Polizeiverband) in olivgrüner Uniform kontrolliert Grenzen und Flughäfen. Die *Policia Nacional* in Blau ist für schwere Verbrechen und nationale Sicherheit zuständig. Die *Guàrdia Urbana*, auch in Blau, kontrolliert den Verkehr.

In Barcelona wurden die *Guàrdia Civil* und die *Policia Nacional* durch die autonome katalanische Polizei *Mossos d'Esquadra* ersetzt: Carrer Nou de la Rambla 76–78, zwischen Montjuïc und Altstadt; Gran Via 456 in Eixample; Carrer de l'Almirall Cervera 34 in Barceloneta; Metro-Station Plaça de Catalunya. Als Besucher hat man es meist mit der *Guàrdia Urbana* zu tun, die im Sommer einen Stand an der Plaça Reial betreibt. Sie können in allen Polizeistationen Anzeige erstatten.

Mosso d'Esquadra

Guàrdia Urbana

Spaziergänger auf der beliebten Fußgängermeile La Rambla

Persönliche Sicherheit

Wie in allen europäischen Großstädten nimmt auch in Barcelona die Zahl der Taschendiebstähle und aufgebrochenen Autos zu: Achten Sie immer auf Ihre Handtasche, Brieftasche und Kamera. Vor allem in der U-Bahn nehmen die Diebstähle stark zu. Man bietet den Opfern verbilligte Metro-Karten an – und klaut ihnen das Portemonnaie, wenn sie bezahlen wollen. An Cafétischen im Freien sollten Sie immer ein sehr scharfes Auge auf Ihre Handtasche und andere Habseligkeiten haben. Nehmen Sie nachts ein Taxi zu Ihrer Unterkunft. Achten Sie beim Abheben an Geldautomaten auf die Umgebung.

Lassen Sie niemals Wertgegenstände sichtbar in Ihrem Auto liegen. Koffer, Taschen oder Einkaufstüten gehören in den Kofferraum.

Barcelona ist generell eine sichere Stadt. Nachts sollte man allerdings das Barri Xinès meiden.

Lassen Sie wertvolle Dinge besser im Safe Ihres Hotels. Und wenn Sie teure Handys, Kameras oder Tabletcomputer mitführen, dann lassen Sie diese nicht aus dem Auge. Und es reicht auch *eine* Kredit- oder Debitkarte und nur wenig Bargeld.

Diebstahl

Melden Sie einen Verlust oder Diebstahl innerhalb von 24 Stunden bei einer Dienststelle der *Guàrdia Urbana*. Lassen Sie sich hier auf jeden Fall eine Kopie der *denúncia* (Anzeige) für Ihre Versicherung aushändigen. Ihr Konsulat kann Ihren Pass oder Ausweis ersetzen, aber keine finanzielle Hilfe leisten.

Machen Sie sich *vor* der Reise Fotokopien von Ausweisen, Pass, Kreditkarten, Führerschein und anderen wichtigen Karten, damit Sie im Fall eines Verlusts deren Nummern und Ausstellungsdaten zur Hand haben.

Creu Roja

Logo des Roten Kreuzes in Spanien

Notfallstation (Notaufnahme)

Notruf

Spaniens Notrufnummer ist landesweit die 112. Fragen Sie dort nach der *policia* (Polizei), den *bombers* (Feuerwehr) oder einer *ambulància* (Krankenwagen). Daneben gelten auch die regionalen Nummern für die einzelnen Notdienste. Außerhalb Barcelonas können Sie unter 112 einen Krankenwagen rufen. In der Regel kommt ein Wagen des *Creu Roja* (Rotes Kreuz), das Sie zur Notaufnahme der nächsten Klinik bringen wird.

Gefahren im Freien

Katalonien wird oft von Waldbränden heimgesucht. Vermeiden Sie jegliches Feuer, drücken Sie Zigaretten immer gut aus, lassen Sie keine leeren Flaschen herumliegen. Bergsportler sollten gut ausgerüstet sein und sich wirklich gut über ihre Route informieren.

Meiden Sie *vedat de caça* (Jagdrevier) und *camí particular* (Privatweg). Hier wird oft geschossen und gejagt.

In den letzten Jahren hat sich die Asiatische Tigermücke weithin in der Umgebung von Barcelona verbreitet. Hier helfen nur gute Insektenabwehrmittel und lange Hemden oder Blusen.

In der Natur von Katalonien gibt es keine gefährlichen Tiere. Allerdings ist Katalonien nicht schlangenfrei.

Rechtsbeistand

Einige Reiseversicherungen decken die Kosten für einen Rechtsbeistand ab und nennen eine Notrufnummer. Sie haben immer das Recht, Ihr Konsulat *(siehe Kasten rechts)* anzurufen, das zweisprachige Anwälte nennt. *Col·legi d'Advocats* (Anwaltskammer) informiert über Möglichkeiten einer rechtlichen Vertretung.

Brauchen Sie einen Dolmetscher, suchen Sie am besten in den *Pàgines Grogues* (Gelben Seiten) unter *Traductors* (Übersetzer) oder *Intèrprets* (Dolmetscher). *Traductors oficials* oder *jurats* dürfen auch Rechtsdokumente übersetzen.

Fassade einer Apotheke *farmàcia* in Katalonien

Medizinische Versorgung

Aufgrund des europäischen Sozialversicherungsabkommens genießen alle EU-Bürger in Spanien Krankenversicherungsschutz. Nehmen Sie Ihre Krankenversicherungskarte mit, die heute als Europäische Versicherungskarte (EHIC) überall in Spanien gilt. Diese Karte müssen Sie beim Arzt vorzeigen. Nicht alle medizinischen Untersuchungen und Behandlungen sind durch die Karte abgedeckt. Es kann also vorkommen, dass Sie manche Leistungen selbst bezahlen müssen. Daher empfiehlt sich zusätzlich eine private Reisekrankenversicherung. In diesem Fall müssen Sie Behandlungskosten nur vorstrecken und können später die Belege einreichen. Privatpatienten können in Fremdenverkehrsämtern, beim Konsulat oder in ihrem Hotel Namen und Telefonnummer eines Arztes erfahren, der Privatpatienten behandelt und möglicherweise auch Deutsch spricht.

Liegt jedoch kein Notfall vor, können Sie zu einem *farmacèutic* (Apotheker) gehen, der auch Medikamente verordnen darf. Das *Farmàcia*-Schild ist ein grünes Kreuz. Die Adressen der Apotheken, die nachts oder an Wochenenden geöffnet haben, finden Sie in Apothekenfenstern.

Toiletten

In Katalonien gibt es nur wenige öffentliche Toiletten. In Barcelona gibt es hier jedoch kaum Probleme: Man geht in eine Bar, ein Café, Kaufhaus oder Hotel und fragt nach *els serveis* oder *el wàter* (katalanisch), *los servicios* oder *los aseos* (spanisch). Auf Autobahnen gibt es Toiletten an Tankstellen. Man muss dort nach *la clau* (dem Schlüssel) fragen.

Polizeiauto der *Guàrdia Urbana*

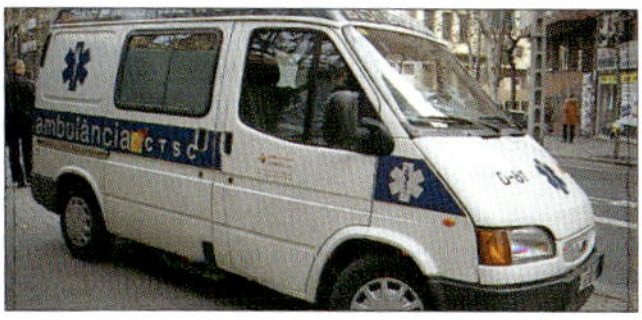

Notarztwagen mit der örtlichen Notrufnummer 061 von Barcelona

Drehleiterwagen der Feuerwehr mit nationaler und EU-weiter Notrufnummer 112

AUF EINEN BLICK

Notruf

Polizei *(Policia)*
Feuerwehr *(Bombers),*
Notarzt *(Ambulància)*
112 (EU-Notruf).

Polizei
Policia Nacional *091.*
Guàrdia Urbana *092.*
Mossos d'Esquadra *088.*

Feuerwehr *(örtliche Nummern)*
080 (Barcelona),
085 (Lleida, Girona, Tarragona).

Notarzt *(örtliche Nummern)*
061 (Barcelona).

Konsulate

Deutschland
Passeig de Gràcia 111,
08008 Barcelona.
(+34) 93 292 10 00.
FAX *(+34) 93 292 10 02.*
Notruf *(+49) 30 5000 2000.*
Stadtplan 3 A3. **Karte** G3.
www.barcelona.diplo.de

Österreich
Marià Cubí 7, 1, 2a,
08006 Barcelona.
(+34) 93 368 60 03.
@ barcelona@consuladodeaustria.com

Schweiz
Gran Via de Carlos III 94, 7,
08028 Barcelona.
(+34) 93 409 06 50.
www.eda.admin.ch/barcelona

Banken und Währung

Sie dürfen nach Spanien so viele Devisen mitnehmen, wie Sie möchten, sollten es aber beim Zoll anmelden, wenn Sie mehr als 6000 Euro ein- oder ausführen wollen. Seit der Einführung des Euro ist für die meisten Urlauber jeglicher Geldwechsel weggefallen. Aus welchem Land Sie auch kommen, mit einer Maestro- bzw. ec-Karte (electronic cash) können Sie an jedem Geldautomaten Bargeld abheben. Kreditkarten werden von Banken, Hotels und Läden fast immer akzeptiert.

Filiale von La Caixa, Spaniens größter Sparkasse

Banken und Geldwechsel

Die Banken in Barcelona und Katalonien haben an Werktagen von 8 bis 14 Uhr geöffnet. Einige öffnen auch samstags bis 13 Uhr. Die Filialen großer Banken im Zentrum von Barcelona bieten inzwischen verlängerte Schalterzeiten an Wochentagen. Fast jede Bank bietet einen oder mehrere Geldautomaten, 24 Stunden täglich.

Viele Banken haben einen mit *Canvi/Cambio* oder *Moneda estrangera/extranjera* gekennzeichneten Schalter. Zum Geldwechseln sollten Sie immer Ihren Personalausweis mitnehmen.

Wechselstuben mit der Aufschrift *Canvi/Cambio* oder *Change* verlangen in der Regel deutlich höhere Wechselgebühren als die regulären Banken.

Bei *Caixes d'estalvi/Cajas de ahorro* (Sparkassen) können Sie ebenfalls Geld wechseln. Sie öffnen an Werktagen von 8.30 bis 14 Uhr, donnerstags zusätzlich von 16.30 bis 19.45 Uhr.

Geldautomaten

Wenn Ihre Karte das Maestro-, das ec- oder Girocard-Zeichen trägt, können Sie damit jederzeit an Geldautomaten Geld abheben (bis zu Ihrem individuellen Tageslimit). Fast alle Maschinen akzeptieren auch Visa- oder MasterCard-Karten (allerdings nur, wenn diese Kreditkarten mit einer PIN gekoppelt sind). Die meisten Geldautomaten bieten die Anweisungen in mehreren Sprachen (Katalanisch, Spanisch, Deutsch, Englisch).

Die Gebühren für eine Kreditkartenabhebung betragen etwa vier Euro, aber diese Gebühr ist von Bank zu Bank unterschiedlich und kann bis zu zehn Euro betragen.

An den Geldautomaten von **Servi Caixa** können Sie auch Tickets für Theater, Konzerte oder Kino kaufen und somit oft lange Warteschlangen vermeiden. An den Geldautomaten der Servi-Caixa-Sparkasse können Sie auch das Guthaben Ihres Prepaid-Handys nachladen.

In manchen Fällen macht es auch Sinn, die **EU-Standard-Überweisung** in Betracht zu ziehen, z. B. bei der Reservierung eines Hotels oder einer Ferienwohnung. Damit können Sie Beträge bis zu 50 000 Euro innerhalb der EU überweisen. Zu dieser SEPA-Überweisung benötigen Sie die IBAN (International Bank Account Number) und die BIC (Bankleitzahl) des Empfängers.

Wenn Ihre Kredit- oder Maestro-Karte gestohlen wurde, rufen Sie unmittelbar eine Notrufnummer zur Sperrung an. Damit ist Ihre Haftung meist auf 150 Euro begrenzt.

Kreditkarten und Reiseschecks

Die wenigsten Probleme hat man mit einer Kreditkarte, sei es **MasterCard**, **Visa**, **Diners Club** oder **American Express**. Sie werden an Tausenden von Stellen (Läden, Restaurants etc.) akzeptiert. Bei Banken kann man Geld mit der Kreditkarte abheben. Wenn Sie mit der Kreditkarte bezahlen, wird sie in ein Lesegerät eingeführt. Manchmal müssen Sie jedoch auch Ihre Geheimzahl eingeben.

Sie können mit Ihrer **Maestro-/ec-Karte** nicht nur Geld »ziehen«, sondern vermehrt auch direkt bezahlen. Die Karte funktioniert dann als Debit-Card. Moderne Systeme akzeptieren z. T. auch schon die Geldkarte. Etwas Bargeld sollten man jedoch immer dabeihaben.

Reiseschecks finden immer weniger Verbreitung, werden aber in Spanien akzeptiert. Der Umtausch von American-Express-Schecks bei einer American-Express-Filiale ist gebührenfrei. Schecks über 3000 Euro müssen Sie bei der Bank 24 Stunden vorher anmelden. Den Kaufbeleg der Reiseschecks sollten Sie immer bei sich haben.

AUF EINEN BLICK

Banken

Deutsche Bank
Avinguda Diagonal 446,
08006 Barcelona.
☎ *93 481 20 23.*

Kartenverlust

Allg. Notruf
☎ *0049 116 116.*
www.116116.eu

American Express
☎ *902 100 956.*

Diners Club
☎ *902 40 11 12.*

MasterCard
☎ *900 97 12 31(gebührenfrei).*
☎ *001 636 722 71 11.*

Visa
☎ *900 99 11 24 (gebührenfrei).*
☎ *001 410 581 99 94.*

Maestro-/ec-Karte
☎ *0049 69 740 987.*

Währung

Die europäische Gemeinschaftswährung Euro (€) gilt in 17 EU-Staaten: Belgien, Deutschland, Estland, Finnland, Frankreich, Griechenland, Irland, Italien, Luxemburg, Malta, Niederlande, Österreich, Portugal, Slowakei, Slowenien, Spanien, Zypern. Großbritannien, Dänemark und Schweden nehmen nicht teil. Alte spanische Peseten sind ungültig, können aber bei der Banco de España unbefristet umgetauscht werden (www.bde.es).

Alle Euroscheine sind einheitlich gestaltet, bei den Münzen prägt jedes Land individuelle Rückseiten. Seit 2004 kann jeder Eurostaat einmal jährlich eine Zwei-Euro-Gedenkmünze bedeutender Ereignisse herausgeben.

Euro-Banknoten

Euro-Banknoten gibt es in sieben Werten (5, 10, 20, 50, 100, 200 und 500 €). Die unterschiedlich großen Scheine wurden vom Österreicher Robert Kalina entworfen und zeigen Architekturelemente und Baustile verschiedener Epochen, eine Europakarte und die EU-Flagge mit den zwölf Sternen.

5-Euro-Schein (Baustil: Klassik)

10-Euro-Schein (Baustil: Romanik)

20-Euro-Schein (Baustil: Gotik)

50-Euro-Schein (Baustil: Renaissance)

100-Euro-Schein (Baustil: Barock und Rokoko)

200-Euro-Schein (Eisen- und Glasarchitektur)

500-Euro-Schein (Moderne Architektur des 20. Jh.)

2-Euro-Münze

1-Euro-Münze

50-Cent-Münze

20-Cent-Münze

10-Cent-Münze

Euromünzen

Euromünzen gibt es in acht Werten (2 €, 1 € sowie 50, 20, 10, 5, 2 und 1 Cent). Die einheitlichen Vorderseiten entwarf der Belgier Luc Luycx. Die Rückseiten sind in jedem Land anders gestaltet. Auch San Marino, der Vatikanstaat und Monaco prägen eigene Münzen.

5-Cent-Münze

2-Cent-Münze

1-Cent-Münze

Kommunikation

Öffentliche Telefonzellen der spanischen Telekommunikationsgesellschaft Telefónica sind leicht zu finden. Sie funktionieren mit Karten oder Münzen. Die Post, *correos*, erkennt man an einer blauen oder weißen Krone auf gelbem Hintergrund. Briefe und Telegramme kann man bei allen Postämtern aufgeben. Briefmarken sind auf allen Postämtern, aber auch in *estancs* (Tabakläden) erhältlich. In den Postämtern selbst gibt es keine öffentlichen Telefone. Im Zentrum von Barcelona gibt es zahlreiche Internet-Cafés.

Internationale, nationale und lokale Zeitungen und Magazine gibt es in Barcelona in Hülle und Fülle.

Logo der spanischen Telefonica

Telefonieren

Neben öffentlichen Telefonzellen *(cabines)* können Sie auch die Telefone in den zahlreichen Bars benutzen. Beide nehmen Münzen. Halten Sie ausreichend Kleingeld bereit, denn die Mindestgebühr, besonders für internationale Gespräche, ist hoch. Bequemer sind Telefonkarten, die man in *estancs* und an Zeitungsständen *(quiosc)* bekommt. Einige Telefonzellen sind mit mehrsprachigen Anzeigen ausgestattet.

Öffentliche Telefonbüros heißen *locutoris*. Hier bezahlt man erst nach dem Gespräch. Die günstigsten Büros sind die der spanischen Telefónica.

Für internationale Gespräche gibt es insgesamt vier Gebührenklassen: EU-Länder, andere europäische Staaten und Nordwestafrika, Nord- und Südamerika sowie alle übrigen Länder.

Wenn Sie nicht gerade ein Ortsgespräch führen, kann das Telefonieren sehr teuer sein, vor allem vom Hotel aus. Ein Telefongespräch von einer *cabina* oder einem *locutori* aus kostet etwa 35 Prozent mehr als von einem Privattelefon aus. Gespräche vom Hotel aus sollte man kurz halten. Hier bieten sich besonders die Calling Cards an, beispielsweise die »Telefonkarte Comfort« von der Deutschen Telekom oder Karten von anderen, spanischen Anbietern. Hier gibt es ein breites Angebot von Prepaid-Karten.

Mobiltelefone und Roaming

Alle in Europa gängigen GSM-Handys funktionieren in Barcelona und Katalonien problemlos. In Spanien gibt es zur Zeit vier Mobilfunkanbieter: MoviStar (gehört zur Telefonica), Voda fone, Orange und Yoigo. Die EU begrenzt seit 2007 die Roaming-Gebühren in den Mitgliedsstaaten. 2011 beträgt der Minutenpreis für ein abgehendes Telefonat 0,35 Euro, ein ankommendes Gespräch kostet 0,11 Euro pro Minute, eine SMS kostet 0,11 €, Datenübertragungen pro MB 0,50 € (alle Preise zzgl. Mehrwertsteuer).

Spanische Prepaid-Karten sind deutlich komplizierter geworden, seit man sich registrieren und einen monatlichen Mindestumsatz bezahlen muss. Oder Sie kaufen sich eine **Calling Card**, mit der Sie sich mit einem beliebigen Telefon ins spanische Netz einwählen können, z. B. die »Telefonkarte Comfort« der Deutschen Telekom.

Postdienste

Spanischer Briefkasten

Der spanische Postdienst heißt *correos*. Man kann wichtige Sendungen mit *urgente* (express) oder *certificado* (eingeschrieben) schicken. Briefe und Telegramme nimmt jedes Postamt an. Briefmarken erhalten Sie auch bequem in jedem *estanc* (Tabakladen). Es gibt drei Preiskategorien: für Spanien, für Europa und alle übrigen Länder

Vorwahlnummern

- Landesvorwahl Spanien: 0034.
- Auch in einer Stadt oder Provinz wählen Sie die gesamte Nummer *mit Vorwahl* der Provinz. (Die ersten Ziffern der Telefonnummer bezeichnen die Provinz: Barcelona 93, Lleida 973, Girona 972 und Tarragona 977.)
- Für Auslandsgespräche wählen Sie 00, dann die Landesnummer, die Ortsvorwahl (die erste 0 weglassen) und die Nummer des Teilnehmers.
- Landesvorwahlen: Deutschland 49, Österreich 43, Schweiz 41.
- Nationale Auskunft und Vermittlung: 11888.
- Internationale Auskunft: 11825.
- Deutschland Direkt (R-Gespräch): 900 99 00 49.
- Wetterbericht *(Teletiempo)*: 807 17 03 08.
- Notrufnummern zur Sperrung von Handykarten:
  E-Plus: 0049 177 1000.
  O2: 0049 179 55 222.
  T-Mobile: 0049 1803 302 202.
  Vodafone: 0049 172 12 12.

der Erde. Ein Standardbrief (bis 20 g) oder eine Standard-Postkarte kosten innerhalb Spaniens 0,35 Euro Porto, innerhalb Europas 0,65 Euro. Postkarten sind nicht billiger als Briefe. In Spanien gelten ausschließlich die spanischen Euro-Briefmarken.

Die Hauptpostämter haben Montag bis Freitag von 8.30 bis 20.30 Uhr, samstags von 9 bis 19 Uhr geöffnet. Die Filialen in Dörfern öffnen Montag bis Freitag von 9 bis 14 Uhr, samstags von 9 bis 13 Uhr.

Die spanischen Postleitzahlen sind fünfstellig: Die ersten beiden Ziffern bezeichnen die Provinzen. Stadt und Provinz Barcelona haben 08###.

Adressen

Die Adressen in Katalonien sind etwas Besonderes. Folgende Adressierung gilt in diesem Land: der Straßenname, die Hausnummer, das Stockwerk und Zahl oder Buchstabe für das Apartment. Beispiel: C/de Milton 7, 1r-A bedeutet Apartment A in Stock 1 des Gebäudes Nr. 7 im Carrer de Milton. Carrer wird oft als »C/« abgekürzt.

Die Stockwerke werden folgendermaßen gezählt: *baixos* (Erdgeschoss), *entresol*, *principal*, 1r, 2n etc. Das bedeutet, dass Stockwerk 2 tatsächlich die vierte Ebene ist. In manchen neueren Gebäuden folgt auf *baixos* aber sogleich der erste Stock.

Logo eines Internet-Hotspots

Internet

In fast allen Hotels, im Flughafen und in vielen Cafés Barcelonas gibt es heute Internet-Hotspots. Das Einloggen ist oft kostenlos, manchmal kostet es eine kleine Gebühr. Die Stadt Barcelona bietet ihren Bürgern und Gästen ein kostenloses WiFi-Netz mit 185 städtischen Hotspots in Bürgerzentren, Museen Sportclubs und Bibliotheken. Eine Liste aller Hotspots steht auf der städtischen Website.

Internet-Cafés befinden sich meist im Stadtzentrum. Telefonläden *(locutorios)* haben günstige Internet-Tarife. Alle Hotels bieten ihren Gästen Zugang zu E-Mails.

Fernsehen und Radio

Katalanen können zwischen drei Kanälen wählen: TV3 (katalanischer Regionalsender), TVE1 und TVE2 (Spaniens staatliche Sender). Daneben gibt es einen unabhängigen katalanischen Sender, Canal 33 mit kultureller Ausrichtung, sowie sieben spanische unabhängige Sender: Tele-5, Antena 3 und Canal+ (Canal Plus), Cuatro, La Sexta, NetTV und VeoTV. Einige Canal-Plus-Programme kann man nur mit Decoder empfangen.

Logo des Senders TV3

Die meisten Filme (im Fernsehen wie auch im Kino) sind spanisch synchronisiert. Filme mit Untertiteln sind selten und dann mit *V.O.* (*versió original)* gekennzeichnet.

Die wichtigsten Radiostationen in Barcelona und Katalonien sind: Catalunya Ràdio (102,8 FM), COM Ràdio (100,4 FM), die staatliche Radiostation Nacional de España (738 AM) sowie die unabhängigen Sender Radio 2 (93,0 FM) mit klassischer Musik sowie »Ser« (96,9 FM), ein Informationssender für ganz Spanien.

Zeitungen und Zeitschriften

Einige Zeitschriftenläden und Kioske im Zentrum von Barcelona führen deutschsprachige Zeitungen – allerdings erhalten Sie immer nur die Ausgabe »von gestern«. Neben *Bild* bekommt man *Frankfurter Allgemeine Zeitung*, *Süddeutsche Zeitung*, *Hamburger Morgenpost* und *Welt* sowie die *Kronenzeitung* und die *Neue Zürcher Zeitung*. Erhältlich sind auch die Illustrierten *Stern*, *Spiegel*, *Focus* und *Bunte*.

Die wichtigsten Tageszeitungen in Katalanisch sind *Avui* und *El Periódico*. *La Vanguardia* ist eine angesehene Zeitung ais Barcelona. Andere wichtige spanische Zeitungen mit hoher Auflage sind *El País*, *El Mundo* und *ABC*. *El Mundo* hat viele Reportagen; *El País* und *ABC* bringen schwerpunktmäßig internationale Nachrichten.

Catalonia Today (Englisch) ist eine kostenloses Monatsmagazin.

Barcelonas bestes Wochenmagazin mit einem ausführlichen Veranstaltungskalender heißt *Guía del Ocio*.

Zeitungskiosk auf La Rambla in Barcelona

AUF EINEN BLICK

Post und DHL

Hauptpost
Plaça d'Antóni López s/n.
Stadtplan 5 B3. 934 868050.

DHL in Work Centers
Ronda Universitat 13. **Stadtplan** 2 F1. 93 481 41 48.
C/ Roger de Llúria 2. **Stadtplan** 5 B1. 93 390 83 54.
www.workcenter.es

Internet-Cafe

Ciber Virreina
C/Astúries 78 (Gracia).
Stadtplan 3 B1. 93 3685770.

Calling Card

Telefonkarte Comfort
www.telekom.de/telefonkarte

Reiseinformationen

Die drei Flughäfen Kataloniens, El Prat, Girona und Reus, bieten Verbindungen in alle Welt. Auf Barcelonas El Prat landen vor allem Linienflüge, Girona und Reus fertigen Charterflüge ab. Von Barcelona führen schnelle Bahnlinien und mautpflichtige Autobahnen zu den größeren Städten. Barcelona verfügt über ein gutes System von Ringstraßen. Die Autobahn durch einen neuen Tunnel in den Collserola-Bergen führt direkt in die Stadt. Das U-Bahn- und Schnellbahn-System ist ausgezeichnet. Ländliche Gegenden sind nur mit Bus oder Auto erreichbar.

Spaniens Fluggesellschaft Iberia

Umweltbewusst reisen

Als international beliebtes Reiseziel steht Katalonien vor großen Herausforderungen in Sachen Umweltschutz, besonders in den beliebten Küstenregionen. Leider gibt es für die meisten Besucher keine Alternative zum Flugzeug, weder Zug noch Auto.

Die Netz der Regionalzüge *rodalies* bietet viele und attraktive Verbindungen. Nur in ländliche Bereiche wie Montseny, die Pyrenäen oder La Garrotxa gibt es nur spärliche Verbindungen. Hier muss man auf den Bus oder das Taxi ausweichen.

Barcelona dagegen bietet vielfältige Verkehrsangebote: Neben U-Bahn, Bus und Bahn wird das Fahrrad immer beliebter. Viele Fahrradläden und immer mehr Fahrradspuren zeugen davon. *Bicing* heißt der neue städtische Radverleih (leider bislang nur für Einwohner). Besucher können aber von kommerziellen Verleihern ein Rad von zwei Stunden (10 €) bis zu einer Woche (60 €) mieten.

Anreise mit dem Flugzeug

Barcelonas Flughafen El Prat liegt zwölf Kilometer südwestlich von Barcelonas Stadtzentrum. Es gibt drei Terminals T1, T2 und T3. Internationale Flügen kommen in Terminal 1 an.

Barcelona wird von vielen Fluglinien angeflogen. Die spanische **Iberia** bietet täglich Linienflüge von allen west- und einigen osteuropäischen Hauptstädten aus an. Von deutschen Flughäfen aus fliegen **Iberia** und **Lufthansa** Spanien im Linienflug direkt an (etwa zweieinhalb Stunden): Lufthansa beispielsweise von Frankfurt am Main, München, Düsseldorf, Köln, Hannover und Stuttgart. **Austrian Airlines** fliegt nur von Wien, **Swiss** von Zürich und Genf. **Air Berlin** fliegt regelmäßig von Berlin, Düsseldorf und Hamburg in die katalonische Hauptstadt.

Zeichen für Shuttle-Flüge zwischen Barcelona und Madrid

Preisgünstige Charterflüge und Spartarife der Liniengesellschaften sind wegen Kapazitätsbeschränkungen, Zeitbeschränkungen sowie der Nachfrage in der Hauptsaison schnell ausgebucht.

Die häufigsten Shuttle-Flüge zwischen Madrid und Barcelona macht Iberias **Pont Aeri (Puente Aéreo)** – zu Spitzenzeiten jede Viertelstunde. Die Tickets kann man bis zu 15 Minuten vorher an einem Automaten kaufen. Ist ein Flug ausgebucht, erhält man einen Platz in der nächsten Maschine. Der Flug dauert 50 Minuten.

Die beiden anderen internationalen Flughäfen in Katalonien fertigen v.a. Charterflüge ab: Der Flughafen Girona versorgt vorrangig die Costa Brava, der Flughafen in Reus, nahe bei Tarragona gelegen, die ganze Costa Daurada.

Die internationalen Autoverleihfirmen *(siehe S. 187)* sind an allen drei Terminals des Flughafens Barcelona El Prat vertreten. Am Flughafen Girona gibt es ebenfalls mehrere Autovermieter. Auch am Flughafen Reus sind Mietwagen auf Tarragona verfügbar.

Regionale und lokale Autovermieter haben oft verlockende Angebote. Lesen Sie zuerst die Bedingungen und buchen Sie *immer* eine Versicherung zum Ausschluss der Selbstbeteiligung. Internationale Führerscheine sind nicht notwendig, ein nationaler Führerschein und eine Kreditkarte reichen für eine Vermietung aus. Ein zweiter Fahrer kostet einen Aufpreis.

Wartebereich in Barcelonas Flughafen El Prat

Vom Flughafen ins Stadtzentrum

Vom Flughafen Barcelona El Prat fahren regelmäßig Busse von allen Terminals ins Stadtzentrum. Die Busse verkehren von 6 Uhr bis 24 Uhr und kosten rund fünf Euro. Die Fahrzeit von Terminal 1 beträgt etwas 35 Minuten. Die Busse fahren zur Plaça de Catalunya und halten auch an der Plaça d'Espanya und an der Gran Via. Die Aerobússe A1 und A2 sind schneller als die Busse der Linie 106.

Am billigsten kommt man mit dem Zug ins Stadtzentrum. Die Züge fahren alle 30 Minuten am Bahnhof Aeroport ab. Von T1 fährt ein Shuttle-Bus zum Bahnhof, von T2 braucht man zehn Minuten zu Fuß. Die Züge fahren zu den Bahnhöfen Passeig de Gràcia, Plaça de Catalunya und Sants, kosten 2,20 Euro und sind rund 23 Minuten unterwegs.

Es gibt sehr viele Taxis an allen drei Terminals. Eine Taxifahrt vom Flughafen ins Stadtzentrum kostet zwischen 20 und 30 Euro, abhängig von der Tageszeit, dem Terminal und der Verkehrssituation. Gepäck kostet einen kleinen Aufschlag.

Die neue Metrolinie L9 soll die Flughafen-Terminals mit der Plaça de Catalunya direkt verbinden. Diese neue U-Bahn-Linie soll im Jahre 2014 eröffnet werden.

Flugpreise

Die Preise für Flüge nach Barcelona und zu den Küstenorten variieren je nach Saison und Nachfrage. Gewöhnlich sind sie im Sommer am höchsten. Im Winter gibt es oft Angebote für einen Wochenend-Urlaub in Barcelona. Flüge zu Weihnachten und Ostern sind meist lange im Voraus ausgebucht. Charterflüge nach Girona und Reus können sehr preisgünstig sein, doch meist sind die Abflugzeiten sehr ungünstig.

Informieren Sie sich über günstige Angebote, die häufig an Mindestaufenthalt und Vorausbuchung gebunden sind. Falls Sie Flugmeilen sammeln, bietet sich die Stadt als Ziel eines Bonusflugs an.

Kreuzfahrten

Die **Grimaldi Group** bietet einen Fährdienst zwischen Civitavecchia (bei Rom) oder Livorno und Barcelona an. Früher musste man zuerst eine Fähre von Genua nach Mallorca nehmen und von dort aus nach Barcelona übersetzen, was zeitlich und finanziell sehr aufwendig war. **Costa Cruises** bietet von Barcelona aus interessante Kreuzfahrten auf dem ganzen Mittelmeer an. Praktisch alle Kreuzfahrten im Mittelmeer machen ein Aufenthalt in Barcelona.

Fähren zu den Balearen

Von Barcelona aus gibt es die besten Verbindungen vom spanischen Festland zu den Balearen.

Flüge bieten Iberia, Air Europa, Spanair und Vueling an. **Balearia** offeriert Überfahrten per Tragflächenboot nach Ibiza (8 Std.), Mallorca (7 Std.) und Menorca (4 Std.). **Acciona Trasmediterránea** betreibt Autofähren auf die Balearischen Inseln (etwa acht Stunden). Vor allem im Sommer sollten Sie lange im Voraus buchen.

Balearia-Autofähre auf dem Weg zu den Balearen

AUF EINEN BLICK

Flughafen

Barcelona El Prat
93 298 38 38.
www.barcelona-airport.com

Girona
972 18 66 00.
www.barcelona-girona-airport.com

Reus
977 77 98 32.
www.reus-airport.net

Fluglinien

Air Berlin
01805 737 800 (Deutschland).
902 320 737 (BCN).
www.airberlin.com

Austrian
05 17661000 (Österreich).
902 551 257 (BCN).
www.aua.com

Iberia
902 400 500.
www.iberia.com
Iberia in Deutschland
(01805) 44 29 00.
Iberia in Österreich
(01) 79 56 77 22.
Iberia in der Schweiz
(0848) 00 00 15.

Lufthansa
(01805) 805 805 (Deutschland).
902 883 882 (BCN).
www.lufthansa.com

Swiss
(0848) 700 700 (Schweiz).
901 116 712 (BCN).
www.swiss.com

Kreuzfahrten

Costa Cruises
902 231 231.
www.costacruceros.es

Grimaldi Group
902 531 333.
www.grimaldi.it

Fähren zu den Balearen

Balearia
902 16 01 80.
www.balearia.com

Acciona Trasmediterránea
902 45 46 45.
www.trasmediterranea.es

Mit Zug und U-Bahn unterwegs

Metro- und FGC-Schild

Zwei Eisenbahngesellschaften verkehren in Katalonien: die staatliche spanische Gesellschaft **RENFE** *(Red Nacional de Ferrocarriles Españoles)* mit Intercity-Zügen, einschließlich der *Media Distancia*, Talgo- und AVE-Züge sowie Barcelonas Pendlerzügen *(rodalies)*, und die katalanische Gesellschaft **FGC** *(Ferrocarrils de la Generalitat de Catalunya)* mit Vorortzügen in Barcelona und einigen Sonderzügen in den Provinzen. Darüber hinaus hat Barcelona ein vorzügliches, gut ausgebautes und ständig wachsendes U-Bahn-Netz.

Züge und Bahnsteig in Barcelonas schönem Hauptbahnhof

Anreise mit dem Zug

Von mehreren europäischen Städten wie Frankfurt am Main, Hamburg, München und Zürich gibt es direkte Zugverbindungen nach Barcelona. Lange Zugfahrten sind im Schlafabteil eines Nachtzugs angenehmer. Alle Züge von Frankreich ins östliche Spanien passieren die französisch-spanische Grenze bei Cerbère/Port Bou oder La Tour de Carol. Hat man keine Direktverbindung nach Barcelona, muss man dort häufig einen Anschlusszug nehmen. Die meisten internationalen Züge kommen an den Bahnhöfen Sants, Estació de França oder Passeig de Gràcia an.

Zwischen Barcelona und Madrid verkehrt der Hochgeschwindigkeitszug AVE. Er benötigt ca. drei Stunden für die Strecke und fährt siebzehn Mal am Tag. Von Madrid, Sevilla, Málaga, La Coruña oder Vigo verkehren die beiden Nachtzüge Estrella und Trenhotel (gehobener Service).

Mit dem Zug in Katalonien unterwegs

Katalonien hat ein von **RENFE** betriebenes Netz regionaler Züge *(regionals)* für die gesamte Region. Es gibt den *Catalunya Exprés*, der, mit wenigen Haltestellen, die großen Städte verbindet, den *Regional* und den *Delta* mit häufigeren Haltestellen. Der Euromed-Hochgeschwindigkeitszug von Barcelona nach Tarragona (und weiter nach Castelló, Valencia und Alacant/Alicante) fährt von der Estació de Sants ab.

FGC betreibt ein staatliches katalanisches Netz von Vorortzügen in und um Barcelona. FGC organisiert auch andere spezielle Verkehrsmittel, so die Zahnradbahn von Ribes de Freser *(siehe hintere Umschlaginnenseite)* nach Núria in den Pyrenäen, die Seilbahnen beim Kloster von Montserrat *(siehe S. 122f)* und bei Vallvidrera sowie mehrere historische Dampfloks und einen elektrischen Zug für Urlauber. Näheres erfahren Sie am FGC-Bahnhof bei der Plaça de Catalunya oder unter der oben aufgeführten FGC-Website.

renfe

Logo der spanischen Eisenbahn

Die allermeisten Züge der RENFE und der FGC sind komplett behindertengerecht. Trotzdem ist es sinnvoll, diese Tatsache vor der Buchung nochmals im Internet zu überprüfen.

Tickets und Reservierung

Fahrkarten für Talgo-, AVE-, Alvia-, internationale und alle Langstreckenzüge kann man an jedem größeren RENFE-Bahnhof am Fahrkartenschalter *(taquilla)* oder in einem Reisebüro kaufen. Fahrkarten für nationale und internationale Züge kann man – mindestens 24 Stunden im Voraus – per Kreditkarte bestellen. Auf der Website von RENFE kann man Tickets ebenfalls buchen, per Kreditkarte bezahlen sowie Reservierungen tätigen.

Wenn Sie wenigstens zwei Wochen im Voraus online buchen, können Sie bis zu 60 Prozent Rabatt auf Tickets für Langstreckenzüge bekommen.

In allen größeren Bahnhöfen gibt es Fahrkartenautomaten. Fahrkarten für *rodalies* (Ortszüge) kann man nicht vorbestellen. Eine einfache Fahrt heißt auf Katalanisch *anada*, eine Rundfahrt *anada i tornada*.

Wenn Sie Fahrkarten bei der RENFE kaufen wollen, dann lohnt ein genauerer Blick auf die Website der Eisenbahngesellschaft, wo häufig Aktionen, Rabatte und Sonderangebote stehen.

AUF EINEN BLICK

ÖPNV

Information (Barcelona)
010.

RENFE Information und Kreditkartenbuchungen
902 320 320 (national).
902 24 34 02 (international).
www.renfe.es

Secretaria General de Juventud
Young People's Tourist Office
Carrer de Calàbria 147.
80008 Barcelona.
93 483 83 83.

FGC Information
93 205 15 15.
www.fgc.es

TMB Information
93 318 70 74.
www.tmb.cat

Fahrkartenautomaten in einer U-Bahn-Station in Barcelona

Preise

RENFE bietet an bestimmten Tagen, den *dies blaus* (blauen Tagen), die in den Fahrplänen blau gekennzeichnet sind, Sondertarife mit zehn Prozent Rabatt. Die Fahrpreise hängen vom Zugtyp und vom Service-Angebot ab.

Karten für Talgo- und AVE-Züge sind teurer als Karten für Vorort- und Regionalzüge. RENFE bietet einen Rabatt für Kinder, über 60-Jährige, Gruppen und in Form von Bahnkarten für Vorort-, Regional- und Langstreckenzüge.

Für Angehörige der EU-Staaten und anderer europäischer Länder gibt es Interrail-Tickets. Das Ticket für bis zu 30 Länder gibt es für Kinder, Jugendliche, Erwachsene und Senioren in unterschiedlichen Kombinationen, Ausgestaltungen und Preisen.

Die **Secretaria General de Juventud** arbeitet für Leute unter 26. Mit ihnen reist man von Spanien ins übrige Europa bis zu 20 Prozent günstiger. Beim Kauf dieser Tickets müssen Sie sich ausweisen.

Barcelonas U-Bahn

Zurzeit verkehren acht U-Bahn-Linien in Barcelona. Man erkennt sie an der Nummer und an ihrer Farbe: L1 rot, L2 lila, L3 grün, L4 gelb, L5 blau, L6 und L7 grau. Daneben gibt es im Nordosten noch eine Verlängerungsstrecke mit der L11 (hellgrün). Schilder auf den Bahnsteigen weisen auf die einzelnen Züge und die Fahrtrichtung durch Angabe der jeweiligen Endstation hin. Den Eingang zu einer U-Bahn-Station erkennen Sie an dem Schild mit einem roten »M« in einer weißen Raute. In der Stadt ist die U-Bahn gewöhnlich das schnellste Fortbewegungsmittel. Alle Mehrfahrtenkarten in Zone 1 gelten für die U-Bahn, FGC-Züge und Lokalzüge der RENFE. Hierauf weisen RENFE- oder FGC-Schilder an U-Bahnhöfen hin.

U-Bahnen verkehren montags bis donnerstags, sonntags und an Feiertagen von 5 bis 24 Uhr, freitags sowie vor einem gesetzlichen Feiertag von 5 bis 2 Uhr und samstags die ganze Nacht.

Seit einigen Jahren wird an der neuen U-Bahn-Linie L9 gebaut. Bislang sind fünf Stationen im Osten der Stadt in Betrieb. Die L9 soll quer durch das Stadtzentrum führen und 2014 sogar den Flughafen erreichen. Damit wäre sie die längste U-Bahn-Strecke Europas.

Fahrkarten in Barcelona

Für Fahrten in Barcelona stehen viele Tickets zur Auswahl. Kombi-Tickets ermöglichen es, von der U-Bahn in einen FGC-Zug oder in den Bus umzusteigen, ohne ein zweites Ticket zu kaufen.

Folgende Fahrkarten sind erhältlich: Einfache Fahrt mit dem *Senzill*-Ticket für U-Bahn und Bus 1,45 Euro. Das T10-Ticket (10 Einzelfahrscheine) kostet 8,25 €. *T-dia*- und *T-mes*-Tickets für unbegrenzte Fahrten in Zone 1 an einem Tag (6,20 €). Für längere Aufenthalte gibt es Tickets für zwei Tage (11,50 €), drei Tage (16,50 €), vier Tage (21 €) und fünf Tage (25 €). Das *T-10* gilt für zehn U-Bahn-, Bus- und FGC-Fahrten in Zone 1 (8,25 €). Das *T-50/30*-Ticket (33,50 €) gilt für 50 Fahrten innerhalb von 30 Tagen mit der U-Bahn, Bus und FGC-Zügen. Einzelheiten finden Sie auf der Website von TMB (Transports Metropolitans Urbans).

U-Bahn-Ticket für eine einfache Fahrt in Barcelona

U-Bahn-Fahrkartenautomat

Mit Auto, Taxi und Bus unterwegs

Wegweiser in Barcelona

Das dichte Straßennetz Kataloniens und der starke Verkehr in und um Barcelona stehen in starkem Kontrast zu fast leeren Landstraßen in den Provinzen, in denen Dörfer oft weit auseinanderliegen. Auf den gebührenpflichtigen Autobahnen *(autopistes)* fließt der Verkehr, doch auf den Hauptstraßen entlang der Küste drohen ständig lange Staus. Für Reisende ohne Auto ist es empfehlenswert, sich zum Besuch entlegener Sehenswürdigkeiten einer organisierten Reise mit dem Fernbus anzuschließen.

Exzellent ausgebaute, mautpflichtige Autobahnen führen durch Katalonien

Anreise mit dem Auto

Viele Besucher erreichen Spanien über die französischen Autobahnen. Die Hauptrouten führen über die Pyrenäen, entweder via Hendaye im Westen oder La Jonquera im Osten. Die malerischsten Straßen schlängeln sich durch die Gebirgszüge der Pyrenäen. Die drei wichtigsten Pässe nach Katalonien führen in die Vall d'Aran, nach Andorra und nach Puigcerdà im Cerdanya-Tal. Eine Straßenkarte mit großem Maßstab ist hierbei hilfreich.

Mietwagen

In ganz Katalonien gibt es internationale Anbieter wie **Hertz**, **Avis** und **Europcar** sowie spanische Anbieter wie **National ATESA**. Es ist meist günstiger, bereits zu Hause den Mietwagen *(un cotxe de lloguer)* zu buchen.

An Kataloniens Flughäfen *(siehe S. 182f)* können Sie Autos sehr einfach mieten. Die Autovermieter in Girona und Reus haben aber keine regelmäßigen Öffnungszeiten. Deswegen empfiehlt es sich dort, den Wagen im Voraus zu buchen. Wollen Sie einen eigenen Chauffeur, wenden Sie sich am besten an die Firma Avis.

Logo der Autoverleihfirma National ATESA

Autopapiere

Um umfassenden Versicherungsschutz zu genießen, brauchen Sie eine grüne Versicherungskarte und den Schutzbrief einer Versicherungsgesellschaft. Es empfiehlt sich, eine Urlaubs-Vollkaskoversicherung abzuschließen. Nehmen Sie ein Formblatt des Europäischen Unfallprotokolls mit, das Sie bei Ihrer Kfz-Versicherung bekommen. Sie müssen zudem stets alle Fahrzeugpapiere (Führer- und Fahrzeugschein und Versicherungspolice) sowie Pass oder Ausweis mit sich führen. Hinten am Wagen muss ein Aufkleber des Herkunftslands (D, A bzw. CH) angebracht sein, wenn Sie kein Euro-Kennzeichen haben. Mitzuführen sind ein Warndreieck, ein Verbandskasten und eine reflektierende Warnweste.

Verkehrsregeln

An Kreuzungen gilt rechts vor links, wenn nicht anders ausgeschildert. Auf Umkehrmöglichkeiten weist das Schild *canvi de sentit* hin.

Für Autos und Motorräder gelten seit 2011 folgende Geschwindigkeitsbegrenzungen: 110 km/h auf *autopistes* (gebührenpflichtigen Autobahnen); 100 km/h auf *autovies* (Schnellstraßen bzw. Straßen mit mehr als einer Spur); 90 km/h auf *carreteres nacionals* (Hauptstraßen) und *carreteres comarcals* (Nebenstraßen); 80 km/h auf Barcelonas Ringstraßen; 50 km/h im Stadtgebiet. Verstöße gegen diese Begrenzungen können bis zu 520 Euro kosten.

Auch bei Überschreitung der Alkoholhöchstgrenze von 0,5 Promille wird ein Bußgeld erhoben. Es herrscht immer und überall Anschnallpflicht.

Bleifreies Benzin *(benzina sense plom)* und Diesel *(gas oil)* sind überall erhältlich.

Die **ADAC-Notrufstation** hat die Nummer 093 508 28 28.

Autobahnen

Auf den gebührenpflichtigen, aber sehr gut ausgebauten katalanischen Autobahnen wird die Maut pro Kilometer berechnet. Bei kurzen Strecken in Stadtnähe wird ein Fixpreis erhoben.

Bei der Zahlstelle *(peatge)* gibt es immer drei Spuren: *Automàtic* hat Automaten für Kreditkarten oder den genauen Geldbetrag; bei *Manual* bezahlen Sie bei einem Angestellten; für *Teletac* brauchen Sie einen elektronischen Chip an Ihrer Windschutzscheibe.

Auf *autopistes* gibt es alle zwei Kilometer Notrufsäulen und rund alle 40 Kilometer eine Tankstelle. Warnwesten nicht vergessen!

Parken

In Barcelona braucht man einen Parkschein, um sein Auto legal abzustellen. Parkscheine müssen deutlich sichtbar angebracht sein. Gebühren werden montags bis freitags von 9 bis 14 und 16 bis 20 Uhr, samstags den ganzen Tag erhoben. Parken kostet zwei bis drei Euro pro Stunde. Tickets gelten für zwei Stunden, können aber erneuert werden.

In Parkgaragen bedeutet *lliure* freie Plätze, *complet*, dass alles besetzt ist. Die meisten sind bewacht, ansonsten zahlt man bei Rückkehr. Parken an gelb markierten Bordsteinen oder vor Privatausfahrten *(gual)* ist verboten. »1–15« oder »16–30« auf Parkverbotsschildern bedeutet, dass man an diesen Tagen des Monats *nicht* parken darf.

Absolutes Halteverbot

Taxis

Taxis in Barcelona sind gelb-schwarz lackiert. Ein grünes Licht zeigt an, dass das Taxi frei ist. Alle Taxis müssen mit einem Taxameter ausgestattet sein, der zu Fahrtbeginn eine Mindestgebühr anzeigt. Nach 22 Uhr und an Wochenenden ist das Taxifahren teurer. In Taxis ohne Taxameter auf dem Land sollte man den Preis vor Fahrtantritt aushandeln. Für Fahrten zum und vom Flughafen sowie für Koffer wird ein Aufschlag verlangt. **Radio Taxis** bietet Autos für Behinderte (Vorausbuchung mindestens einen Tag) sowie Großraumtaxis für bis zu sieben Personen.

Man reist komfortabel und preiswert mit Fernbussen, z. B. von Alsa

Fern- und Reisebusse

Spaniens größte Fernbuslinie **Alsa**, die für **Eurolines** fährt, bietet Fahrten von ganz Europa zum Busbahnhof Sants in Barcelona an. Busse aus spanischen Städten kommen bei der Estació del Nord an.

Julià Tours und **Pullmantur** veranstalten Fahrten in Barcelona, andere machen Tagestouren zu den Sehenswürdigkeiten. **Turisme de Catalunya** in Barcelona *(siehe S. 175)* informiert über Reisen innerhalb Kataloniens.

Busse in Barcelona

Alle Stadtbusse sind weißrot. Sie können im Bus den Einzelfahrschein kaufen oder ein *T-10*-Ticket verwenden *(siehe S. 185)*. Tagestickets gelten natürlich auch. Der *Nitbus* (Nachtbus) fährt zwischen 22 und 4 Uhr. Der *TombBus* deckt die Einkaufsstraßen von der Plaça de Catalunya zur Plaça Pius XII ab. Der Aerobús (Nr. 106) fährt von der Plaça de Catalunya über die Plaça d'Espanya zum Flughafen El Prat.

Gutes Sightseeing bietet **Bus Turístic**, der ganzjährig ab der Plaça de Catalunya auf drei Strecken verkehrt. Auch **Julià Tours** und **Pullmantur** offerieren Barcelona-Touren.

Gelb-schwarze Taxis warten auf Fahrgäste in Barcelona

AUF EINEN BLICK

Mietwagen

National ATESA
93 298 34 33 (Flughafen).
90 2 100 101.
www.atesa.es

Avis
93 298 36 00 (Flughafen).
www.avis.es

Europcar
90 210 50 55 (Flughafen).
93 449 14 822 (Bahnhof).
www.europcar.es

Hertz
93 298 36 38 (Flughafen).
91 372 93 00 (Bahnhof).
www.hertz.es

Busreisen

Alsa
90 242 22 42.

Bus Turístic
www.barcelonabusturistic.cat

Eurolines
90 240 50 40.
www.eurolines.com

Julià Tours
93 317 64 54.

Pullmantur
93 317 12 97.

Busbahnhöfe

Estació del Nord
Carrer d'Alí Bei 80.
90 226 06 06.
www.barcelonanord.com

Estació de Sants
Plaça dels Països Catalans.
90 226 06 06.

Taxis

Radio Taxis
93 303 30 33.
93 225 00 00.
93 420 80 88 (für Behinderte). www.radioes.net

Stadtplan

Alle Stadtplanverweise, die Sie im Barcelona-Teil für die Sehenswürdigkeiten, Museen, Läden und Veranstaltungsorte finden, beziehen sich auf den Stadtplan der folgenden Seiten. Das gilt auch für Hotels *(siehe S. 134–141)*, Restaurants *(siehe S. 146–151)* sowie Cafés und Bars *(siehe S. 152f)*. Unten sehen Sie, welches Stadtgebiet vom Stadtplan abgedeckt wird. Kartenverweise beziehen sich immer auf die Extrakarte zum Herausnehmen.

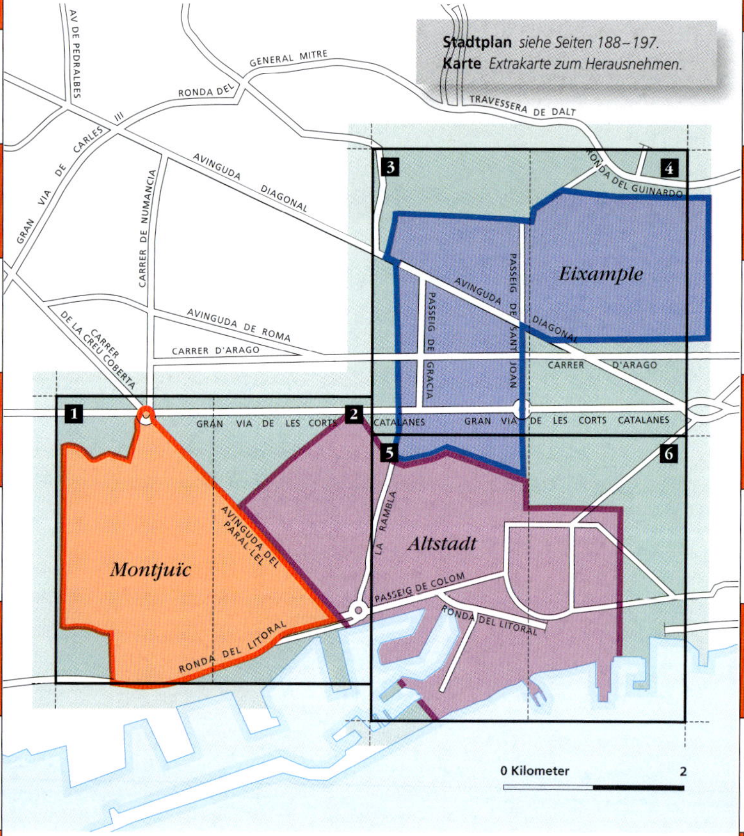

LEGENDE

- Hauptattraktion
- Sehenswürdigkeit
- Wichtiges Gebäude
- Bahnhof (RENFE)
- FGC-Bahnhof
- Metro-Station
- Bushaltestelle
- Busbahnhof
- Bootsanlegestelle
- Seilbahn
- Zahnrad-/Standseilbahn
- Trambahnhaltestelle
- Taxi
- Parken
- Information
- Krankenhaus mit Ambulanz
- Polizei
- Kirche
- Post
- Eisenbahn
- Fußgängerzone

Maßstab Karten 1–6

0 Meter 250

Kartenregister

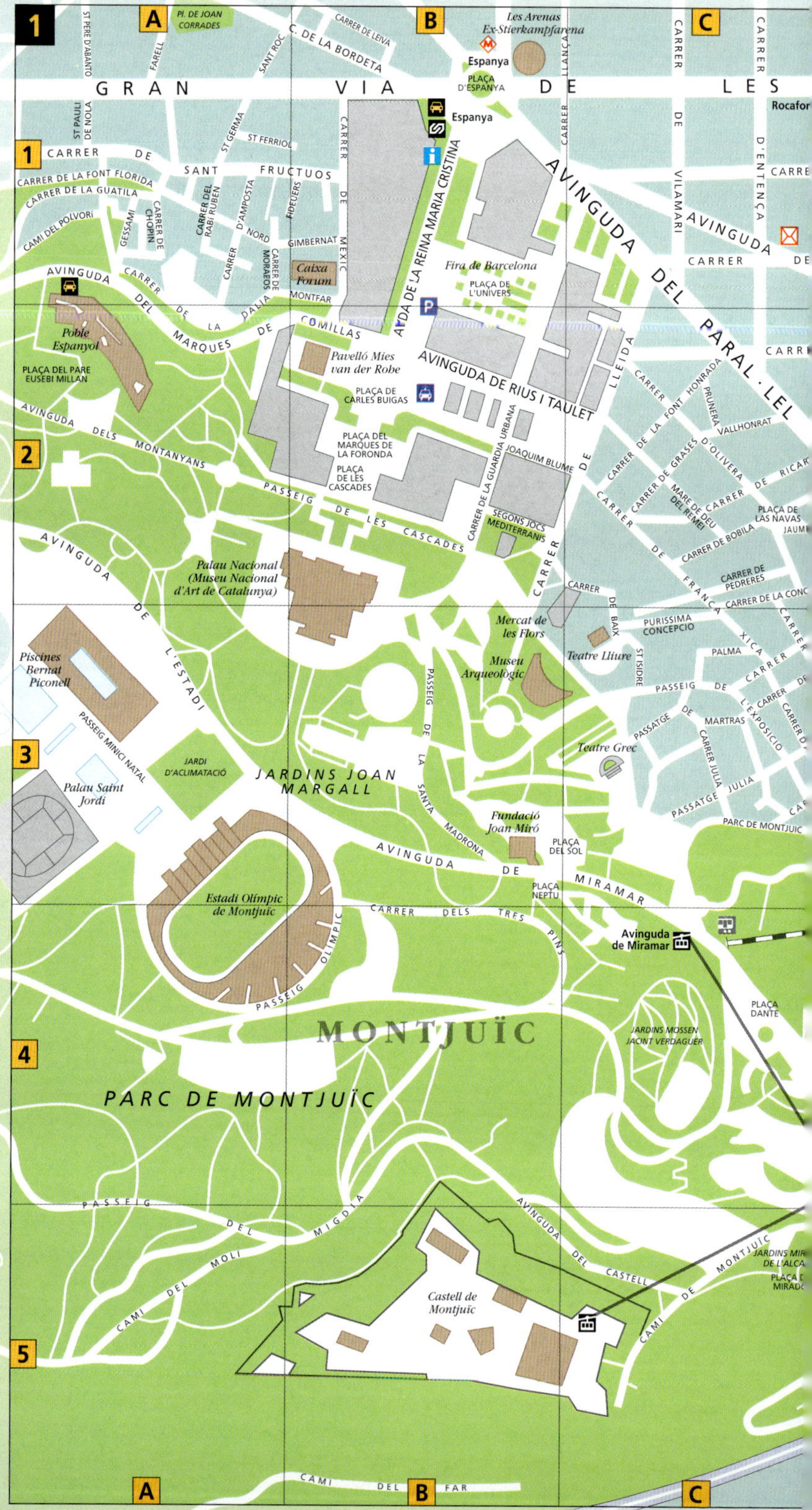

1
A
B
C
1
2
3
4
5
PL. DE JOAN CORRADES
Les Arenas Ex-Stierkampfarena
Espanya
PLAÇA D'ESPANYA
GRAN VIA DE LES
Rocafor
C. DE LA BORDETA
CARRER DE LEIVA
ST PERE D'ABANTO
FARELL
SANT ROC
ST PAULI DE NOLA
ST GERMA
ST FERRIOL
CARRER DE SANT FRUCTUOS
CARRER DE LA FONT FLORIDA
CARRER DE LA GUATILA
CAMI DEL POLVORI
GESSAMI
CARRER DE CHOPIN
CARRER DEL RABI RUBEN
CARRER D'AMPOSTA
NORD
FIDEUERS
GIMBERNAT
CARRER DE MORAEOS
Caixa Forum
MONTFAR
CARRER DE MEXIC
AVDA DE LA REINA MARIA CRISTINA
Fira de Barcelona
PLAÇA DE L'UNIVERS
AVINGUDA DEL PARAL·LEL
CARRER DE VILAMARI
CARRER D'ENTENÇA
AVINGUDA
CARRER
CARRER LLANÇA
AVINGUDA DEL MARQUES DE LA DALIA DE COMILLAS
Poble Espanyol
PLAÇA DEL PARE EUSEBI MILLAN
Pavelló Mies van der Robe
PLAÇA DE CARLES BUIGAS
AVINGUDA DE RIUS I TAULET
LLEIDA
AVINGUDA DELS MONTANYANS
PLAÇA DEL MARQUES DE LA FORONDA
PLAÇA DE LES CASCADES
PASSEIG DE LES CASCADES
CARRER DE LA GUARDIA URBANA
JOAQUIM BLUME
SEGONS JOCS MEDITERRANIS
CARRER DE LA FONT HONRADA
PRUNERA
VALLHONRAT
CARRER DE GRASES
D'OLIVERA
MARE DE DEU DEL REMEI
CARRER DE RICAR
PLAÇA DE LAS NAVAS
JAUME
CARRER DE BOBILA
CARRER DE FRANÇA
CARRER DE PEDRERES
CARRER DE LA CONC
Palau Nacional (Museu Nacional d'Art de Catalunya)
AVINGUDA DE L'ESTADI
CARRER DE BAIX
Mercat de les Flors
PURISSIMA CONCEPCIO
PALMA
XICA
Teatre Lliure
Museu Arqueològic
ST ISIDRE
PASSEIG DE L'EXPOSICIO
PASSATGE DE MARTRAS
CARRER JULIA
Piscines Bernat Piconell
PASSEIG MINICI NATAL
JARDI D'ACLIMATACIÓ
PASSEIG DE LA SANTA MADRONA
Teatre Grec
PASSATGE JULIA
PARC DE MONTJUIC
Palau Saint Jordi
JARDINS JOAN MARGALL
Fundació Joan Miró
PLAÇA DEL SOL
AVINGUDA DE MIRAMAR
PLAÇA NEPTU
Estadi Olímpic de Montjuïc
CARRER DELS TRES PINS
PASSEIG OLIMPIC
Avinguda de Miramar
PLAÇA DANTE
JARDINS MOSSEN JACINT VERDAGUER
MONTJUÏC
PARC DE MONTJUÏC
PASSEIG DEL MIGDIA
CAMI DEL MOLI
AVINGUDA DEL CASTELL
Castell de Montjuïc
CAMI DE MONTJUIC
JARDINS MIR DE L'ALCA
PLAÇA D MIRADO
CAMI DEL FAR

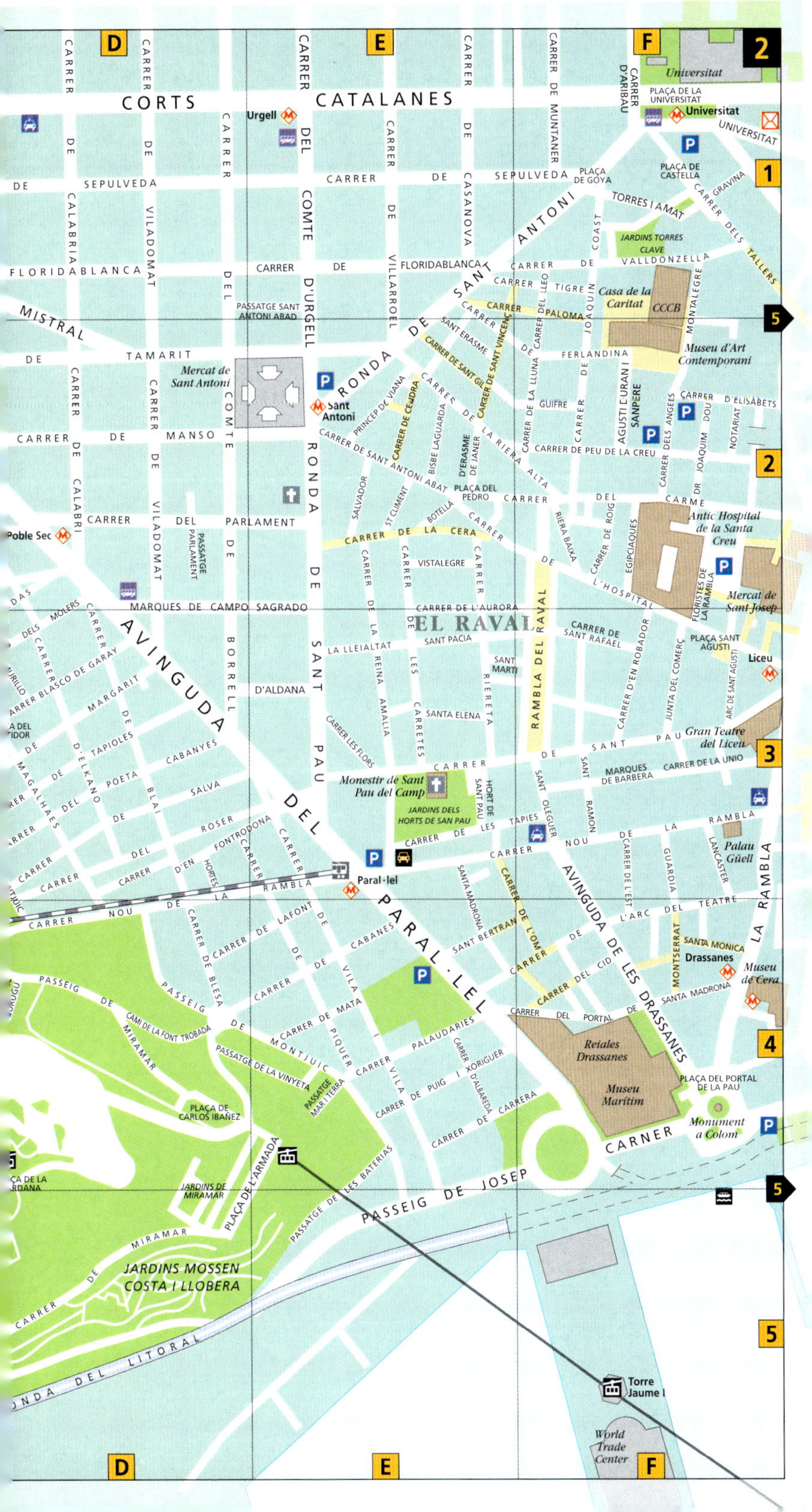
D
E
F
2
1
2
3
4
5
Universitat
PLAÇA DE LA UNIVERSITAT
Universitat
UNIVERSITAT
CORTS CATALANES
Urgell
CARRER DE SEPULVEDA
PLAÇA DE GOYA
PLAÇA DE CASTELLA
GRAVINA
CARRER DELS TALLERS
TORRES I AMAT
JARDINS TORRES CLAVE
VALLDONZELLA
RONDA DE SANT ANTONI
CARRER DE CALABRIA
CARRER DE VILADOMAT
CARRER DEL COMTE D'URGELL
CARRER DE VILLARROEL
CARRER DE CASANOVA
CARRER DE MUNTANER
CARRER D'ARIBAU
FLORIDABLANCA
CARRER DE FLORIDABLANCA
MISTRAL
TAMARIT
PASSATGE SANT ANTONI ABAD
Mercat de Sant Antoni
Sant Antoni
CARRER DE MANSO
CARRER DEL PARLAMENT
PASSATGE PARLAMENT
Poble Sec
MARQUES DE CAMPO SAGRADO
CARRER DE TIGRE
CARRER DE LA PALOMA
Casa de la Caritat
CCCB
MONTALEGRE
Museu d'Art Contemporani
FERLANDINA
CARRER DE SANT ERASME
CARRER DE SANT GIL
CARRER DE SANT VICENÇ
CARRER DEL LLEO
CARRER DE LA LLUNA
GUIFRE
AGUSTI DURAN I SANPERE
CARRER D'ELISABETS
CARRER DELS ANGELS
DOCTOR JOAQUIM DOU
NOTARIAT
CARRER DE PEU DE LA CREU
PRINCEP DE VIANA
CARRER DE CERDRA
BISBE LAGUARDA
D'ERASME DE JANER
CARRER DE LA RIERA ALTA
CARRER DE SANT ANTONI ABAT
PLAÇA DEL PEDRO
CARRER DEL CARME
SALVADOR
ST CLIMENT
BOTELLA
CARRER DE LA CERA
RIERA BAIXA
CARRER DE ROIG
EGIPCIAQUES
Antic Hospital de la Santa Creu
FLORISTES DE LA RAMBLA
Mercat de Sant Josep
CARRER DE L'HOSPITAL
VISTALEGRE
CARRER DE L'AURORA
EL RAVAL
CARRER DE SANT RAFAEL
PLAÇA SANT AGUSTI
Liceu
ARC DE SANT AGUSTI
CARRER D'EN ROBADOR
JUNTA DEL COMERÇ
LA LLEIALTAT
SANT PACIA
SANT MARTI
RAMBLA DEL RAVAL
RONDA DE SANT PAU
D'ALDANA
CARRER BORRELL
CARRER LES FLORS
CARRER DE LA REINA AMALIA
CARRER DE LES CARRETES
SANTA ELENA
RIERETA
CARRER DE SANT PAU
Gran Teatre del Liceu
MARQUES DE BARBERA
CARRER DE LA UNIO
Monestir de Sant Pau del Camp
JARDINS DELS HORTS DE SAN PAU
HORT DE SANT PAU
SANT OLEGUER
SANT RAMON
CARRER DE LES TAPIES
CARRER NOU DE LA RAMBLA
Palau Güell
LANCASTER
LA RAMBLA
AVINGUDA DEL PARAL·LEL
Paral·lel
MOLERS
CARRER BLASCO DE GARAY
MARGARIT
TAPIOLES
CABANYES
POETA
BLAI
SALVA
ROSER
FONTRODONA
HORTES
CARRER D'ELKANO
CARRER DE MAGALHAES
CARRER DE LAFONT
CARRER DE BLESA
CABANES
SANTA MADRONA
SANT BERTRAN
CARRER DE L'OM
AVINGUDA DE LES DRASSANES
CARRER DE L'EST
GUARDIA
MONTSERRAT
L'ARC DEL TEATRE
SANTA MONICA
Drassanes
Museu de Cera
CARRER DEL CID
CARRER DEL PORTAL DE SANTA MADRONA
Reiales Drassanes
Museu Marítim
PLAÇA DEL PORTAL DE LA PAU
Monument a Colom
CARRER DE VILA I VILA
CARRER DE MATA
CARRER DE PIQUER
PALAUDARIES
CARRER D'ALBAREDA
XORIGUER
CARRER DE PUIG
CARRER DE CARRERA
PASSEIG DE JOSEP CARNER
PASSEIG DE MIRAMAR
CAMI DE LA FONT TROBADA
PASSATGE DE LA VINYETA
CARRER DE MONTJUIC
PASSATGE MARI I TERRA
PLAÇA DE CARLOS IBAÑEZ
PLAÇA DE L'ARMADA
JARDINS DE MIRAMAR
PASSATGE DE LES BATERIAS
MIRAMAR
JARDINS MOSSEN COSTA I LLOBERA
RONDA DEL LITORAL
Torre Jaume I
World Trade Center

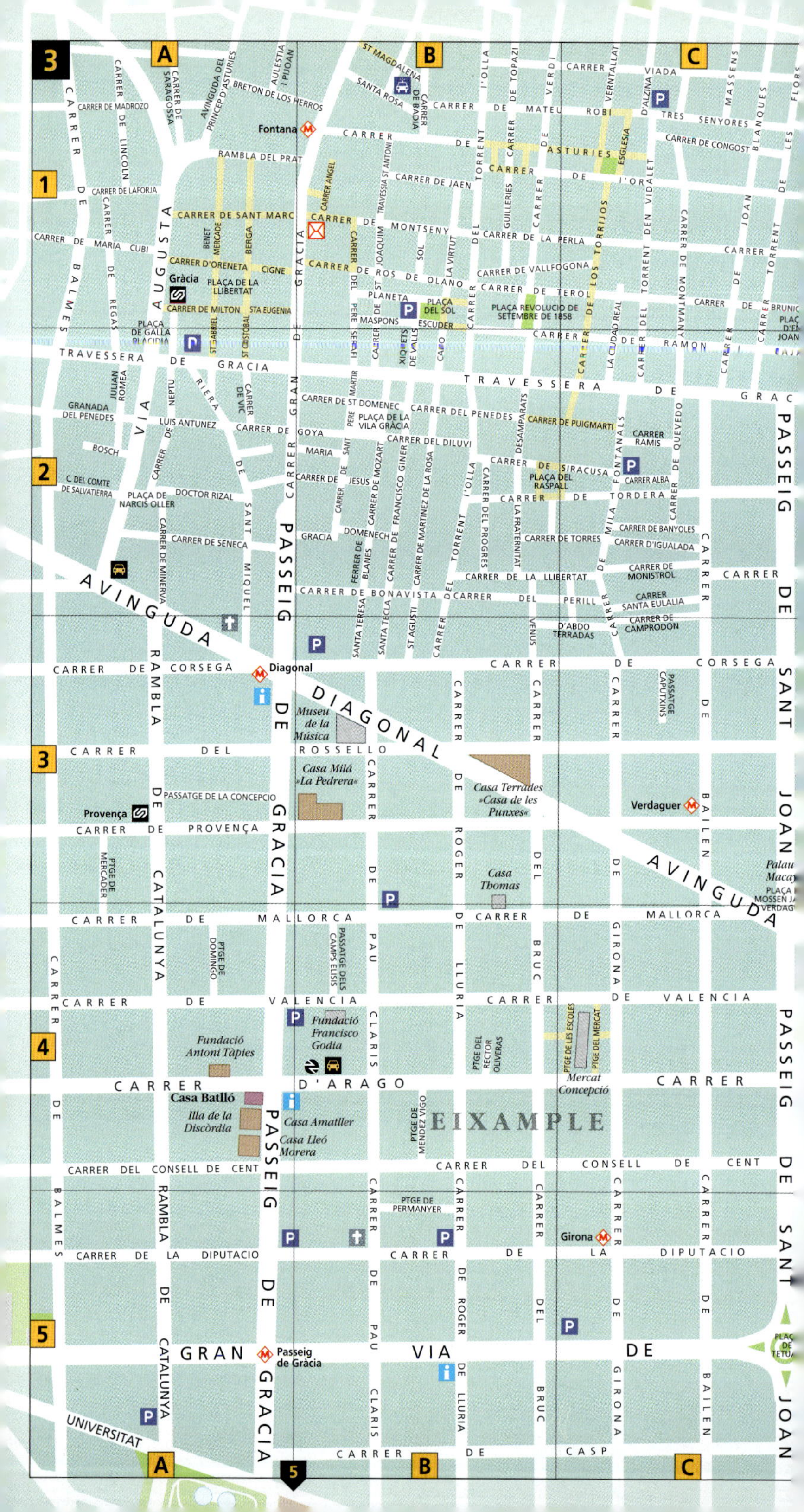
3
A
B
C
1
2
3
4
5
Fontana
Gràcia
Diagonal
Provença
Verdaguer
Girona
Passeig de Gràcia
Travessera de Gràcia
Avinguda Diagonal
Passeig de Gràcia
Passeig de Sant Joan
Gran Via de
Via Augusta
Rambla de Catalunya
Carrer de Balmes
Carrer de Còrsega
Carrer del Rosselló
Carrer de Provença
Carrer de Mallorca
Carrer de València
Carrer d'Aragó
Carrer del Consell de Cent
Carrer de la Diputació
Carrer de Casp
Carrer de Pau Claris
Carrer de Roger de Llúria
Carrer del Bruc
Carrer de Girona
Carrer de Bailèn
Universitat
Carrer de Madrozo
Carrer de Lincoln
Carrer de Laforja
Carrer de Maria Cubí
Carrer de Saragossa
Avinguda del Príncep d'Astúries
Breton de los Herros
Aulèstia i Pijoan
St Magdalena
Santa Rosa
Carrer de Badia
Carrer de Mateu
Rambla del Prat
Carrer de Astúries
Carrer de Jaén
Carrer Àngel
Carrer de Sant Marc
Carrer de Montseny
Carrer d'Oreneta
Cigne
Plaça de la Llibertat
Carrer de Milton
Sta Eugenia
Benet Mercadé
Berga
St Gabriel
St Cristòbal
Plaça de Gal·la Placídia
Carrer de Ros de Olano
Planeta
Maspons
Escuder
Plaça del Sol
Plaça Revolució de Setembre de 1868
Carrer de Vallfogona
Carrer de la Perla
Carrer de Terol
Carrer de Ramon
Torrent de l'Olla
Carrer de Topazi
Verdi
Vertallat
Robí
Esglèsia
Carrer de l'Or
Carrer de Viada
D'Alzina
Tres Senyores
Massens
Carrer de Congost
Blanques
Torrent den Vidalet
Carrer de Montmany
Carrer de Joan Blanques
Carrer de Brúniquer
Plaça d'En Joan
Carrer de Torrijos
La Ciudad Real
Guilleries
Travessia St Antoni
St Joaquim
Sol
La Virtut
Xiquets de Valls
Julián Romea
Granada del Penedès
Neptú
Riera de St Miquel
Carrer de Vic
Luis Antúnez
Carrer de Goya
Bosch
C. del Comte de Salvatierra
Plaça de Narcís Oller
Doctor Rizal
Carrer de Minerva
Carrer de Séneca
Carrer de St Domènec
Plaça de la Vila Gràcia
Carrer del Penedès
Carrer del Diluvi
Carrer de Puigmartí
Carrer Ramis
Maria
Carrer de Jesús
Carrer de Mozart
Carrer de Francisco Giner
Carrer de Martínez de la Rosa
Carrer del Progrés
La Fraternitat
Desamparats
Carrer de Siracusa
Plaça del Raspall
Carrer de Tordera
Carrer Alba
Fontanals
Quevedo
Carrer de Banyoles
Carrer d'Igualada
Carrer de Torres
Domènech
Ferrer de Blanes
Carrer de la Llibertat
Carrer de Monistrol
Carrer de Bonavista
Carrer del Perill
Carrer Santa Eulàlia
Carrer de Camprodon
D'Abdó Terradas
Santa Teresa
Santa Tecla
St Agustí
Venus
Passatge Caputxins
Museu de la Música
Casa Milà »La Pedrera«
Casa Terrades »Casa de les Punxes«
Passatge de la Concepció
Ptge de Mercader
Casa Thomas
Palau Macaya
Plaça Mossèn J. Verdaguer
Ptge de Domingo
Passatge dels Camps Elisis
Fundació Francisco Godia
Fundació Antoni Tàpies
Ptge del Rector Oliveras
Ptge de les Escoles
Ptge del Mercat
Mercat Concepció
Casa Batlló
Illa de la Discòrdia
Casa Amatller
Casa Lleó Morera
Ptge de Méndez Vigo
EIXAMPLE
Ptge de Permanyer
Plaça de Tetuan
Passeig de Gràcia

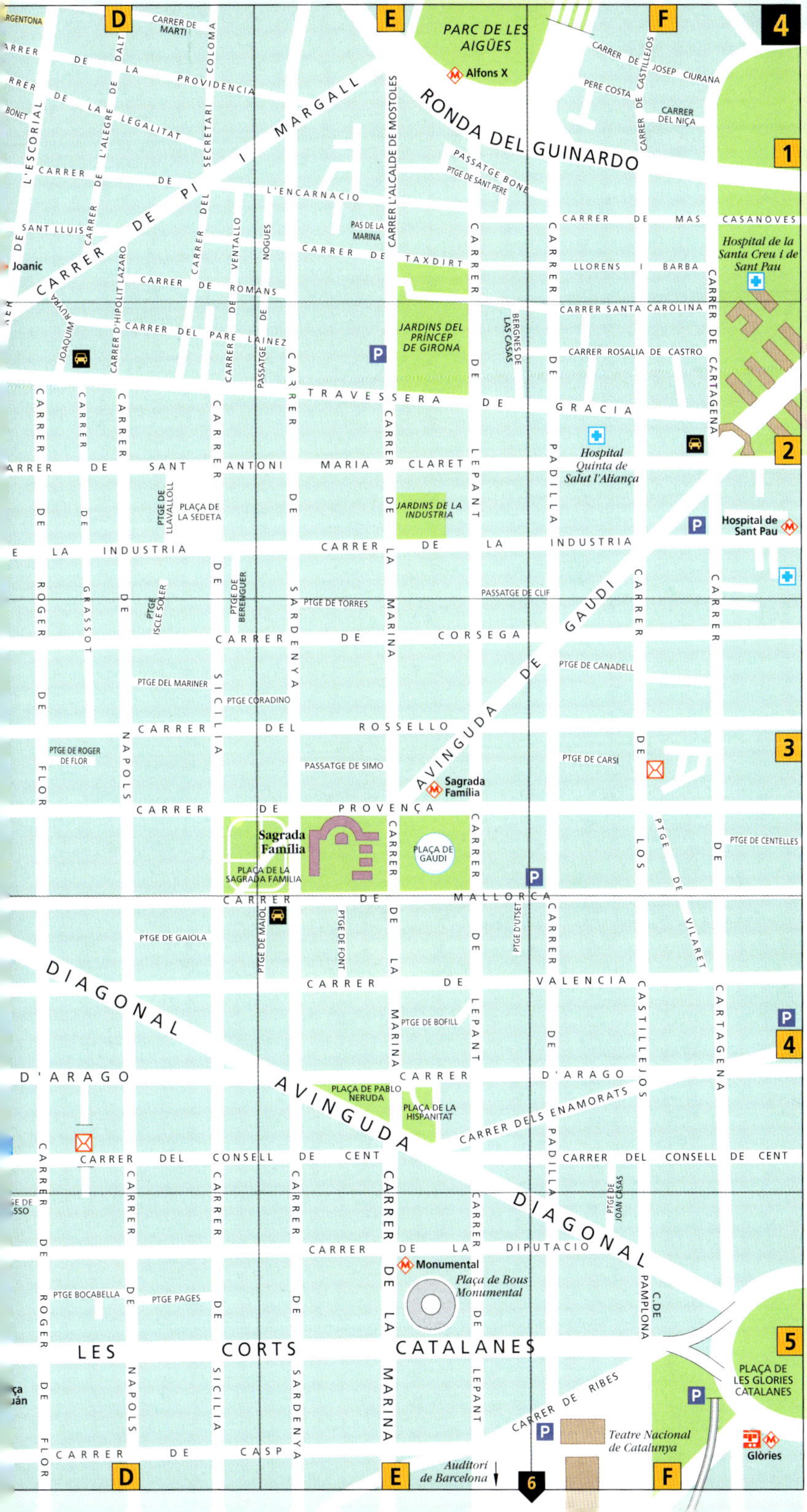

D
E
F
4
PARC DE LES AIGÜES
Alfons X
RONDA DEL GUINARDO
CARRER DE MARTI
PROVIDENCIA
LEGALITAT
COLOMA
SECRETARI
MARGALL
CARRER DE PI I MARGALL
CARRER DE JOSEP CIURANA
PERE COSTA
CARRER DE CASTILLEJOS
CARRER DEL NIÇA
PASSATGE BONET
PTGE DE SANT PERE
L'ENCARNACIO
CARRER L'ALCALDE DE MOSTOLES
PAS DE LA MARINA
CARRER DE TAXDIRT
CARRER DE MAS CASANOVES
Hospital de la Santa Creu i de Sant Pau
LLORENS I BARBA
SANT LLUIS
Joanic
CARRER DE ROMANS
VENTALLO
NOGUES
CARRER DEL PARE LAINEZ
CARRER D'HIPOLIT LAZARO
JOAQUIM RUYRA
JARDINS DEL PRÍNCEP DE GIRONA
BERGNES DE LAS CASAS
CARRER SANTA CAROLINA
CARRER ROSALIA DE CASTRO
CARRER DE CARTAGENA
TRAVESSERA DE GRACIA
1
2
Hospital Quinta de Salut l'Aliança
CARRER DE SANT ANTONI MARIA CLARET
JARDINS DE LA INDUSTRIA
PTGE DE LLAVALLOLL
PLAÇA DE LA SEDETA
Hospital de Sant Pau
CARRER DE LA INDUSTRIA
PASSATGE DE CLIF
AVINGUDA DE GAUDI
PTGE DE TORRES
PTGE ISCLE SOLER
PTGE DE BERENGUER
GRASSOT
CARRER DE CORSEGA
PTGE DE CANADELL
PTGE DEL MARINER
PTGE CORADINO
CARRER DEL ROSSELLO
3
PTGE DE ROGER DE FLOR
PASSATGE DE SIMO
Sagrada Família
PTGE DE CARSI
CARRER DE PROVENÇA
Sagrada Família
PLAÇA DE LA SAGRADA FAMILIA
PLAÇA DE GAUDI
PTGE DE CENTELLES
CARRER DE MALLORCA
PTGE DE MAIOL
PTGE DE GAIOLA
PTGE DE FONT
PTGE D'UTSET
VILARET
CARRER DE VALENCIA
DIAGONAL
PTGE DE BOFILL
CARRER DE LEPANT
CARRER DE MARINA
CARRER DE PADILLA
CASTILLEJOS
CARTAGENA
4
D'ARAGO
CARRER D'ARAGO
AVINGUDA DIAGONAL
PLAÇA DE PABLO NERUDA
PLAÇA DE LA HISPANITAT
CARRER DELS ENAMORATS
CARRER DEL CONSELL DE CENT
PTGE DE JOAN CASAS
CARRER DE LA DIPUTACIO
Monumental
Plaça de Bous Monumental
PTGE BOCABELLA
PTGE PAGES
PAMPLONA
C.DE
5
LES CORTS CATALANES
NAPOLS
SICILIA
SARDENYA
ROGER DE FLOR
PLAÇA DE LES GLÒRIES CATALANES
CARRER DE RIBES
Teatre Nacional de Catalunya
Glòries
CARRER DE CASP
Auditori de Barcelona
6

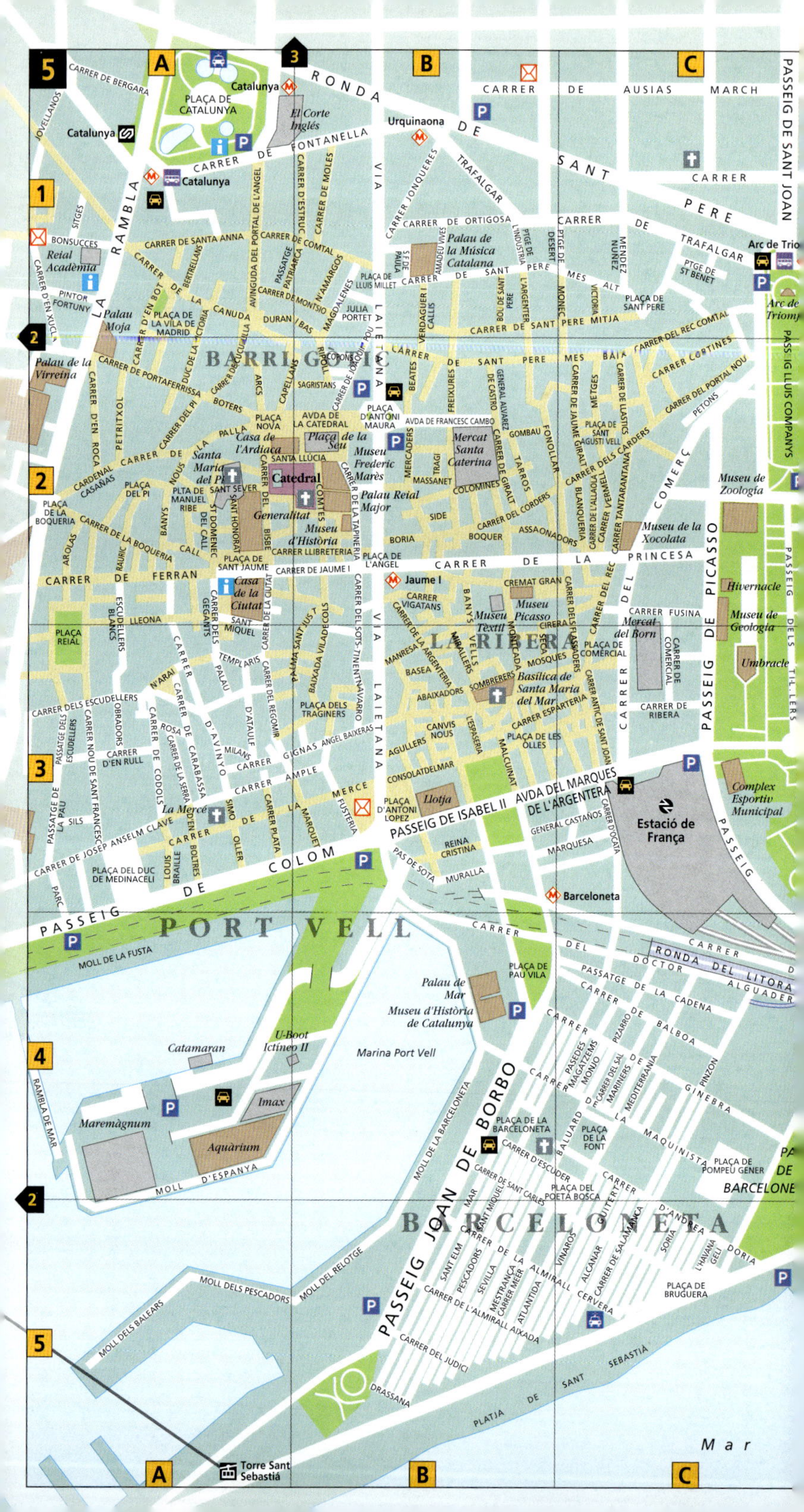
5
A
B
C
3
1
2
3
4
5
PLAÇA DE CATALUNYA
Catalunya
El Corte Inglés
RONDA DE SANT PERE
CARRER DE BERGARA
JOVELLANOS
CARRER DE FONTANELLA
Urquinaona
CARRER DE AUSIAS MARCH
PASSEIG DE SANT JOAN
TRAFALGAR
CARRER DE ORTIGOSA
CARRER JONQUERES
VIA LAIETANA
LA RAMBLA
BONSUCCES
SITGES
Reial Acadèmia
CARRER D'EN XUCLÀ
PINTOR FORTUNY
Palau Moja
Palau de la Virreina
CARRER DE SANTA ANNA
CARRER DE LA CANUDA
AVINGUDA DEL PORTAL DE L'ÀNGEL
CARRER D'ESTRUC
CARRER DE MOLES
CARRER DE COMTAL
CARRER DE MONTSIO
PASSATGE PATRIARCA
N'AMARGÓS
MAGDALENES
DURAN I BAS
CARRER D'EN BOT
PLAÇA DE LA VILA DE MADRID
BERTRELLANS
DUC DE LA VICTÒRIA
CARRER DE PORTAFERRISSA
BARRI GÒTIC
COPONS
SAGRISTANS
CAPELLANS
ARCS
BOTERS
JULIA PORTET
PLAÇA DE LLUIS MILLET
Palau de la Música Catalana
AMADEU VIVES
SANT FRANCESC DE PAULA
CARRER DE SANT PERE MES ALT
CARRER DE SANT PERE MITJA
CARRER DE SANT PERE MES BAIX
CARRER DE L'INDUSTRIA
PTGE DE PERE
CARRER DE DESERT
PTGE DE MONEC
CARRER DE MENDEZ NUNEZ
VICTORIA
PLAÇA DE SANT PERE
Arc de Triomf
PTGE DE ST BENET
PASSEIG LLUIS COMPANYS
CARRER DEL REC COMTAL
CARRER CORTINES
CARRER DEL PORTAL NOU
PETONS
VERDAGUER I CALLIS
BOL DE SANT PERE
L'ARGENTER
BEATES
FREIXURES
GENERAL ALVAREZ DE CASTRO
GOMBAU
FONOLLAR
CARRER DE JAUME GIRALT
METGES
CARRER DE LLASTICS
PLAÇA DE SANT AGUSTI VELL
CARRER DELS CARDERS
COMERÇ
Museu de Zoologia
PLAÇA D'ANTONI MAURA
AVDA DE FRANCESC CAMBO
Mercat Santa Caterina
MERCADERS
TRAGI
MASSANET
COLOMINES
CARRER DE GIRALT
TARROS
PLAÇA NOVA
AVDA DE LA CATEDRAL
Plaça de la Seu
Casa de l'Ardiaca
SANTA LLÚCIA
Museu Frederic Marès
Catedral
Palau Reial Major
Santa Maria del Pi
SANT SEVER
PLAÇA DEL PI
CARRER DEL PI
CARRER DE LA PALLA
CARDENAL CASAÑAS
PETRITXOL
CARRER D'EN ROCA
NOUS
PLAÇA DE LA BOQUERIA
CARRER DE LA BOQUERIA
PLTA DE MANUEL RIBE
SANT HONORAT
ST DOMENEC DEL CALL
BISBE
COMTES
Generalitat
Museu d'Història
CARRER DE LA TAPINERIA
CARRER LLIBRETERIA
PLAÇA DE SANT JAUME
CARRER DE JAUME I
PLAÇA DE L'ÀNGEL
SIDE
BORIA
BOQUER
CARRER DEL CORDERS
ASSAONADORS
BLANQUERIA
CARRER DE L'ALLADA
CARRER VERMELL
CARRER TANTARANTANA
Museu de la Xocolata
CARRER DE LA PRINCESA
PASSEIG DE PICASSO
CARRER DEL REC
CARRER DEL COMERÇ
Hivernacle
Museu de Geologia
Umbracle
PASSEIG DELS TIL·LERS
CARRER DE FERRAN
AROLAS
RAURIC
BANYS
CALL
Jaume I
CREMAT GRAN
Museu Picasso
Museu Tèxtil
CARRER VIGATANS
BANYS VELLS
MONTCADA
CARRER DELS FLASSADERS
CARRER FUSINA
Mercat del Born
CARRER DE COMERCIAL
PLAÇA DE COMERCIAL
PLAÇA REIAL
ESCUDELLERS BLANCS
LLEONA
CARRER DELS GEGANTS
Casa de la Ciutat
SANT MIQUEL
CARRER DE LA CIUTAT
TEMPLARIS
PALAU
N'ARAI
CARRER DE PALMA SANT JUST
BAIXADA VIADECOSTS
CARRER DEL SOTS-TINENT NAVARRO
LA RIBERA
MANRESA
CARRER DE L'ARGENTERIA
MIRALLERS
SEQUIA
CIRERA
MOSQUES
Basílica de Santa Maria del Mar
SOMBRERERS
ABAIXADORS
BASEA
CARRER ESPARTERIA
CARRER ANTIC DE SANT JOAN
CARRER DE RIBERA
CARRER DELS ESCUDELLERS
PASSATGE DEL CREDIT
CARRER NOU DE SANT FRANCESC
OBRADORS
CARRER D'EN RULL
CARRER DE CODOLS
ROSA
CARRER DE LA SERRA
CARRER DE CARABASSA
CARRER D'AVINYO
MILANS
D'ATAULF
CARRER DEL REGOMIR
PLAÇA DELS TRAGINERS
CARRER GIGNAS
ANGEL BAIXERAS
CANVIS NOUS
L'ESPASERIA
MALCUINAT
PLAÇA DE LES OLLES
AGULLERS
CONSOLAT DEL MAR
Llotja
PLAÇA D'ANTONI LOPEZ
CARRER AMPLE
CARRER DE LA MERCÈ
FUSTERIA
La Mercè
SIMO
OLLER
CARRER PLATA
CARRER DE LA MARQUET
D'EN BOLTRES
LOUIS BRAILLE
PASSATGE DE LA PAU
SILS
CARRER DE JOSEP ANSELM CLAVÉ
PLAÇA DEL DUC DE MEDINACELI
PARC
PASSEIG DE COLOM
PASSEIG DE ISABEL II
AVDA DEL MARQUES DE L'ARGENTERA
CARRER D'OCATA
GENERAL CASTAÑOS
REINA CRISTINA
MARQUESA
PAS DE SOTA MURALLA
Estació de França
PASSEIG
Complex Esportiu Municipal
Barceloneta
PORT VELL
MOLL DE LA FUSTA
CARRER DEL DOCTOR AIGUADER
RONDA DEL LITORAL
PLAÇA DE PAU VILA
Palau de Mar
Museu d'Història de Catalunya
PASSATGE DE LA CADENA
CARRER DE BALBOA
PIZARRO
GINEBRA
PINZON
CARRER DE LA MAQUINISTA
U-Boot Ictíneo II
Catamaran
Marina Port Vell
Imax
Maremàgnum
Aquàrium
MOLL D'ESPANYA
RAMBLA DE MAR
MOLL DE LA BARCELONETA
PASSEIG JOAN DE BORBÓ
PLAÇA DE LA BARCELONETA
CARRER D'ESCUDER
PASSEDES MAGATZEMS
MONJO
CARRER DEL SAL
MARINERS
DE MEDITERRANIA
BALUARD
PLAÇA DE LA FONT
PLAÇA DEL POETA BOSCA
CARRER GUITERT
CARRER DE SANT CARLES
SANT MIQUEL
MAR
PLAÇA DE POMPEU GENER
PARC DE BARCELONETA
BARCELONETA
CARRER D'ANDREA DORIA
SORIA
L'HAVANA
GELI
CARRER DE SALAMANCA
ALCANAR
VINAROS
CARRER DE L'ALMIRALL CERVERA
CARRER MEER
MESTRANÇA
ATLANTIDA
SEVILLA
PESCADORS
SANT ELM
CARRER DE L'ALMIRALL AIXADA
CARRER DEL JUDICI
DRASSANA
PLAÇA DE BRUGUERA
MOLL DELS PESCADORS
MOLL DEL RELOTGE
MOLL DELS BALEARS
PLATJA DE SANT SEBASTIÀ
Mar
Torre Sant Sebastià

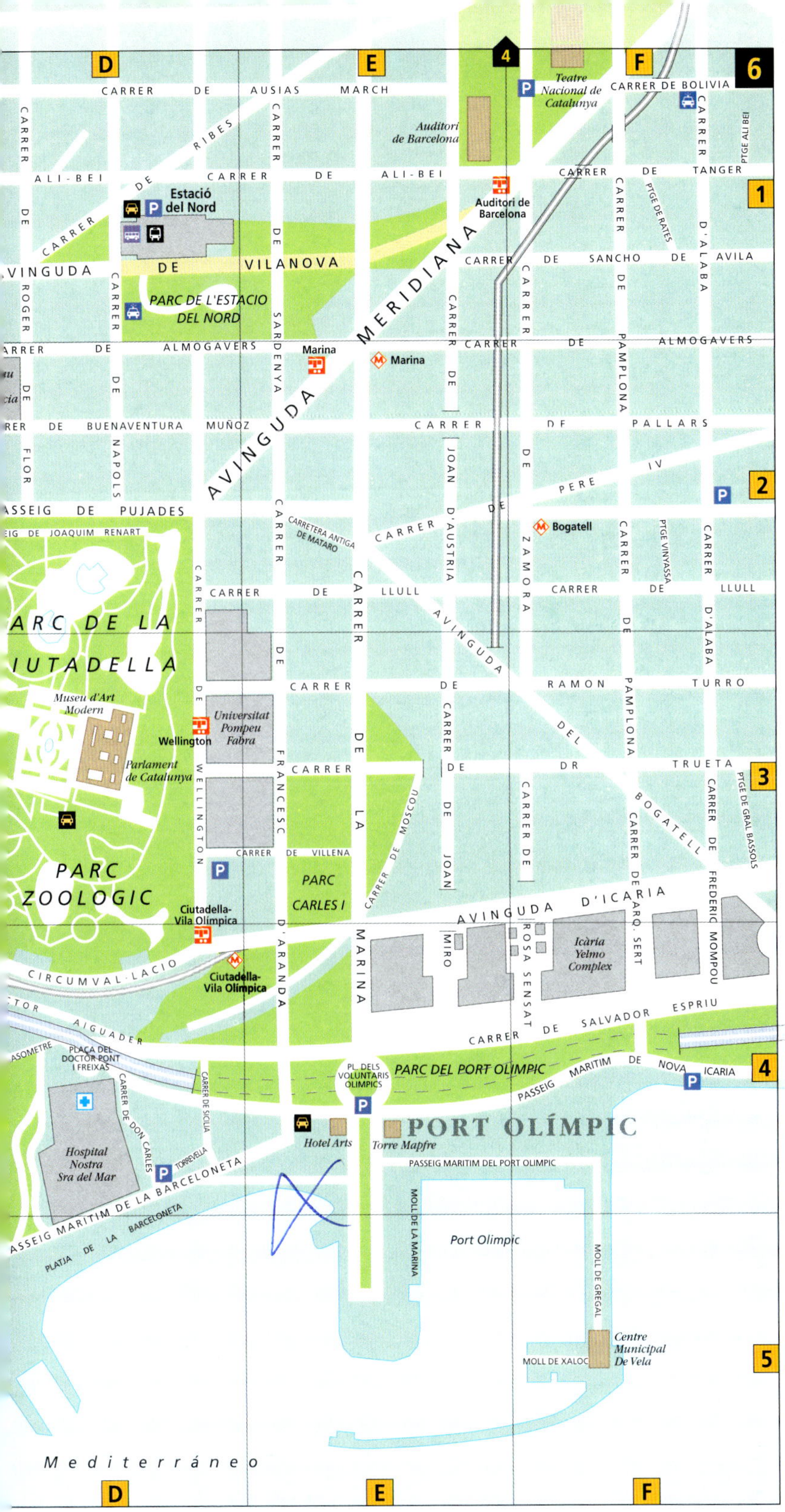

D
E
F
6
4
CARRER DE AUSIAS MARCH
CARRER DE BOLIVIA
Teatre Nacional de Catalunya
Auditori de Barcelona
CARRER DE RIBES
CARRER DE ALI-BEI
CARRER DE TANGER
PTGE ALI BEI
1
Estació del Nord
Auditori de Barcelona
AVINGUDA MERIDIANA
PTGE DE RATES
CARRER D'ALABA
AVINGUDA DE VILANOVA
CARRER DE SANCHO DE AVILA
PARC DE L'ESTACIO DEL NORD
CARRER DE ROGER DE FLOR
CARRER DE NAPOLS
CARRER DE SARDENYA
CARRER DE ALMOGAVERS
Marina
Marina
CARRER DE PAMPLONA
CARRER DE BUENAVENTURA MUÑOZ
CARRER DE PALLARS
CARRER DE JOAN D'AUSTRIA
CARRER DE ZAMORA
CARRER DE PERE IV
2
PASSEIG DE PUJADES
PASSEIG DE JOAQUIM RENART
CARRETERA ANTIGA DE MATARO
Bogatell
PTGE VINYASSA
CARRER DE LLULL
PARC DE LA CIUTADELLA
AVINGUDA DEL BOGATELL
CARRER DE RAMON TURRO
Museu d'Art Modern
Universitat Pompeu Fabra
Wellington
CARRER DE WELLINGTON
CARRER DE FRANCESC D'ARANDA
CARRER DE LA MARINA
Parlament de Catalunya
CARRER DE DR TRUETA
3
PTGE DE GRAL BASSOLS
CARRER DE MOSCOU
CARRER DE VILLENA
PARC CARLES I
CARRER DE FREDERIC MOMPOU
PARC ZOOLOGIC
Ciutadella-Vila Olímpica
AVINGUDA D'ICARIA
CARRER DE ARQ. SERT
CARRER DE MIRO
ROSA SENSAT
Icària Yelmo Complex
CIRCUMVAL·LACIO
Ciutadella-Vila Olímpica
CARRER DE SALVADOR ESPRIU
DOCTOR AIGUADER
ASOMETRE
PLAÇA DEL DOCTOR PONT I FREIXAS
CARRER DE SICILIA
PL. DELS VOLUNTARIS OLIMPICS
PARC DEL PORT OLIMPIC
PASSEIG MARITIM DE NOVA ICARIA
4
CARRER DE DON CARLES
Hospital Nostra Sra del Mar
TORREVELLA
Hotel Arts
Torre Mapfre
PORT OLÍMPIC
PASSEIG MARITIM DEL PORT OLIMPIC
PASSEIG MARITIM DE LA BARCELONETA
PLATJA DE LA BARCELONETA
MOLL DE LA MARINA
Port Olimpic
MOLL DE GREGAL
Centre Municipal De Vela
MOLL DE XALOC
5
Mediterráneo
D
E
F

Textregister

Seitenzahlen in **fetter Schrift** zeigen den Haupteintrag.

N

O

P

Danksagung und Bildnachweis

Dorling Kindersley bedankt sich bei allen, die bei der Entstehung dieses Buches mitgewirkt haben.

Hauptautor

Roger Williams verfasste Teile des *Vis-à-Vis Spanien* und hat einige Reiseführer über Barcelona und Katalonien geschrieben. Für den Reiseführer *Vis-à-Vis Provence* war Roger Williams ebenfalls Hauptautor. Er schrieb auch den am Mittelmeer spielenden Roman *Lunch with Elizabeth David*.

Weitere Autoren

Mary Jane Aladren, Pepita Arias, Emma Dent Coad, Rebecca Doulton, Josefina Fernández, Nick Rider, David Stone, Judy Thomson, Clara Villanueva, Suzanne Wales.

Design und Assistenz

Ein besonderer Dank gilt Amaia Allende, Queralt Amella Miró (Katalanisches Fremdenverkehrsamt), Gillian Andrews, Imma Espuñes i Amorós, Marta Bescos, Daniel Campi, Alrica Green, Lydia Halliday, Jessica Hughes, Elly King, Priya Kukadia, Kathryn Lane, Caroline Mead, Sam Merrell, Barbara Minton, Mani Ramaswamy, Collette Sadler, Alícia Ribas Sos, Helen Townsend, Lola Carbonell Zaragoza.

Korrektorat

Stewart J. Wild.

Register

Hilary Bird.

Weitere Fotografien

Max Alexander, D. Murray/J. Selmes, Dave King, Ian O'Leary, Alessandra Santarelli, Susannah Sayler, Clive Streeter.

Genehmigung für Fotografien

© Obispado de Vic; © Cabildo de la Catedral de Girona; Teatre Nacional de Catalunya (Barcelona); Institut Municipal del Paisatge Urba i la Qualitat de Vida, Ajuntament de Barcelona.

Der Verlag bedankt sich bei allen Kirchen, Museen, Restaurants, Hotels, Geschäften, Galerien und anderen Institutionen, deren Aufzählung den Rahmen dieses Abschnitts sprengen würde, für ihre Unterstützung.

Bildnachweis

o = oben; ol = oben links; olm = oben links Mitte; om = oben Mitte; orm = oben rechts Mitte; or = oben rechts; mlo = Mitte links oben; mo = Mitte oben; mro = Mitte rechts oben; ml = Mitte links; m = Mitte; mr = Mitte rechts; mro= Mitte rechts oben; mlu = Mitte links unten; mu = Mitte unten; mru = Mitte rechts unten; ul = unten links; u = unten; um = unten Mitte; uml = unten Mitte links; ur = unten rechts; umr = unten Mitte rechts.

Kunstwerke wurden mit freundlicher Genehmigung folgender Copyright-Inhaber reproduziert:

Salvador Dalí *Taxi im Regen* und Deckengemälde im »Palast der Winde«, Teatre-Museu Dalí © Spanisches Königreich, Gala – Salvador Dalí Foundation, DACS, London 2006; George Kolbe *Der Morgen* © DACS, London 2006; IOC/Olympisches Museum; Joan Miró *Frau und Vogel* 1983 und Wandteppich der Fundació Joan Miró 1975 © Sucession Miró/ADAGP, Paris und DACS, London 2006.

Der Verlag bedankt sich bei folgenden Personen, Firmen und Bildarchiven für die freundliche Genehmigung zur Reproduktion ihrer Fotografien:

ACE PHOTO LIBRARY: Mauritius 19o.
AENA AEROPERTOS ESPAGNOLES Y NAVEGACÍON AÉREA: 182ul.
AISA, Barcelona: 14u, 18u, 23ul, *Der heilige Georg und die Prinzessin*, Jaume Huguet 28m, 40, 41m, 44mu, 46m, 46ul, 176ul.
ALAMY IMAGES: Douglas Armand 97mro; Jon Arnold Images 76or; Andrew Bargery 62or, 76ul; Neil Barks 77ol; Peter Barritt 82or; Oliver Bee 76mlu, 77ur; Dalgleish Images 96ul; Danita Delimont 174mu; Iain Davidson Photographic 102oml, 103ol; Chad Ehlers 97ol; Mike Finn-Kelcey 185mu; Richard Foot 96or; Kevin Foy 185ol; B. J. Gadie 62om; Guido 186mlu; Carlos Rios 181mlu; Stephen Sacs Photography 68o; Neil Setchfield 60ur; Ruben Vicente 187 ul; Ken Welsh 175ol.
ALSA GROUP S.L.L.C.: 187 or.
AQUILA PHOTOGRAPHICS: Adrian Hoskins 112ulo, 112ul; James Pearce 21u.
NATIONAL ATESA: 186mr.

JAUME BALANYA: 81mru.
BALEARIA: 183mr.
MIKE BUSSELLE: 111u, 112o.

COCEMFE: 154m.

CODORNIU: 33o, 33m.
BRUCE COLEMAN COLLECTION: Erich Crichton 20or; José Luis González Grande 21or; Norbert Schwirtz 21ol; Colin Varwdell 21mro; Comerç 24; 142 ml.
CORBIS: Peter Aprahamian 62ul, 105ur; Carlos Dominguez 11mlu; Owen Franken 124ol, 125m; Dave G. Houser 10mlo; Andrea Jemolo 82mlo; Jose Fuste Raga 11ol; James Sparshatt 82ol; Mark L. Stephenson 83or; Sandro Vannini 82um; Vanni Archive 83ur.

EUROPÄISCHE KOMMISSION: 179.

FIRO FOTO: 69ml.
FLICKR.COM: www.flickr.com/photos/del15xavii_Xavo/4123975385 177or.
FREIXENET: 32m, 33u.
FUNDACION COLLECTION THYSSEN-BORNEMISZA: *Madonna der Demut*, Fra Angelico 95o.
FUNDACIO JOAN MIRO, Barcelona: *Flamme im Raum und nackte Frau*, Joan Miró 1932 © ADAGP, Paris, und DACS, London, 1999 88o.

GENERALITAT DE CATALUNYA: 177mra.
GODO PHOTO: 129o, José Luis Dorada 125o.

ROBERT HARDING PICTURE LIBRARY: 25or, 59mo, 72mo, 88u, 89u.

THE ILLUSTRATED LONDON NEWS PICTURE LIBRARY: 47o.
INDEX, Barcelona: CJJ. 19u, 44o, 47m;
IMAGE BANK: 24u, 73u; Andrea Pistolesi 92.
IMAGES COLOUR LIBRARY: 24m, 183u; AGE Fotostock 76, 113u, 118–119, 155o, 155m, 170mr.
NICK INMAN: 20u, 96ur.

LA CAIXA: 178or.
LIFE FILE PHOTOGRAPHIC: Xabier Catalan 25m; Emma Lee 25mro.

MARKA, Mailand: Sergio Pitamitz 62ol.
MAS SALVANERA: Ramón Ruscalleda 133o.
MARY EVANS PICTURE LIBRARY: 27 (Einklinker).
JOHN MILLER: 108.
MUSEU NACIONAL D'ART DE CATALUNYA: J. Calveras J. Sagrista 90–91; *La Compañia de Santa Barbara*, Ramon Marti Alsina 1891 45o.
MUSEU PICASSO: *Selbstbildnis* 1899–1900, Pablo Ruiz Picasso © Sucession Picasso/DACS, London 2006 64ul.
ABADIA DE MONTSERRAT, Barcelona: 122ur.

NATURAL SCIENCE PHOTOS: C. Dani & I. Jeske 170m.
NATURPRESS, Madrid: 17u; Oriol Alamany 34m, 37u; Walter Kvaternik 26–27, 37m, 177u; Carlos Vegas 178o, 180or; Jose A. Martinez 109u.

ORONOZ, Madrid: 41u, 42o, 42m, 45ul, 46o.

PHOTOGRAPHERSDIRECT.COM: Michael Dobson/Echo Imagery 107m, 107ur; Fran Fernandez Photography 102u, 105m, 106ol, 107ol; Jan van der Hoeven 101o, 103u, 104mlo, 106ur.
PICTURES COLOUR LIBRARY: 74–75
FRANCISCO FERNANDEZ PRIETO: 104 mu.
PRISMA, Barcelona: 4o, 9 (Einklinker), 18o, 38–39, 45mu, 46mro, 131 (Einklinker), 154u, 163m, 173 (Einklinker); Carles Aymerich 22ul, 36m; A. Bofill 19m; *Paral·lel any 1930*, Roger Bosch 8–9; Barbara Call 17o; Jordi Cami 34u; *Prozession vor Santa Maria del Mar*, 1898, Ramón Carbo Cases 28o; Albert Heras 2–3, 36u; Kuwenal 43o, 43m; Mateu 35m; *Die Kathedrale der Armen*, Joaquim Mir Trinxet 29m; *Warten auf die Suppe*, Isidro Monell y Monturiol 1899, 29o; *Die Gärten von Aranjuez*, Rusiñol y Prats 1907 28u; *Lithografie* Tàpies © ADAGP, Paris, und DACS, London, 1999, 29u.

RAÏMAT: 32mu.
RED-HEAD: 52.
REX FEATURES: 117mu.
ELLEN ROONEY: 1.

M. ANGELES SÁNCHEZ: 35u.
SCIENCE PHOTO LIBRARY: Geospace 12.
SPECTRUM COLOUR LIBRARY: 24or.
STOCKPHOTOS, Madrid: 170u; Campillo 171o.
SUPERSTOCK: age fotostock 184mlo.
TEXTIL CAFÉ: 142m.
TV3 TELEVISION DE CATALUNYA: 181mro.

Karte Vorderseite: Ella Milroy / Departure Lounge © Dorling Kindersley.
Umschlag Vorderseite: Hauptfoto: Ella Milroy / Departure Lounge © Dorling Kindersley.
Umschlag Rückseite: AWL IMAGES: Jon Arnold u; Danita Delimont Stock o; DORLING KINDERSLEY: Ella Milroy; Naomi Peck m.
Umschlag Buchrücken: Ella Milroy / Departure Lounge © Dorling Kindersley o; Max Alexander © Dorling Kindersley u.
Vordere Umschlaginnenseite (im Uhrzeigersinn) John Miller; Image Bank, Andrea Pistolesi; Red-Head; Images Colour Library/ Age Fotostock.

Alle anderen Bilder, Fotos und Karten:
© Dorling Kindersley, London.
Weitere Informationen finden Sie unter
www.dkimages.com

Sprachführer Katalanisch

Notfälle

Hilfe!	**Auxili!**	[əw'ksili]
Stopp!	**Pareu!**	[pə'rew]
Rufen Sie einen Arzt!	**Telefoneu un metge!**	[tələfu'new un 'medʒə]
Rufen Sie einen Krankenwagen!	**Telefoneu un ambulància!**	[tələfu'new un əmbu'lansiə]
Rufen Sie die Polizei!	**Telefoneu la policia!**	[tələfu'new lə puli'siə]
Rufen Sie die Feuerwehr!	**Telefoneu els bombers!**	[tələfu'new əl bum'pes]
Wo ist das nächste Telefon?	**On és el telèfon més proper?**	[on es əl tə'lɛfun mes pru'pe]
Wo ist das nächste Krankenhaus?	**On és l'hospital més proper?**	[on es l'uspi'tal mes pru'pe]

Grundwortschatz

Ja	**Si**	[si]
Nein	**No**	[no]
Bitte	**Si us plau**	[si us plaw]
Danke	**Gràcies**	['grasiəs]
Entschuldigung	**Perdoni**	[pərdu'ni]
Hallo	**Hola**	['ɔlə]
Auf Wiedersehen	**Adéu**	[ə'ðew]
Gute Nacht	**Bona nit**	[bu'na nit]
Vormittag	**El matí**	[əl ma'ti]
Nachmittag	**La tarda**	[lə 'tardə]
Abend	**El vespre**	[əl 'besprə]
gestern	**ahir**	[ə'i]
heute	**avui**	[ə'βuj]
morgen	**demà**	[də'ma]
hier	**aquí**	[ə'ki]
dort	**allà**	[ə'ʎa]
Was?	**Què?**	[kɛ]
Wann?	**Quan?**	[kwan]
Warum?	**Per què?**	[pər 'kɛ]
Wo?	**On?**	[on]

Nützliche Redewendungen

Wie geht es?	**Com està?**	[kɔm əst'a]
Danke, gut.	**Molt bé, gràcies.**	[mol be 'grasiəs]
Erfreut, Sie zu sehen.	**Molt de gust.**	[mol də gust]
Bis bald.	**Fins aviat.**	[fins əβi'at]
Das ist gut.	**Està bé.**	[əst'a 'be]
Wo ist/sind ...?	**On és/són ...?**	[on es/son]
Wie weit ist es bis ...?	**Quants metres/ quilòmetres hi ha d'aquí a ...?**	[kwan 'mɛtrə / ki'lɔmɛtrə i a d'ə'ki ə]
Welches ist der Weg nach ...?	**Per on es va a ...?**	[pər on es ba ə]
Sprechen Sie Deutsch?	**Parla aleman?**	[pər'la ələ'maŋ]
Ich verstehe nicht.	**No l'entenc.**	[no l'ən'ten]
Könnten Sie etwas langsamer sprechen?	**Pot parlar més a poc a poc?**	[pɔt pər'la mes ə pak ə pak]
Tut mir leid.	**Ho sento.**	[o səntə]

Nützliche Wörter

groß	**gran**	[gran]
klein	**petit**	[pə'tit]
heiß	**calent**	[kə'len]
kalt	**fred**	[frɛt]
gut	**bo/bé**	[bɔ/be]
schlecht	**dolent**	[du'len]
genug	**bastant**	[bəs'tan]
geöffnet	**obert**	[u'βərt]
geschlossen	**tancat**	[təŋ'kat]
links	**esquerra**	[əs'kɛra]
rechts	**dreta**	['drɛta]
geradeaus	**recte**	['rɛktə]
nah	**a prop**	[ə prɔp]
weit	**lluny**	['ʎuŋ]
auf/über	**a dalt**	[ə dal]
hinunter/unter	**a baix**	[ə baʃ]
früh	**aviat**	[əβi'at]
spät	**tard**	[tart]
Eingang	**entrada**	[ən'traðə]
Ausgang	**sortida**	[sur'tiðə]
Toilette	**lavabos/serveis**	[lə'βaβus/sərbɛj]
mehr	**més**	[mes]
weniger	**menys**	['mɛɲs]

Shopping

Wie viel kostet das?	**Quant costa això?**	[kwan 'kusta ə'ʃɔ]
Ich hätte gerne ...	**M'agradaria ...**	[m'əɣrəðariə]
Haben Sie ...?	**Tenen ...?**	[tɛnən]
Ich schaue mich nur um, danke.	**Només estic mirant, gràcies.**	[nu'mes əs'tik mi'rant 'grasiəs]
Akzeptieren Sie Kreditkarten?	**Accepten targes de crèdit?**	[ək'səptən tərʒɛs də 'krɛðit]
Wann öffnen Sie?	**A quina hora obren?**	[ə 'kinə 'ɔrə 'uβrən]
Wann schließen Sie?	**A quina hora tanquen?**	[ə 'kinə 'ɔrə təŋkən]
Dies hier.	**Aquest**	[ə'kɛt]
Das da.	**Aquell**	[ə'kɛʎ]
teuer	**car**	[kar]
billig	**barat**	[bə'rat]
Größe (Kleidung)	**talla/mida**	['taʎə/'miðə]
Größe (Schuhe)	**número**	['numəru]
weiß	**blanc**	[blaŋ]
schwarz	**negre**	['nɛɣrə]
rot	**vermell**	[bər'mɛʎ]
gelb	**groc**	[grɔk]
grün	**verd**	[bɛrt]
blau	**blau**	[blaw]
Antiquitätenladen	**antiquari/botiga d'antiguitats**	[ənti'kwari/bu'tiɣə d'əntiɣi'tat]
Apotheke	**la farmàcia**	[lə fər'masiə]
Bäckerei	**el forn**	[əl forn]
Bank	**el banc**	[əl baŋ]
Buchhandlung	**la llibreria**	[lə ʎiβrə'riə]
Fischgeschäft	**la peixateria**	[lə pəʃətə'riə]
Friseur	**la perruqueria**	[lə pərukə'riə]
Gemüseladen	**la fruiteria**	[lə frujtə'riə]
Konditorei	**la pastisseria**	[lə pəstisə'riə]
Lebensmittelgeschäft	**la botiga de queviures**	[lə bu'tiɣə də kəβiwrəs]
Markt	**el mercat**	[əl mər'kat]
Metzgerei	**la carnisseria**	[lə kərnisə'riə]
Postamt	**l'oficina de correus**	[l'ufi'sinə də ku'rɛw]
Reisebüro	**l'agència de viatges**	[l'ə'ʒɛnsiə də bi'adʒə]
Schuhgeschäft	**la sabateria**	[lə səβətə'riə]
Supermarkt	**el supermercat**	[əl supərmər'kat]
Tabakladen	**l'estanc**	[l'əs'taŋ]
Zeitungskiosk	**el quiosc de premsa**	[əl ki'ɔsk də 'premsə]

Sehenswürdigkeiten

Bahnhof	**l'estació de tren**	[l'əstəsi'o də trɛn]
Bibliothek	**la biblioteca**	[lə biβliu'tɛkə]
Busbahnhof	**l'estació d'autobusos**	[l'əstəsi'o d'awtu'βusəs]
Fremdenverkehrsamt	**l'oficina de turisme**	[l'ufi'sinə də tu'rizmə]
Garten	**el jardí**	[əl ʒər'di]
Kathedrale	**la catedral**	[lə kətə'ðral]
Kirche	**l'església/ la basílica**	[l'əz'glezia/ lə bə'zilikə]
Kunstgalerie	**la galeria d' art**	[lə gələ'riə d'art]
Museum	**el museu**	[əl mu'zɛw]
Rathaus	**l'ajuntament**	[l'əʒuntə'men]
Wegen Ferien geschlossen	**Tancat per vacances**	[təŋ'kat pər bə'kansəs]

Im Hotel

Haben Sie ein freies Zimmer?	**Tenen una habitació lliure?**	[tɛnən unə əβitəsi'o 'ʎiwrə]
Doppelzimmer mit Doppelbett	**habitació doble amb llit de matrimoni**	[əβitəsi'o 'dobblə əm ʎit də mətri'mɔni]
Doppelzimmer mit zwei Betten	**habitació amb dos llits/amb llits individuals**	[əβitəsi'o əm dos ʎit/əm ʎit indiβiðu'al]

Einzelzimmer	**habitació individual**	[əβitəsi'o indiβiðu'al]
Zimmer mit Bad	**habitació amb bany**	[əβitəsi'o əm baɲ]
Dusche	**dutxa**	['dutʃə]
Schlüssel	**la clau**	[lə klaw]
Ich habe reserviert.	**Tinc una habitació reservada.**	[tink unə əβitəsi'o rəzərbaðə]

Im Restaurant

Haben Sie einen Tisch für…?	**Tenen taula per…?**	[tɛnən 'tawlə pər...]
Ich möchte einen Tisch reservieren.	**Voldria reservar una taula.**	[bul'driə rəzər'ba unə 'tawlə]
Die Rechnung, bitte.	**El compte, si us plau.**	[əl 'komtə si us plaw]
Ich bin Vegetarier.	**Sóc vegetarià.**	[sok bəʒətəri'a]
Kellnerin	**cambrera**	['kambrərə]
Kellner	**cambrer**	['kambrə]
Speisekarte	**la carta**	[lə 'kartə]
Tagesmenü	**menú del dia**	[mə'nu dəl 'diə]
Weinkarte	**la carta de vins**	[lə 'kartə də bins]
ein Glas Wasser	**un got d'aigua**	[un gɔt d'ajγwə]
ein Glas Wein	**una copa de vi**	['una 'kopə də bi]
Flasche	**una ampolla**	['una əm'poʎə]
Messer	**un ganivet**	[un gəni'βɛt]
Gabel	**una forquilla**	['una fur'kiʎə]
Löffel	**una cullera**	['una ku'ʎərə]
Frühstück	**el esmorzar**	[əl əzmur'za]
Mittagessen	**el dinar**	[əl di'na]
Abendessen	**el sopar**	[əl su'pa]
Hauptgericht	**el primer plat**	[əl pri'me plat]
Vorspeise	**entremesos**	[əntrə'mɛzus]
Tagesgericht	**el plat del dia**	[əl plat dəl 'diə]
Kaffee	**el cafè**	[əl kə'fɛ]
blutig	**poc fet**	[pɔk fet]
medium	**al punt**	[əl pun]
durchgebraten	**molt fet**	[mol fet]

Auf der Speisekarte *(siehe auch S. 30f und 144f)*

l'aigua mineral	[l'ajγwə minə'ral]	Mineralwasser
sense gas/amb gas	['sensə gas/əm gas]	still/sprudelnd
al forn	[əl forn]	gebacken
l'all	[l'aʎ]	Knoblauch
l'arròs	[l'ə'rɔs]	Reis
la botifarra	[buti'farə]	Wurst
la carn	[lə karn]	Fleisch
la ceba	[lə 'sɛβə]	Zwiebel
la cervesa	[lə sər'bɛzə]	Bier
l'embotit	[l'əmbu'tit]	kalter Braten
el filet	[əl fi'lɛt]	Filet
el formatge	[əl fur'madʒə]	Käse
fregit	[frə'ʒit]	gebraten
la fruita	[lə 'frujtə]	Obst
els fruits secs	[əls frujt sɛk]	Nüsse
la gamba	[lə 'gambə]	Garnele
el gelat	[əl ʒə'lat]	Eiscreme
la llagosta	[lə ʎə'γostə]	Hummer
la llet	[lə ʎət]	Milch
la llimona	[lə ʎi'monə]	Zitrone
la llimonada	[lə ʎimu'naðə]	Limonade
la mantega	[lə mən'tɛγə]	Butter
el marisc	[əl mə'risk]	Meeresfrüchte
la nata	['natə]	Sahne
l'oli	[l'ɔli]	Öl
la oliva	[lə u'liβə]	Oliven
l'ou	[l'ɔw]	Eier
el pa	[əl pa]	Brot
el pastís	[əl pəs'tis]	Kuchen
les patates	[les pə'tatəs]	Kartoffeln
el pebre	[əl 'pɛβrə]	Paprika
el peix	[əl peʃ]	Fisch
el pernil salat serrà	[əl pər'nil sə'lat sɛrə]	roher Schinken
el plàtan	[əl 'platən]	Banane
el pollastre	[əl pu'ʎastrə]	Hühnchen
la poma	[lə 'pomə]	Apfel
el porc	[əl pɔrk]	Schwein
les postres	[les 'pɔstrəs]	Desserts
rostit	[rus'tit]	gegrillt
la sal	[lə sal]	Salz
la salsa	[lə 'salsə]	Sauce
la salsitxa	[lə səl'sitʃə]	Würstchen
sec	[sɛk]	getrocknet
la sopa	[lə 'sopə]	Suppe
el sucre	[əl 'sukrə]	Zucker
la taronja	[lə tə'rɔnʒə]	Orange
el te	[əl tɛ]	Tee
la torrada	[lə tu'aðə]	Toast
la vedella	[lə bə'ðeʎə]	Rindfleisch
el vi blanc	[əl bi blaŋ]	Weißwein
el vi negre	[əl bi 'nɛγrə]	Rotwein
el vi rosat	[əl bi ru'zat]	Roséwein
el vinagre	[əl bi'naγrə]	Essig
el xai/el be	[əl ʃaj/əl bɛ]	Lamm
el xerès	[əl ʃə'rɛs]	Sherry
la xocolata	[lə ʃuku'latə]	Schokolade
el xoriço	[əl ʃu'risu]	scharfe Würstchen

Zahlen

0	**zero**	['zɛru]
1	**un (mask.) una (fem.)**	[un/una]
2	**dos (mask.) dues (fem.)**	[dos/dues]
3	**tres**	[trɛs]
4	**quatre**	['kwatrə]
5	**cinc**	[siŋ]
6	**sis**	[sis]
7	**set**	[sɛt]
8	**vuit**	[bujt]
9	**nou**	[nɔw]
10	**deu**	[dɛw]
11	**onze**	['onzə]
12	**dotze**	['dodzə]
13	**tretze**	['tredzə]
14	**catorze**	[kə'tɔrzə]
15	**quinze**	['kinzə]
16	**setze**	['sɛdzə]
17	**disset**	[di'set]
18	**divuit**	[di'bujt]
19	**dinou**	[di'nɔw]
20	**vint**	[bin]
21	**vint-i-u**	[bin-i-u]
22	**vint-i-dos**	[bin-i-dos]
30	**trenta**	[trɛntə]
31	**trenta-un**	[trɛntə-un]
40	**quaranta**	[kwə'rantə]
50	**cinquanta**	[siŋ'kwantə]
60	**seixanta**	[sə'ʃantə]
70	**setanta**	[sə'tantə]
80	**vuitanta**	[bujtantə]
90	**noranta**	[nu'rantə]
100	**cent**	[sen]
101	**cent un**	[sen un]
102	**cent dos**	[sen dos]
200	**dos-cents (mask.) dues-centes (fem.)**	[dos-sents dues-sents]
300	**tres-cents**	[trɛs-sents]
400	**quatre-cents**	['kwatrə-sents]
500	**cinc-cents**	[siŋ-sents]
600	**sis-cents**	[sis-sents]
700	**set-cents**	[sɛt-sents]
800	**vuit-cents**	[bujt-sents]
900	**nou-cents**	[nɔw-sents]
1000	**mil**	[mil]
1001	**mil un**	[mil un]

Zeit

eine Minute	**un minut**	[un mi'nut]
eine Stunde	**una hora**	[una 'ɔrə]
halbe Stunde	**mitja hora**	[mid'ʒa 'ɔrə]
Montag	**dilluns**	[di'ʎuns]
Dienstag	**dimarts**	[di'mars]
Mittwoch	**dimecres**	[di'mekrəs]
Donnerstag	**dijous**	[di'ʒɔws]
Freitag	**divendres**	[di'βɛndrəs]
Samstag	**dissabte**	[di'saptə]
Sonntag	**diumenge**	[diw'meɲʒə]

Dorling Kindersley Vis-à-Vis

Vis-à-Vis-Reiseführer

Ägypten Alaska Amsterdam Apulien Argentinien Australien Bali & Lombok Baltikum Barcelona & Katalonien Beijing & Shanghai Belgien & Luxemburg Berlin Bologna & Emilia-Romagna Brasilien Bretagne Brüssel Budapest Bulgarien Chicago China Costa Rica Dänemark Danzig & Ostpommern Delhi, Agra & Jaipur Deutschland Dresden Dublin Florenz & Toskana Florida Frankreich Genua & Ligurien Griechenland Griechische Inseln Großbritannien Hamburg Hawaii Indien Irland Istanbul Italien Japan Jerusalem Kalifornien Kanada Kanarische Inseln Karibik Kenia Korsika Krakau Kroatien Kuba Las Vegas Lissabon Loire-Tal London Madrid Mailand Malaysia & Singapur Mallorca, Menorca & Ibiza Marokko Mexiko Moskau München & Südbayern Neapel Neuengland Neuseeland New Orleans New York Niederlande Nordspanien Norwegen Österreich Paris Peru Polen Portugal Prag Provence & Côte d'Azur Rom San Francisco St. Petersburg Sardinien Schottland Schweden Schweiz Sevilla & Andalusien Sizilien Spanien Stockholm Südafrika Südtirol & Trentino Südwestfrankreich Thailand Tokyo Tschechien & Slowakei Türkei Ungarn USA USA Nordwesten & Vancouver USA Südwesten & Las Vegas Venedig & Veneto Vietnam & Angkor Washington, DC Wien

DORLING KINDERSLEY
www.traveldk.com

Vis-à-Vis

Schnellbahnen in Barcelona

Die Karte zeigt Barcelonas U-Bahn-System mit neun Linien. Auch die FGC-Vorortzüge sowie die Zahnrad- und Trambahnen *(siehe S. 184f)* sind dargestellt. In Barcelona besteht ein Verkehrsverbund: Gemeinsame Fahrkarten (z. B. die *T-10*-Karte) erlauben das Umsteigen innerhalb öffentlicher Verkehrsmittel. Das Touristenticket *Barcelona Card* ist als Ein- bis Fünf-Tages-Karte erhältlich und erlaubt unbegrenzte Fahrten. Dieses Ticket ermöglicht auch ermäßigte Eintrittspreise bei manchen Museen. Die Karte rechts oben zeigt das 0katalanische Bahnnetz mit RENFE- und FGC-Linien.

LEGENDE

L1 Metro-(U-Bahn-)Linie	Zahnradbahn
Umsteigebahnhof	FGC-Linie
Tram	RENFE-Linie

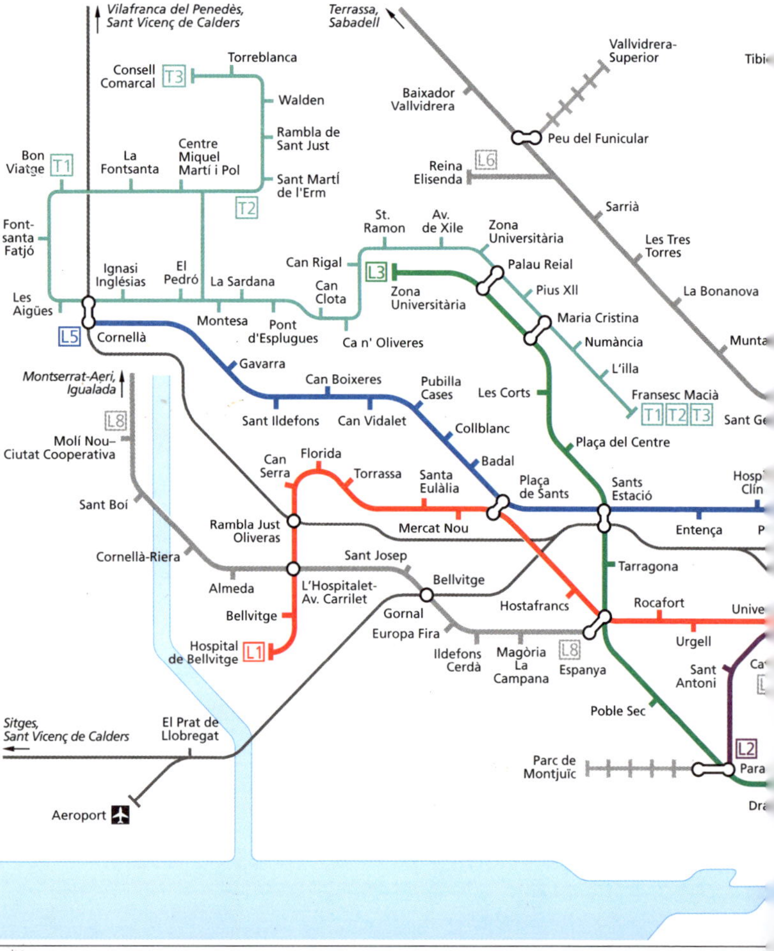